Estudiar la policía

Mariana Sirimarco (Compiladora)

Estudiar la policía

La mirada de las ciencias sociales sobre la institución policial

teseo

Estudiar la policía : la mirada de las ciencias sociales sobre la institución policial / Mariana Sirimarco ... [et.al.] ; compilado por Mariana Sirimarco. - 1a ed. - Buenos Aires : Teseo, 2010.

328 p. ; 20x13 cm. - (Antropología)

ISBN 978-987-1354-76-4

1. Antropología Social. I. Sirimarco, Mariana II. Sirimarco, Mariana, comp.
CDD 306

Este libro fue financiado con fondos del proyecto PICT 2006-00980 (FONCYT): "El proceso de construcción del sujeto policial. La delimitación de cuerpos legítimos en el ejercicio de la función", dirigido por Mariana Sirimarco.

teseo

Para sugerencias o comentarios acerca del contenido de esta obra, escríbanos a: **info@editorialteseo.com**

www.editorialteseo.com

ÍNDICE

1. Introducción

Mariana Sirimarco

En un trabajo clásico sobre estudios policiales, John Van Maanen sostenía que en el conocimiento construido sobre la actuación policial permanecía "un poco como un misterio el proceso real mediante el que ha sido reunida esa información (...) pareciera haber algo de discreta ilusión y creciente mística asociada con la realización del trabajo de campo en la policía. Es como si el trabajador de campo, tal como es presentado en los trabajos publicados, simplemente se desvaneciera por un período de tiempo en un mundo policial oscuro y a menudo innombrable; se involucrara en las actividades que tienen lugar allí; alcanzara algo afín a un estado de gracia con lo observado; y luego, listo, emergiera con la información en la mano" (1978:310).

Tal afirmación trasluce una suerte de llamamiento. Se trataría, según Van Maanen, de responder a una simple pregunta: ¿qué hace el investigador de la policía cuando hace un trabajo de análisis empírico? La exhortación, claramente válida para cualquier campo –no sólo el policial– tal vez lo sea aún más en otras disciplinas sociales menos acostumbradas que la antropología en hacer explícitas sus coordenadas de análisis. ¿Qué contactos se inician para llevar a cabo el estudio?, ¿cómo se lo desarrolla?, ¿qué sucesos se desencadenan?, ¿qué eventos permanecen en las sombras? En otras palabras, y para retomar a Van Maanen, ¿qué sucede en la investigación cuando el investigador se encuentra fuera de la vista?

Creo que la pregunta guarda validez. Esta compilación es un intento por comenzar a contestarla y complejizarla, echando luz sobre situaciones propias de la investigación que tienden –mayormente– a quedar relegadas del formato final de los trabajos publicados. La preocupación es, si se quiere, tanto de índole metodológica como epistemológica. Se trata entonces, por un lado, de poner la atención en las particularidades que pueda tener una pesquisa realizada en tales ámbitos, reflexionando en torno a las herramientas de investigación y de producción de datos. Se trata, además, de ahondar esta reflexión y de posar la mirada sobre el modo en que se produce conocimiento en/sobre el ámbito policial; esto es, el modo en que desde distintas ciencias sociales y humanas –sociología, historia, antropología, ciencias políticas, abogacía, geografía– se aborda y se construye una mirada sobre la institución policial.[1]

Un primer acercamiento a esta cuestión –decía– revela un interés que podría asimilarse a lo metodológico. ¿Qué hace, concretamente, el cientista social cuando investiga (a la policía)? Tal preocupación puede rastrearse en muchos de los textos que forman este volumen: cómo se accede a la institución policial, qué contactos se establecen, qué relaciones se conforman, qué ardides y negociaciones se ponen en juego, qué caminos se trazan y se habilitan. Explicitar este "revés" del análisis tal vez no sea una cuestión menor o meramente descriptiva, en una institución que ha sido largamente percibida, en el ámbito local, como hermética y resistente a la indagación (política, científica, periodística). Muchos de los artículos

---

[1]   Hablar de la institución policial, en singular o plural (las policías), es una obvia generalización que no intenta soslayar las diferencias que pueden caracterizar a las agencias policiales, sino apostar a subrayar las similitudes de un sistema.

aquí reunidos mostrarán que es posible –y *cómo* lo es–
una investigación social de la policía.[2]

Que esto sea pasible de tematización no obedece a un
mero interés ilustrativo. Los sucesos cotidianos que conforman la labor del cientista social pueden ser entendidos
como meras peripecias anecdóticas. Pero también pueden
ser integrados, de un modo más profundo, con el aparato
teórico que guía el análisis, y ser así re-conceptualizados
como *datos* importantes en la construcción del conocimiento en torno al objeto de indagación. A la manera de un
tapiz, de tanto en tanto conviene dar vuelta el paño y ver el
laberinto de hilos que conforman el revés de la trama. La
claridad y prolijidad del bordado (del análisis) no puede
entenderse sin las puntadas que, por detrás y ocultas a la
vista, lo fueron conformando.

Pero las peculiaridades del recorrido, como bien sabemos, no sólo nos brindan datos sobre el recorrido en sí,
sino también sobre el terreno mismo que propició, allanó,
entorpeció o volvió inaccesible, con sus particularidades
y características, la forma que tomó ese recorrido. Así,
prestar atención a la trayectoria que sigue la investigación
con que abordamos la institución policial no nos aparta
del análisis "propiamente dicho" sobre dicha institución,
sólo nos devuelve a ella por otros caminos.

Bajo este desnudar las particularidades del *cómo* (metodológico) de la investigación en el campo policial sigue
resonando, en otra tonalidad, la pregunta del comienzo. O
mejor dicho: bajo esta preocupación metodológica se esconde otra, ligada ahora a un interrogante epistemológico:
¿cómo se estudia a la policía? La respuesta parece interesar

---

[2] La preocupación por lo metodológico/epistemológico parece guardar
un cierto "clima de época", a la vez que evidencia un marcado interés
en la temática. Para un análisis sobre la actuación antropológica en un
campo con lazos de parentesco –los militares–, ver Castro y Leirner,
2009.

tanto a legos como a expertos, y deja traslucir –muchas veces– una fuerte dosis de curiosidad. Curiosidad que a veces raya en la aprensión y a veces en la sospecha. En la primera parece encarnarse la desconfianza que genera la institución policial; en la segunda, la creencia de que sólo se estudia aquello que nos mueve a *simpatía*. En este contexto de asombro y rechazo, habiéndose convertido la institución policial en un *locus* de investigación para muchos temido y exotizado, la pregunta que abre este párrafo adquiere cierta urgencia y relevancia. Su respuesta –que cada uno de los artículos que siguen ayudan, a su modo, a cimentar– es una apuesta epistemológica: el estudio de la institución policial gana en riqueza desde la cercanía.

Sin dudas esta conjunción de hermetismo y resistencia, aunada al alcance y poder que reviste la agencia policial en nuestra sociedad, ha contribuido a un abordaje analítico mayormente construido desde la (cauta) lejanía. Esto es, configurado a partir de soslayar o evitar el diálogo con la misma institución –sus miembros, sus prácticas, sus documentos– que se pretende investigar. Los riesgos son evidentes. Por un lado, asumir como dado e inevitable ese distanciamiento que la policía parece querer instaurar respecto de la sociedad. Por otro, replicarlo haciendo de la "aproximación distante" una instancia casi obligada y consecuente. Existe también otro riesgo: el de hacer que la mirada crítica que se desea tener sobre la institución policial se reduzca a una mirada desde el más completo afuera. Los textos compilados en este volumen comparten entonces un supuesto: el de la pertinencia de una labor de investigación que involucre, en el análisis de la policía, el contacto con la institución.

La cercanía que implica entrar en diálogo (acorde o disonante) con la agencia policial es una herramienta de sumo provecho. Quizás no nos equivoquemos si afirmamos que, en el contexto político y social de nuestro país, tal opción se vuelve especialmente importante. La institución policial es, en Argentina, un campo de estudio relativamente reciente, aunque –esperamos– un objeto de análisis en firme crecimiento.[3] En este contexto de significación, la presente obra deja asentada una propuesta de pesquisa que consideramos de gran utilidad. Pues no se trata tan sólo de plantear la necesidad de una indagación social de la institución policial, sino, sobre todo, de plantear la relevancia de un abordaje que se proponga desmitificar los estudios policiales como "oscuros objetos de poder" o simples objetos de desconocimiento (Yañez Romero, 1999).

Nadie desconoce el carácter controvertido con que pueden teñirse tales estudios. En nuestro país, la faceta represiva y criminal de la policía ha hecho que, para muchos, la investigación de la institución se vuelva un anatema. Esta situación no invalida el análisis. Antes bien, lo hace aun más urgente: en tiempos de cuestionamiento a la institución policial, generar conocimiento que pueda servir de base, consulta y discusión se vuelve una instancia no sólo científicamente relevante, sino políticamente necesaria. Los artículos reunidos apuntan a sostener que tal conocimiento resulta al menos incompleto si se produce de espaldas al objeto que se pretende analizar. Por supuesto, no se trata de erigir un volumen laudatorio o agraviante de la policía, sino de reforzar algo que ya se expuso suficientemente: que comprender no significa justificar, ni entraña, en sí, una defensa o un ataque.

Los autores que integran este volumen presentan distintas perspectivas acerca del *cómo* estudiar la policía, y sus análisis abarcan un amplio espectro de prácticas, materiales y rutinas policiales, que permite asomarse a

---

[3]   Un panorama de los autores que, a nivel local, desarrollan investigaciones sobre la institución policial, puede de seguro armarse a partir de la bibliografía citada en los textos compilados.

visiones de la policía que no sólo fincan en lo penal y lo coactivo, sino que abarcan, asimismo, cuestiones ligadas a lo administrativo y burocrático. Balancear estos dos extremos del espectro presupone una intencionalidad puntual: la de construir una mirada de la institución policial que no caiga en reduccionismos simplistas.

Este volumen intenta entonces una mirada plural: reúne a autores de distintas áreas de las ciencias sociales y humanas, no con el objetivo de agotar la amplia gama de perspectivas disciplinares existentes, sino con el propósito de sumar aportes y superar posibles sesgos resultantes de intereses y abordajes diversos. Este libro se asienta, fuertemente, en el análisis de las policías argentinas, pero se asoma también a otras agencias policiales (brasileña, chilena, norteamericana, sudafricana). Es cierto que pueden tratarse de sistemas policiales diversos y anclados en tradiciones distintas acerca del Estado, de lo policial y de la vinculación de estos con la sociedad. Pero este mismo punto de divergencia se vuelve interesante como eje de contrastación.

Podemos encontrar un ejemplo de ello, tal vez, en la modalidad de vinculación que el investigador logra establecer con la institución policial y sus miembros. ¿Qué puertas se le abren? ¿Cómo es el grado de su inserción? ¿Por qué espacios puede moverse? Mientras los trabajos de campo locales permanecen alejados de la labor policial en las calles, los etnógrafos extranjeros parecen ser pasajeros más o menos asiduos de los patrulleros. La significación de estos accesos a espacios diferenciales bien puede subsumirse en un marco de comprensión más amplio relativo a las distintas tradiciones de formación y consolidación de un determinado sistema policial. Así, revisar otros modos de pensar la policía, descubrir otras preguntas y problemáticas, asomarse a otros modos de actuación policial y a otras estrategias de investigación permite conocer lo ajeno, permite incorporar nuevas reflexiones y bagajes teóricos y, si se quiere, a partir de ese movimiento comparativo, permite volver a recalar en lo propio.

Argumentaba que un primer acercamiento a la temática de este libro podía asimilarse a una preocupación metodológica: poner en primer plano el proceso mediante el cual se comienza, desarrolla y finaliza una investigación en el ámbito policial. En el trabajo ya anteriormente mencionado, Van Maanen abogaba por descripciones más detalladas de lo que efectivamente hacía el investigador cuando estaba en el campo: "Los trabajadores de campo también son culpables de suponer, por negligencia, que la 'recolección de datos' en sí es algo así como una actividad automática, monótona, un aspecto de la investigación poco merecedor de análisis detallado. En otras palabras, lo que se implica desde el silencio en este asunto es que una vez que los puntos a tratarse son seleccionados, que los niveles y objetivos de la investigación son decididos, y los arreglos de procedimiento para el acceso son establecidos, la información llegará de un modo mecánico y sin problemas" (1978:346).

Mencionaba un segundo acercamiento –si se quiere más profundo– a la temática del libro. Aquel que pretende poner de manifiesto lo que la cita anterior deja entrever: que los métodos usados para desarrollar la investigación no guardan nada de automáticos, que la información que pueda obtenerse no es una consecuencia mecánica de la utilización de dichos métodos y que, en definitiva, el *dato* que el investigador busca no se recoge, sino que se produce. Ya sea en un trabajo etnográfico o en un trabajo de archivo, el *dato* no es una manzana que espera *a priori* en el *campo* a que el investigador llegue para tomarla. El *dato* es el producto de la interacción de varios factores, cientista social incluido.

La pregunta que nos hacíamos anteriormente acerca de
la labor de pesquisa del investigador de la policía adquiere
así otro matiz. Si se quiere, otro nivel de análisis: el *cómo*
metodológico da paso, como no podría ser de otra manera,
a un *cómo* ligado a lo epistemológico. La pregunta acerca
de las actividades concretas de investigación se precisa
así con otro interrogante: ¿cómo produce el investigador
la información requerida? O lo que es lo mismo: ¿cómo
se construye el *dato*? Las reflexiones que esta pregunta
desencadene variarán, es claro, de acuerdo a la perspectiva
disciplinar y el abordaje conceptual que guíe el análisis.
Los trabajos reunidos en este volumen brindan excelentes
pistas para asomarse a las condiciones materiales y los
modos de sociabilidad que fueron configurando el marco
dentro del cual se desarrollaron los análisis. Las particularidades de cada pesquisa –contactos, presentaciones,
relaciones– no son simples hojas de ruta o recorridos for-
tuitos sin significación ulterior. Son justamente los *modos*
que permitieron el análisis y todo lo que éste conlleva:
observaciones, registros, informaciones, datos. Como bien
lo subraya Roberto Da Matta (2007), estas particularidades
no son anécdotas por fuera de los datos, sino las maneras
de relación que los habilitan.

La pregunta acerca de la construcción del *dato* posibilita, en el caso del trabajo con fuentes, distintas reflexiones.
Los trabajos del volumen que se inscriben en esta línea
presentan el *cómo* del análisis con documentos, fichas,
registros y libros, tanto en archivos como en bibliotecas
policiales, tanto acerca de lo propio como de lo ajeno:
desde registros institucionales hasta hojas de antecedentes
de detenidos. La lectura de estos trabajos brinda, al lector
no especializado, la posibilidad de adentrarse en las especificidades del trabajo de archivo en la institución policial:
cuáles son las fuentes que pueden consultarse, cómo se
bucea en estos archivos, cómo fueron creados, qué puede

"leerse" en cada documento. La lectura de estos trabajos tanto brinda un mapeo institucional de las fuentes posibles como explicita el "saber baqueano" que permite moverse en esos espacios.

Tales trabajos permiten también otras reflexiones en relación a la construcción de estos archivos en tanto *datos*. Sabemos que un archivo –lo mismo es válido para una biblioteca– posee un carácter polifónico y contingente: no es el producto final de una serie de intervenciones de carácter técnico y planificado, sino el resultado de un proceso singular de constitución (Gomes da Cunha, 2004). Los artículos de la compilación avanzan dejando huellas acerca del vaivén de formación de estas fuentes archivísticas: quién redactó un documento, quién lo completó, cómo llegó hasta ahí, qué libros fueron donados, cuáles robados, qué material fue conservado, qué material fue destruido, por qué razones.

La reconstrucción de esta circulación burocrática permite entrever, aunque sea someramente, el carácter en formación de estas fuentes y los recorridos que siguen documentos, libros y papeles en estos espacios policiales. Permite así vincular la construcción y mantenimiento de estos ámbitos con decisiones institucionales, intereses colectivos y sensibilidades individuales. Y permite, en virtud de estas y otras cuestiones –¿qué personal se destina a estos espacios?, ¿quién los frecuenta?– preguntarse por el papel y función que cumplen en la agencia policial y por los sentidos que habilitan como usinas productoras de imagen, cultura y memoria institucional. La circulación por estos espacios nos deja también otra pregunta, relativa a los alcances *materiales* de esas fuentes y archivos y a su poder –real, simbólico, metafórico– de producción. Nos deja también una sensación a corroborar: la de que, como en un juego contrastativo de espejos, una vida criminal, un registro de antecedentes, un archivo policial, son instancias que se construyen implicándose.

Otras reflexiones pueden extraerse de los análisis anclados en estudios etnográficos[4] basados en entrevistas e instancias de observación participante.[5] En ellos, la pregunta en torno a la construcción del *dato* nos lleva a consideraciones en torno al proceso de constitución del *campo* y en torno al rol del etnógrafo[6] como actor participante en el proceso de investigación. Los artículos inscriptos en esta línea introducen al lector en distintas experiencias del trabajo de campo en instituciones policiales. El espectro de la participación es amplio: patrullas, rondas, oficinas, aulas. Los registros y tonos del trabajo policial que se abarcan lo son también: desde contextos burocráticos y educativos, hasta situaciones que involucran distintas dosis de peligro y violencia. Estos trabajos hablan de las especificidades que involucra una investigación etnográfica, no sólo en relación a las herramientas y estrategias metodológicas que

---

[4]   Esta categoría debe entenderse como "englobadora" y desligada de un campo disciplinar específico. En tanto alude a un trabajo de campo prolongado en contacto directo con un grupo de estudio, el enfoque etnográfico –como puede inferirse de los textos de este volumen– es practicado por investigadores de diversa formación profesional.

[5]   Es necesario aclarar aquí que el trabajo etnográfico y el trabajo con fuentes no son instancias excluyentes. Tal distinción debe entenderse como meramente organizadora de la exposición, en un intento por ordenar la reflexión respecto al "material" mayormente interrogado para la producción del análisis.

[6]   Una vez más, la categoría busca englobar bajo un mismo término, y a efectos de simplicidad discursiva, formaciones profesionales diversas. La elección de tal denominación, sin dudas pasible de discusión, intenta recoger la postura de los autores a este respecto y busca referirse a aquel que hace uso, en sus investigaciones, del enfoque etnográfico o "trabajo de campo". En concordancia con lo expuesto en las notas anteriores, sería tal vez interesante problematizar esta cuestión y preguntarse por la producción misma de estas y otras categorías (académicas, disciplinares, metodológicas) y por las tradiciones, sentidos y debates que llevan a un investigador a reconocerse y/o a adscribirse a ellas.

comporta, sino, además, y en virtud de ellas, en relación a los desafíos, temores y cuestionamientos que conlleva.

Mucho se ha escrito ya sobre esto. Los textos de este volumen retoman algunos de estos puntos y discusiones, aportando a la afirmación del carácter también subjetivo de la construcción del *dato* etnográfico. Apartándose de la escena naturalista del *campo* como un terreno literal, de la información como una referencia objetiva y del investigador como un observador neutral, los artículos intentan articular la relación existente entre el carácter construido de estos datos y la preocupación por la validez y confiabilidad de los mismos. La misma preocupación naturalista permite comprender la posibilidad del rol del etnógrafo como un observador encubierto, que extrae su sentido del entendimiento de su presencia como un factor "disturbador" de las prácticas de aquellos bajo estudio. El etnógrafo encubierto supone la intención de reducir los riesgos de estudiar "un artefacto de su presencia, antes que el comportamiento normal" de los sujetos implicados en el análisis (Fielding, en Rowe, 2007:39). La posibilidad de tal actuación, independientemente de sus consideraciones éticas, abre una interesante arena de reflexión en torno al entendimiento del etnógrafo y su conceptualización, ya sea como un insumo "incómodo" en el proceso de investigación o como una herramienta co-constructora del análisis.

Similares consideraciones se abren en relación al papel de la *empatía* como recurso de análisis. Si el etnógrafo guarda un rol activo en la producción del *campo*, y es el cariz de su relacionamiento con los otros lo que posibilita tal análisis, ¿cuáles son los alcances que guarda este acercamiento? Los trabajos de este libro abordan, desde distintos lugares, las posibilidades y limitaciones que adquiere la comprensión del otro, así como el papel que juega el involucramiento en las prácticas de esos otros como condición para su entendimiento. En el contexto de los estudios policiales, donde el etnógrafo puede verse envuelto en diversas situaciones de riesgo, el abordaje de la cuestión de la *empatía* y la participación lanza un punto de provechosa reflexión para todo cientista social que se adentre en este campo, sobre todo en lo que hace a las implicancias del compromiso y su relación con los propios principios.

Si el *dato* resulta una construcción (tal vez inacabada, muchas veces en disputa), los textos reunidos dejan entrever otra pregunta: ¿qué constituye un *dato* para cada quién? La lectura de estos artículos brinda claves para acercase a este somero contrapunto entre el policía y el cientista social: ¿cuándo algo es información?, ¿cuándo es importante? ¿Cómo la competencia y el saber profesional delimitan las zonas de aquello a conservar (o a desechar)? ¿Cuál es el recorrido que lleva, a los policías y a los que trabajan con fuentes, a convertir un papel en documento? ¿Y cuál es el proceso que etnógrafos y policías ponen en marcha para rescatar, de entre todo lo dicho o hecho, aquello capaz de cristalizarse en *dato*? Si tales preguntas reactualizan la vecindad del *métier* de policías y cientistas sociales en tanto "indagadores", también asientan la divergencia entre los modos con que unos y otros se relacionan con la búsqueda y el sentido último de tal información.

Los trabajos presentados aluden, desde diversos intereses y perspectivas, a estos temas mencionados. Intentan, en su conjunto, un movimiento de oscilación entre distintas miradas: unas más puntuales, dirigidas al interior de la misma policía; otras de más amplio alcance, abarcadoras de sus vinculaciones con otros actores del campo político y social. Lejos de invalidarse entre sí, estas miradas suman al espectro: es el movimiento de amplitud de la lente lo que permite abarcarlo, ahora mirando el objeto de cerca para alcanzar algunos puntos con singular acuidad, ahora mirándolo desde lejos para verlo en sus relaciones con el entorno, o mirándolo también oblicuamente, para captar, con el rabillo del ojo, aquello que se imprecisa cuando se lo contempla de lleno. Tal movimiento no es otro, en definitiva, que el de la cercanía y la distancia. Los artículos del volumen entrelazan distancias temporales, miradas retrospectivas, distanciamientos metodológicos, aproximaciones etnográficas y extrañamientos de lo propio y lo ajeno. Todos estos ejercicios, sin embargo, no soslayan la intencionalidad de una comprensión de la institución policial construida desde el diálogo y el acercamiento.

Se abre aquí entonces otra reflexión. ¿Cómo repercute esta aproximación en el propio investigador? Los textos de esta compilación hacen foco, también, en la presencia palpable de éste en el análisis, no tanto con el objetivo de saltar al primer plano, sino con la finalidad de explicitar el proceso de investigación *desde* y *en* uno mismo. Integrar, a este proceso, aquellos datos inicialmente tildados de "personales" no constituye un intento de auto-referencialidad o de auto-terapia, sino la tentativa de dejar de poner entre paréntesis aquellos pensamientos, sentimientos y experiencias que nos suscita –a nosotros, como cientistas y como personas– el atravesar el proceso de indagación. Este ejercicio, que puede parecer borroso o hasta inapropiado para la letra de molde, no lo es tanto: estas experiencias, aun cuando ocurran al interior de nosotros mismos, sólo pueden acontecer al haber sido provocadas por el contexto de investigación (Leirner, 2009). Se trata, entonces, de detener la mirada también sobre uno, con el doble objetivo –como muestran algunos de los trabajos que siguen– de conceptualizar la propia presencia y emocionalidad en un *campo* co-producido, y de conectar las simpatías, temores, rechazos y contradicciones personales experimentadas durante el proceso de investigación con sus más amplias implicaciones teóricas, culturales y políticas (Kraska, 1996). De lo que se trata, entonces, es de transformar este registro "personal" también en *dato*.

Esta inclusión del investigador en el análisis no debe confundirse con su centralidad, ni la coproducción del *campo* debe sugerir –como bien apunta Diego Escolar– "la falacia práctica de la ficción de una soberanía epistemológica por parte del antropólogo u otros científicos sociales respecto de la producción y validación de saberes y representaciones socioculturales" (2005:74). Como algunos de los trabajos compilados bien dejan entrever, ni el curso que sigue el análisis es monopolio exclusivo del investigador, ni este rol de investigación resulta una instancia sólida e impermeable, bajo el puro control del cientista social. En los textos que siguen, el lector podrá encontrar al investigador sometido a variados retos: desde desafíos destinados a testear su intención y compromiso, a pruebas diseñadas para incomodarlo. La interacción con el otro implica, necesariamente, que ese rol de investigador en el que uno se acomoda pueda ser desdibujado, disputado, confrontado y hasta utilizado para el propio provecho institucional (policial). Las reflexiones que se abren con esta cuestión son tan ricas como amplias: en ellas resuena la existencia no sólo de las posibilidades de esta interacción con el otro, sino asimismo de su límite.

El objetivo de esta compilación descansa en la construcción de un diálogo interdisciplinario, basado no tanto en la coincidencia acerca de un mismo objeto de estudio, sino, sobre todo, en el planteamiento de una interlocución (y un núcleo de problemáticas comunes asociadas) en relación a su aproximación y abordaje. Los textos reunidos –que van desde estudios de caso a planteos de corte más teórico– responden a esta ilación, pero mantienen su unidad temática y se abren a otras discusiones y problemáticas; el lector interesado podrá sin duda rastrearlas y profundizarlas a través de la bibliografía utilizada. Los artículos hablan por sí mismos, pero dialogan entre sí. Los múltiples posicionamientos otorgan, a las voces implicadas, distintas tonalidades. En la conformación de este diálogo, la posibilidad de voces encontradas es signo inequívoco de la existencia de la pluralidad y el debate.

Este concierto de voces intenta reflexionar acerca de un área de estudio en formación, deteniéndose en el *cómo* mismo (metodológico, epistemológico) de esa construcción. ¿Cuál es el sentido de plantear este recorrido por cuestiones que atañen a la modalidad del conocimiento sobre la policía? Se trata, sencillamente, de revertir obstáculos: de convertir un "objeto de estudio" controvertido o resistido, en una temática de investigación válida. Y tal vez hasta de apuntalar, a través del racconto de distintas experiencias de investigación, el surgimiento de otras. No con la intención de reificar un campo de análisis –la policía, los cartoneros, las enfermeras– que haga descansar, en las particularidades que son inherentes a todo grupo o a toda institución, las razones de su compartimentación. Reflexionar acerca de las especificidades de un cierto campo empírico puede ser provechoso –metodológicamente hablando– para planear estrategias de investigación o para capitalizar dificultades. Pero de ninguna manera debieran estas especificidades servir de argumento para el blindaje de un *coto* de análisis, en el sentido de un área de investigación que sólo conversa consigo misma.

En este punto, desandado el camino, me gustaría retomar la pregunta de Van Maanen que marca el inicio de este texto: ¿qué hacemos cuando estudiamos a la policía? Este interrogante, como otros señalados, esconde varias capas de complejidad. Es momento de añadir, al cariz metodológico que pudiera tener esa pregunta, un nuevo sustrato reflexivo: el de nuestra (posible) participación en la construcción de ese campo de estudio. El lenguaje y las categorías con que se *piensa* un campo proporcionan, velada pero inexorablemente, la argamasa de su entidad *real*: lo construimos como lo pensamos, lo vemos como lo construimos y luego tendemos a creer que es como se lo ve. Piglia ha dicho, recientemente, que "todo es según lo que sabemos *antes* de ver" (2010:142). ¿Cómo la forma en que abordamos una temática la construye en la realidad? ¿Hasta qué punto las preguntas que nos hacemos y los temas que nos preocupan modelan una determinada forma de estructurar el entendimiento de lo social? En definitiva, ¿cómo producimos, desde el ámbito académico, la institución policial?

Estas preguntas resuenan, subyacentes, en la presente compilación. Esperamos que los materiales que ofrece puedan contribuir al fortalecimiento de las temáticas analizadas, aportando herramientas para la construcción de conocimiento en torno al funcionamiento de las policías, su relación con la sociedad civil y su modalidad de vinculación con otros actores del campo político y social. El valor e interés de este volumen descansa, sin dudas, en la riqueza de las contribuciones que lo conforman: este libro fue posible gracias al aporte y la generosidad de todos los autores, que creyeron en la validez de este proyecto.[7] Les agradezco sinceramente a todos ellos por confiar y apostar a esta reflexión conjunta.

Bibliografía citada

Castro, Celso y Leirner, Piero (orgs.), 2009, *Antropologia dos militares. Reflexões sobre pesquisas de campo*. Río de Janeiro: Editora FGV.

---

[7]   Se detalla al pie de los textos la información relativa a las publicaciones en que éstos aparecieron originalmente y a las sociedades detentoras de los derechos de autor. Agradezco especialmente a estas últimas el permiso para la reproducción y/o traducción de esas obras.

Da Matta, Roberto, 2007, "El oficio del etnólogo o cómo tener 'Anthropological Blues'". En: Mauricio Boivin, Ana Rosato y Victoria Arribas (eds.), *Constructores de otredad: una introducción a la antropología social y cultural*. Buenos Aires: Antropofagia.

Escolar, Diego, 2005, "La soberanía en el *campo*. Poder, etnografía y secreto en los Andes sanjuaninos". En: Guillermo Wilde y Pablo Schamber (comps.), *Historia, poder y discursos*. Buenos Aires: Editorial SB.

Gomes da Cunha, Olívia Maria, 2004, "Tempo imperfeito: uma etnografía do arquivo". En: *Revista Mana*, vol.2, n.10.

Kraska, Peter B., 1996, "Enjoying militarism: political/personal dilemmas in studying US police paramilitary units". En: *Justice Quarterly*, vol.13, n.3.

Leirner, Piero, 2009, "Etnografia com militares: fórmula, dosagem e posología". En: Celso Castro y Piero Leirner (orgs.), *Antropologia dos militares. Reflexões sobres pesquisas de campo*. Río de Janeiro: Editora FGV.

Piglia, Ricardo, 2010, *Blanco nocturno*. Buenos Aires: Anagrama.

Rowe, Michael, 2007, "Tripping over molehills: ethics and the ethnography of police work". En: *Int. J. Social Research Methodology*, vol.10, n.1.

Van Maanen, John, 1978, "Watching the watchers". En: Peter K. Manning y John Van Maanen (eds.), *Policing: A View from the Streets*. California: Goodyear Publishing Company.

Yañez Romero, José Arturo, 1999, *Policía mexicana: cultura política, (in)seguridad y orden público en el gobierno del Distrito Federal, 1821-1876*. México: Plaza y Valdez Editores.

2. La policía en las ciencias sociales. Ensayo sobre los obstáculos epistemológicos para el estudio de la institución policial en el campo de las ciencias sociales

Marcelo Fabián Sain
(Universidad Nacional de Quilmes)

(...) Tradicionalmente, la institución policial desconfía del interés que se pone en ella. El secreto del cual la institución se rodea, el desorden laberíntico que mantiene a veces a propósito, la multiplicidad de sus formas y de sus contenidos, contribuyen a hacer de la policía una realidad múltiple e inaprehensible (...).[1]

(...) Todo intelectual que estudie a la policía debe estar dispuesto a hacer un trabajo de campo muy extenso en terreno inexplorado, a desafiar la intransigencia burocrática, y a convertirse en un sospechoso desde el punto de vista político y en un miembro de la clase social más baja. Sólo un puñado de intelectuales tuvieron la voluntad de hacerlo.[2]

Las ciencias sociales y la policía

A lo largo de las últimas décadas, en el campo de las ciencias sociales locales, los estudios acerca de la institución policial fueron escasos y excepcionales. No obstante, en este campo científico no se reflejó lo que ocurría en la realidad social, ya que el protagonismo que aquella

---

[1] L'Héuillét, Hélene: *Baja política, alta policía. Un enfoque histórico y filosófico de la policía*, Prometeo Libros, Buenos Aires, 2010, p. 13.
[2] Bayley, David: *Modelos de actividad policial: un análisis comparativo internacional*, Prometeo Libros, Buenos Aires, 2010, pp. 17 y 18.

institución ha tenido en la co-producción del *campo de la seguridad pública*[3] fue significativo. En efecto, en nuestro país el activismo que las policías han desempeñado en la interpretación de las problemáticas de la seguridad y en la formulación e implementación de las intervenciones sobre ellas, ha sido central y excluyente. Desde la instauración democrática de 1983, las policías han sido los principales actores institucionales del campo de la seguridad pública, secundarizando a la justicia criminal, al servicio penitenciario y, en particular, a los gobiernos políticos y a la clase política en su conjunto. Y lo fueron más activamente cuando en nuestro país se transformó la experiencia criminal a la luz del aumento de los delitos y de la violencia delictiva así como del auge y expansión de la criminalidad organizada estructurada en torno de los mercados ilegales de bienes y servicios. Entonces, ¿por

---

[3]   Definimos al *campo de la seguridad pública* como el espacio social constituido por un conjunto de actores –institucionales y/o sociales– con diferentes capacidades de poder que interactúan y establecen relaciones de fuerza y, desde allí, disputan por imponer en el grupo social de referencia un *abordaje conceptual sobre los conflictos*, esto es, un cierto marco interpretativo y valorativo de los conflictos, las violencias y/o los delitos, así como ciertas *modalidades de intervención y de gestión de los conflictos*, es decir, cómo y cuándo se debe abordar fácticamente a esos conflictos en función de prevenirlos, conjurarlos, estabilizarlos o controlarlos de alguna manera. Esos actores producen y reproducen el campo de la seguridad mediante los componentes que detentan y articulan en las interacciones que protagonizan. Por un lado, diferentes *concepciones, orientaciones e intereses acerca de lo social y, específicamente, acerca de los conflictos* que se producen y reproducen en ese espacio, de sus abordajes conceptuales y fácticos y de sus modalidades de resolución. Y, por otro lado, distintas *prácticas de intervención* que comprenden un conjunto de acciones, maniobras y movimientos que utilizan o movilizan un conjunto de recursos y dispositivos materiales y/o institucionales en medio de una trama compleja de relaciones de poder y, particularmente, de poder político. Dicho de otro modo, *el campo de la seguridad es un campo social de lucha por imponer determinadas concepciones y prácticas en función de gestionar de alguna manera los conflictos existentes en el agrupamiento social de pertenencia.*

qué la policía no ha constituido un objeto privilegiado de indagación en el ámbito de las ciencias sociales?

La conversión de la institución policial en la *base empírica*[4] de las ciencias sociales ha sido objeto de una persistente *resistencia epistemológica* derivada de dos procesos simultáneos. Por un lado, la propia institución policial ha rechazado toda forma de escrutinio o intromisión cognitiva tendiente a dar cuenta de sus estructuras organizativas, sus trazos doctrinales y sus prácticas institucionales. Ello, asimismo, fue apuntalado por el mundo de la política, ya que el abordaje cognitivo de la institución policial también desnuda el desempeño de la clase política y, en especial, de las autoridades gubernamentales en el ejercicio de la gestión política de la seguridad mediante la institución policial. Por otro lado, en el ámbito de las ciencias sociales se impuso un sistemático repudio a estudiar a la institución policial, sus prácticas, modalidades de actuación, desempeños, culturas, ritos, basamentos organizacionales, estructuras de formación y capacitación y tradiciones institucionales.

Por una y por otra razón, *en el campo de las ciencias sociales prima un profundo desconocimiento sobre la policía y sus problemáticas.* Y cuando se la ha observado, se

---

[4]   Con el concepto *base empírica* me refiero a lo que el epistemólogo Gregorio Klimovsky denomina *"base empírica epistemológica"*, esto es, los datos obtenidos de la vida cotidiana mediante la aplicación de un conjunto de métodos y técnicas y su interpretación mediante la elaboración y aplicación de marcos teóricos específicos. Como señala este autor, "los datos de la base empírica son aquellos que cualquier persona puede obtener de la vida cotidiana con el auxilio del lenguaje ordinario, y que están por tanto provistos ya de un suficiente poder de conceptuación básica" y, a partir de ellos, el científico "tratará de formular suposiciones que involucran entidades de la zona teórica y que permitan justificar nuestras creencias y explicar las regularidades que hallamos en la vida cotidiana" (en: Klimovsky, Gregorio: *Las desventuras del conocimiento científico. Una introducción a la epistemología*, A-Z Editora, Buenos Aires, 1997, p. 38).

lo ha hecho mediante el contrapunto entre dos enfoques recurrentes. Por un lado, aquellas perspectivas que ponen el énfasis en los basamentos formales que instituyen las funciones legales asignadas a dicha institución, en torno de las cuales se elaboraron interpretaciones meramente formalistas y/o normativistas de la policía y de sus labores. Por otro lado, las concepciones que ponderan casi exclusivamente las expresiones dramáticas y elocuentes del uso abusivo de la fuerza o de los hechos de corrupción producidos por la policía, reificando una lectura dramática y exclusivamente estigmatizante de la policía como aparato represivo y corruptivo. Se trata de visiones parciales y/o irreales.

Tal como lo destaca Pierre Bourdieu, las ciencias sociales construyen sus objetos de investigación a partir de los "problemas sociales" que, en un contexto histórico determinado, las sociedades consideran como "asuntos" genuinos para ser explorados, descritos, explicados e interpretados. "Cada sociedad, en cada momento, elabora un cuerpo de 'problemas sociales' que da por legítimo, digno de ser debatido, de hacerse público, a veces oficializado y, hasta cierto punto, 'avalado por el Estado'",[5] señala con énfasis el brillante pensador francés. Esto da cuenta, en todo caso, de las razones por las cuales la institución policial no ha constituido entre nosotros un objeto de indagación científica. Han sido muchos los actores políticos y sociales clave que no la han legitimado como un asunto social que pudiera constituirse en base empírica científica.

---

[5]   Bourdieu, Pierre: "La práctica de la sociología reflexiva". En: Pierre Bourdieu y Loïc Wacquant: *Una invitación a la sociología reflexiva*, Siglo Veintiuno Editores, Argentina, Buenos Aires, 2005, p. 328.

La policía se blinda y resiste

En general, los miembros de la institución policial, y en particular su cúpula, es decir, el *comisariato*, rechazan todo tipo de indagación, inspección o examen de parte de cualquier instancia política, social, periodística o académica externa a ellas. Inclusive, esa brecha epistémica ha sido exitosamente reproducida por décadas en un contexto institucional signado por la autonomía del grueso de esas policías con relación a las autoridades gubernamentales, parlamentarias y judiciales. De ese modo, el desdeño policial al escrutinio externo también comprende el impedimento efectivo a la intervención cognitiva y la mirada crítica de los ministros y funcionarios políticos del ramo, de los parlamentarios especializados en seguridad pública y de los jueces interesados en revisar sus actuaciones.

La policía, en tanto agrupamiento social específico, se fue convirtiendo así en una institución de clausura, autogobernada y autoproducida, es decir, en una "institución total", un "lugar de residencia y trabajo, donde un gran número de individuos en igual situación, aislados de la sociedad por un periodo apreciable de tiempo, comparten en su encierro una rutina diaria, administrada formalmente".[6] En ese sentido, el rechazo exitoso al escrutinio y la intervención cognitiva o institucional externa es vivida y experimentada dentro de la policía como una condición necesaria para su reproducción como agrupamiento, para la preservación de sus bases doctrinales, organizativas y funcionales, y para la continuidad del mismo según criterios autodefinidos y autoformulados.

Existen dos motivaciones fundamentales para mantener una sistemática aversión a la indagación externa de la

---

[6]   Goffman, Irving: *Internados. Ensayos sobre la situación social de los enfermos mentales*, Amorrortu Editorial, Buenos Aires, 1992, p. 13.

policía. Por un lado, el *ocultamiento* del conjunto de prácticas institucionales –más o menos extendidas– signadas por los abusos y/o las ilegalidades en el uso de la fuerza –los apremios, las torturas, las ejecuciones y desaparición de personas, etc. –, la corrupción institucional, y la regulación policial de actividades delictivas de alta rentabilidad o que sirven como fuente de un autofinanciamiento ilegal.[7] Y, por otro lado, el *escamoteo* o la *simulación* de las deficiencias en el desempeño de sus funciones formales como consecuencia, en gran medida, de los anacronismos doctrinarios, las anomalías organizacionales y los defectos funcionales que pesan sobre estas instituciones.[8]

De todos modos, son las grietas de ese impulso de ocultamiento, escamoteo y simulación lo que permite efectivizar cierto abordaje cognitivo de la policía. Esas aberturas, cuando se ponen de manifiesto, constituyen ventanas de oportunidad para dar cuenta de la institución policial. Pero, en verdad, sólo permiten ver algunos aspectos parciales de la misma: los *abusos* y las *corrupciones*. Por lo tanto, las interpretaciones elaboradas exclusivamente de este modo conducen inevitablemente a la *naturalización de la institución policial como un aparato corrupto y abusivo*. Las *deficiencias institucionales*, en este sentido, son menos evidentes y, en consecuencia, menos tangibles cognitivamente, pero no dejan de colarse ante algunas observaciones atentas.

---

[7] He desarrollado una sistematización conceptual de la *corrupción policial* en: Sain, Marcelo Fabián: "La corrupción policial", en: revista *Le Monde Diplomatique*, Buenos Aires, Año XI, nº 131, mayo de 2010; y Sain, Marcelo Fabián: "La policía, socio y árbitro de los negocios criminales", en: revista *Le Monde Diplomatique*, Buenos Aires, Año XI, nº 133, julio de 2010.

[8] He trabajado ampliamente este aspecto en: Sain, Marcelo Fabián: *El Leviatán azul: policía y política en Argentina*, Siglo XXI Editores, Argentina, Buenos Aires, 2008, cap. 3.

Ahora bien, la estigmatización de la institución policial como aparato predominantemente represivo y corrupto impide dar cuenta y considerar un conjunto también complejo de acciones y prácticas institucionales que la misma desarrolla en todo lo concerniente tanto al control efectivo de los delitos –o, mejor dicho, de cierta gama de delitos, en particular, de aquellos delitos violentos cometidos en la vía pública, tales como hurtos y robos a mano armada–, como al cuidado de la paz social y a la preservación del orden público. La policía lleva a cabo una labor institucional que incide, de alguna manera, sobre la problemática delictiva mediante su atenuación, prevención y conjuración con mayor o menor eficacia, así como también sobre los desórdenes públicos mediante la regulación y resolución de conflictividades menores y del desarrollo de ciertas prácticas de asistencialismo social que rebasan sobradamente sus mandatos legales. Sin la policía, la conflictividad social estaría mucho más expandida.

Así, la policía es una institución social compleja que tortura y protege; apremia y cuida; abusa y socorre; corrompe y detiene corruptos; favorece al delito y lucha contra el delito; resguarda actividades criminales y las desarticula; soborna delincuentes y los encarcela; desestabiliza y estabiliza; quita vidas y las salva; mata y muere. Todo ello es hecho por la misma institución policial o, mejor dicho, por los mismos policías, siempre en diferentes grados y medidas, según las circunstancias históricas. Y al mismo tiempo. La policía entendida como una "organización libertaria que lucha contra la delincuencia ofrendando a la comunidad la vida de sus miembros", tal como rezan las infinitas proclamas emitidas por el comisariato en los actos protocolares, es una construcción político-conceptual que no se condice con el conjunto de prácticas que reproducen a la policía como institución social. Pero este *maniqueísmo comisarial* es análogo a un *maniqueísmo progresista o academicista* asentado en la reificación de la policía como institución esencialmente corrupta y exclusivamente represiva. Ambos maniqueísmos secuestran y colocan en el ostracismo cognitivo un trozo –distintos trozos– de la institución policial y relegan integralmente a ésta al conocimiento exclusivo de sus miembros, en especial, del comisariato.

La política acompaña

El mundo de la política acompaña activamente a la policía en el rechazo al escrutinio externo sobre esta institución y lo hace con denuedo a la hora de impedir la observación y el estudio de su propio desempeño en materia de seguridad pública y, específicamente, de su relación histórica con las instituciones policiales. Tales resistencias de parte de la dirigencia política local derivan del intento por encubrir el vínculo estructurado entre la política y la policía, que estuvo caracterizado por el *desgobierno político sobre los asuntos de la seguridad* y la *delegación de la conducción de esas cuestiones a las propias instituciones policiales.* Salvo contadas excepciones, ni las sucesivas autoridades gubernamentales ni los legisladores han emprendido un abordaje integral de las complejas problemáticas de la seguridad pública y, en ese marco, de la policía, del mismo modo que los partidos políticos tampoco han llenado ese vacío sino, más bien, sólo se han limitado a reproducirlo.

Al respecto, no parece haber distinciones ideológicas. Al amparo de la defección política y la apropiación policial del gobierno de la seguridad, tanto la derecha como la izquierda –ambas, en sus diferentes manifestaciones– nunca han hecho un abordaje integral de la institución policial. Y ello les ha impedido dar cuenta del núcleo central del problema institucional de la policía, que está dado por las deficiencias organizativas y funcionales que portan

dichas instituciones para cumplir con su labor de prevención e investigación de los delitos y de hacerlo de manera
eficiente y de acuerdo con los valores democráticos. La
derecha, al postular la necesidad de reforzar los poderes
discrecionales de la policía sin introducir cambios en sus
formas tradicionales de funcionamiento y organización, ha
profundizado tales anacronismos y desajustes, obviando u
ocultando premeditadamente el hecho de que gran parte de
los delitos cometidos y de las actividades criminales de alta
complejidad y de amplia rentabilidad económica se llevan
a cabo como consecuencia de la ineficiencia policial o, peor
aún, de la complicidad, protección y hasta participación
de algunos uniformados en esos hechos y actividades, lo
que en los últimos tiempos ha adquirido una envergadura
inusitada en nuestro país. Entretanto, la izquierda no ha
incursionado en el interior de la institución policial ni ha
tenido en cuenta que su estructura organizativa y sus dinámicas funcionales, así como sus basamentos doctrinales
y sus concepciones culturales, determinan el conjunto de
prácticas y acciones producidas y reproducidas por sus
integrantes, inclusive sus comportamientos abusivos y
hasta delictivos, desatendiendo la posibilidad de que las
autoridades gubernamentales retomen el control de la
seguridad pública y, en su marco, ejerzan la conducción
de las instituciones policiales, favoreciendo así el hecho de
que la policía siga gobernando estos asuntos con un alto
nivel de autonomía.

El conocimiento de la institución policial y, específicamente, sus misiones y funciones reales, su inserción en la
institucionalidad política y sus dispositivos de conducción
constituyen, en verdad, una *ventana cognitiva* al vínculo
existente entre la política y la policía y, en particular, al rol
que ésta desempeña como *instrumento* de aquella. Como
lo señala Monjardet, *la policía es siempre un instrumento*.

(...) La policía es un martillo. Contrariamente de la idea que muchos policías tienen de su papel –ellos se ven de buen grado «entre el martillo y el yunque» [Desaunay, 1989, p. 7]–, ellos son el martillo, entre el herrero y el yunque. Comúnmente se admite que un martillo sirve principalmente para clavar clavos, pero se sabe que, resguardado en una pequeña caja roja fijada en la pared de un vagón o de un ómnibus, sirve para «romper el vidrio» y liberarse, en caso de que un accidente vuelva inaccesibles las puertas. Como piolet, ayuda a escalar las montañas. Se sabe también que puede permitir romper una cabeza. Seguramente, no es la suma infinita de las utilidades posibles del martillo lo que puede definirlo, sino la dimensión común a todos sus usos, que es aplicar una fuerza sobre un objeto. En cuanto instrumento, el martillo no tiene finalidades propias, sirve (más o menos eficazmente según sus características técnicas) a las finalidades de aquel que lo maneja. Lo mismo sucede en lo que respecta a la policía: instrumento de aplicación de una fuerza (la fuerza física en un primer análisis) sobre el objeto que le es designado por quien la dirige. Por este motivo, la policía no podría tener finalidad propia, no hay trascendencia de la coacción física (incluso para el sádico, ella es apenas un medio). La policía es totalmente ancilar, y recibe su definición –en el sentido de su rol en las relaciones sociales– de aquel que la instrumentaliza. Por eso, puede servir a los objetivos más diversos, la opresión en un régimen totalitario o dictatorial, la protección de las libertades en un régimen democrático. Puede suceder que la misma policía (los mismos hombres, la misma organización) sirva sucesivamente a finalidades opuestas y, por ese motivo, provoque problemas graves en los períodos de transición de un régimen político a otro (...).[9]

Este vínculo entre la política y la policía es el que hace que los políticos recelen del escrutinio científico de la policía. En el fondo recelan de sí mismos o, más bien, temen

---

[9]   Monjardet, Dominique: *O que faz a polícia. Sociologia da força pública*, Edusp, São Paulo, 2003, p. 22.

otorgarle visibilidad a las modalidades predominantes que, desde la instauración democrática, esos mismos políticos –dirigentes partidarios, gobernantes, funcionarios, legisladores– han pergeñado e impuesto para gestionar políticamente las problemáticas de la seguridad pública, esto es, los conflictos y los delitos en nuestra sociedad. Esta modalidad de gestión ha sido sustancialmente *policialista* y, en su marco, la policía ha sido el principal instrumento o "martillo", en la metáfora de Monjardet, de la política. Pero esta metáfora sólo es aplicable en nuestro país en un plano muy general. En lo específico, la policía no sólo ha sido el "martillo" sino, al mismo tiempo, el "herrero".

En lo general, la metáfora es viable para dar cuenta de que lo que ha hecho históricamente la clase política local, y en particular los sucesivos gobiernos democráticos –nacionales o provinciales; de derecha o de izquierda–, es poner en manos de las policías el gobierno de la seguridad pública y, específicamente, el tratamiento de la conflictividad violenta y de la problemática delictiva. Desde la instauración democrática, el ejercicio efectivo y real del gobierno de la seguridad pública fue llevado a cabo predominantemente por las instituciones policiales. Las principales pautas básicas de las estrategias e intervenciones de control del delito y de mantenimiento del orden público fueron, en general, establecidas y desarrolladas por las policías. Asimismo, esta impronta delegativa se materializó en una suerte de pacto de reciprocidad que signó durante décadas el vínculo entre los gobiernos y las policías. En su marco, del lado gubernamental se le otorgó a la policía un amplio margen de autonomía institucional en todo lo relativo a la organización y funcionamiento operacional policial, la conformación de la estructura de mandos superiores y medios, el otorgamiento de promociones y ascensos, la ocupación de cargos o destinos importantes dentro de la institución, la administración y aplicación de los fondos presupuestarios, la gestión de los recursos infraestructurales y otros aspectos que, en su conjunto, dieron forma al *autogobierno policial*. Esa autonomía, además, fue acompañada por la indiferencia –o "vista gorda"– y/o el encubrimiento gubernamental frente a los dispositivos y hechos de corrupción y los abusos policiales, así como también por la protección política frente a ciertas modalidades de regulación policial de determinadas actividades delictivas de alta rentabilidad económica.

A su vez, del lado policial se le aseguró a las autoridades gubernamentales un grado socialmente aceptable de eficiencia en el control formal o informal del delito y de cualquier forma de conflictos o protestas sociales que ha hecho gobernable la seguridad pública. Para ello, las policías han desarrollado un conjunto de dispositivos institucionales y de estrategias de intervención centradas fundamentalmente en tres ejes. En primer lugar, el *disciplinamiento social de los sectores urbanos altamente marginalizados* para los cuales no hay políticas sociales de inclusión. Ese disciplinamiento ha comprendido una combinación de acciones complementarias. Por un lado, la represión indiscriminada, las torturas, los apremios, los fusilamientos y las desapariciones de personas estigmatizadas como "peligrosas", "delincuentes" o meramente "molestas". Por otro lado, el constreñimiento sobre algunas de esas personas, en particular de algunos varones menores, impulsándolos a "trabajar" para la policía robando, matando, extorsionando para ellos. Los "pibes chorros" son una expresión de esto, ya que, en general, roban para la policía. En segundo lugar, la *regulación del delito* mediante un conjunto de acciones tendientes a ejercer la salvaguarda y protección de ciertas actividades delictivas altamente rentables y cuya expansión y consolidación ha tenido a dicha regulación como condición estructural necesaria e indispensable. En verdad, ha constituido una determinada modalidad de control del delito a través de un pacto manifiesto con los delincuentes en el que se acordó cómo y cuándo se irían a llevar a cabo las actividades ilícitas acordadas o impuestas, esto es, se estableció cuánto delito se toleraría a los fines de que el negocio se desenvuelva o prolifere sin que se ponga en tela de juicio el dominio material y simbólico de la policía en el territorio y la estabilidad política del gobierno. Y, finalmente, el *autofinanciamiento ilegal* a través de la obtención de fondos provenientes de las actividades criminales protegidas, las que, en general, han implicado la conformación de emprendimientos económicos de amplia envergadura y se han articulado en torno de la conformación de mercados ilegales de determinados bienes y servicios, tales como drogas ilegales, autopartes robadas, personas explotadas sexualmente, etc. O, en su defecto, mediante la generación de dinero o prebendas derivadas de actividades o acciones criminales de menor complejidad o de actividades irregulares pero también rentables. De este modo, la insuficiencia presupuestaria para afrontar los gastos totales que demanda el funcionamiento de la institución policial se ha afrontado con este dispositivo de financiamiento ilegal.

En suma, siguiendo la metáfora de Monjardet, la policía siempre fue el "martillo" de la gestión de la seguridad pública. Pero el rol de "herrero" no fue exclusivamente ejercido por los gobiernos políticos sino también por la propia policía o, más precisamente, por sus cúpulas. Los gobiernos fueron "herreros" a la hora de establecer la condición general de la delegación: que las problemáticas de la seguridad –las violencias, los conflictos, los delitos– no escalen a un nivel de crisis social que se traduzca en demandas, protestas, reclamos, movilizaciones o confrontaciones que esmerilen o pongan en tela de juicio la legitimidad y/o la estabilidad gubernamental. El objetivo de la delegación no era una gestión eficaz, integral y democrática de los conflictos sino que éstos no se transformen en un problema político, independientemente de cómo se los gestione. Por su parte, las policías también fueron "herreros" a la hora de decidir cómo, cuándo, dónde, con qué intensidad y sobre qué objeto debía aplicarse el "martillo". Esto es, las modalidades de gestión de la seguridad y de intervención sobre los conflictos fueron autónomamente formuladas y llevadas a cabo por las instituciones policiales.

Las ciencias sociales ignoran y dudan

Habitualmente, en el ámbito de las ciencias sociales, la estructuración organizativa y las prácticas constitutivas de las instituciones policiales, así como el desempeño de la clase política sobre los asuntos de la seguridad pública, no ha despertado ningún interés. El mundo académico ha estado signado por un sinnúmero de prejuicios y cegueras ante las policías y ante la política en cuestiones de seguridad.

La consideración de que las policías son casi naturalmente grandes aparatos represivos y corruptos sin posibilidad alguna de transformación ha calado hondo en el campo de las ciencias sociales. A esto se ha añadido el sistemático repudio a estudiar el uso de la fuerza en cualquiera de sus manifestaciones, pero, en particular, el uso de la fuerza policial, bajo la creencia de que dicho empleo es un atributo de los regímenes autoritarios y no de los democráticos. Indagar e investigar sobre el ejercicio de la fuerza policial implicaba darle lustre a la policía o, dicho de otro modo, significaba otorgarle la entidad de "cosa importante" que amerita convertirse en objeto del análisis científico. Todo ello, sumado a la idea de que el estudio de la policía implicaba una identificación positiva con el objeto de investigación y de que no valía la pena dar cuenta de los factores que determinan las deficiencias, las corrupciones o los abusos en el uso de la fuerza policial, ha excluido a las instituciones policiales de los estudios y las investigaciones científicas.

El estudioso norteamericano David Bayley emprende una frontal crítica a las ciencias sociales y, en especial, a la ciencia política, por excluir de entre sus preocupaciones a la institución policial cuando, en verdad, ésta es co-productora del "orden" y ello la proyecta como en una organización social fundamental de la modernidad.

Es verdaderamente curioso ver cómo la intelectualidad no ha estudiado a la policía. Sobre todo, la gran perplejidad se presenta en el caso de los científicos políticos. El mantenimiento del orden constituye una función típica del gobierno. No sólo la legitimidad del gobierno está en gran medida determinada por el hecho de que éste mantenga o no el orden, sino que el orden constituye un criterio por el cual se determina, en primer lugar, si un gobierno dado en efecto existe. Desde una perspectiva conceptual y también funcional, gobierno y orden están relacionados. Si bien los científicos políticos han reconocido la importancia de estudiar los aportes realizados por el gobierno –lo que éste "produce"–, una y otra vez han descuidado la responsabilidad central que a éste le cabe. Esta circunstancia se refleja en el hecho de que existen numerosos estudios sobre las legislaturas, los tribunales, los ejércitos, los gabinetes, los partidos políticos y la burocracia en general, pero muy pocos sobre la policía. Las actividades policiales también determinan los límites que tiene la libertad en toda sociedad organizada, rasgo éste que es esencial al momento de determinar el carácter de un gobierno. Si bien los gobiernos ejercen coacción de otras formas, sin dudas la manera en la cual ellos mantienen el orden afecta de manera directa a la realidad de la libertad.[10]

---

[10]   Bayley, David: *Modelos de actividad policial: un análisis comparativo intenacional*, Prometeo Libros, Buenos Aires, 2010, p. 17 y 18.

Bayley sostiene que la omisión de los intelectuales en el estudio de la policía responde a una serie de razones puntuales. En primer lugar, la institución policial no se ha constituido, en general, como un "actor de importancia dentro del marco de los grandes sucesos históricos", es decir, no ha participado "de batallas épicas, ni de marchas heroicas, ni de llamativos repliegues". A los intelectuales les importan los acontecimientos históricos mayúsculos. En segundo término, a tono con lo anterior, el accionar policial no constituye "una faena glamorosa ni de alto rango" dado que "las tareas que los policías deben desempeñar –incluso las relacionadas con la investigación criminal– son aburridas y repetitivas, y se llevan a cabo en relación con personas muy comunes, en lugares que, con frecuencia, son sórdidos y están en pésimas condiciones edilicias". Estudiar la policía no coloca al académico ante "personas generalmente reconocidas como importantes o distinguidas en la sociedad", esto es, personas incluidas "en el grupo de los 'miembros de las elites' que los intelectuales tan amistosamente toman como centro de su atención". En tercer lugar, la actividad policial es "moralmente repugnante", ya que "la coacción, el control y la supresión" son acciones que forman parte de esa actividad y constituyen "elementos necesarios de una sociedad", pero "no son agradables". El accionar policial comprende "el uso de la fuerza por parte de un pueblo contra sí mismo, y tal circunstancia es, de un modo u otro, más vergonzante y embarazosa que el uso de la fuerza contra el extranjero" en una situación de guerra, y ello "refleja la renuencia a vincularse con las fuerzas del control, de la conservación del statu quo". Y, finalmente, existen innumerables "problemas prácticos" para realizar investigaciones acerca de la policía. "No sólo es problemático el acceso a la policía en la mayor parte de los países, sino que no existe una rutina de recopilación, de catalogación ni de almacenaje en bibliotecas de material documental", dando lugar a un "círculo vicioso" en el que, "dado el poco interés que despierta la actividad policial, hay poca demanda de elementos bibliográficos que facilitarían el trabajo analítico del intelectual". Esto, en suma, "reduce el atractivo de la policía como objeto de atención intelectual".[11]

Todas estas razones están presentes en nuestro caso. Y ellas han impedido apreciar que la institución policial ha sido un factor de poder fundamental para la constitución y reproducción de la sociedad local, de su sistema político y, en su interior, de los dispositivos históricos de control político y disciplinamiento social, tanto en democracia como bajo regímenes autoritarios.

En verdad, *la policía es un objeto complejo pero no inasible.* Las resistencias a tomar a la institución policial por objeto de estudio se deben, quizás, a que ello expone al sujeto cognoscente de manera cruda, directa, sin mediaciones ni atenuantes a una modalidad de gestión de los conflictos que, entre otras cuestiones, implica y pone al descubierto las miserias de la política dadas por el espionaje, el financiamiento espurio, la represión y hasta la eliminación de opositores; el disciplinamiento compulsivo y marginalizante de los estratos sociales indigentes, de ciertas minorías o de grupos disidentes o rivales; la regulación de actividades delictivas que deberían ser prevenidas o conjuradas pero que son favorecidas y protegidas; o el uso directo de la fuerza sobre personas y su expresión elocuente materializada en las torturas, los apremios, las ejecuciones, las desapariciones. En palabras de la filósofa francesa Hélene L'Héuillèt, la policía constituye un instrumento de la "baja política", es decir, de "la política de la decisión y del orden, de la evaluación de las circunstancias, de la urgencia y de la indeterminación relativa a aquello

---

[11]   *Ibíd.,* pp. 18-20.

sobre lo cual la acción se ejerce". La desmitificación de esta dimensión de la política da cuenta siempre de "su secreta fealdad (cálculos, manipulaciones, golpes de fuerza y deseos de nominación)". En ese sentido, esta filósofa invita a pensar a la policía reconociendo su historicidad y superando el contrapunto entre su misión pastoral y su misión represiva, dado que ambas constituyen y le dan forma a la "alta policía".

> Hablar de "la" policía en singular, tratar de pensar "la" policía como un concepto, no es pues en absoluto afirmar que la policía es inmutable en la historia o idéntica a sí misma en cada una de sus tareas. Pero oponer la policía que socorre a la policía que reprime, es desconocer que socorrer y reprimir no se separan habitualmente, ya que parece lógico que la policía, en su misión pastoral, protege de un peligro posible y de un agresor eventual que será preciso reprimir, y que, en su misión represiva, se "cubre" siempre, aunque fuese abusivamente, con su misión pastoral: la represión no se supone que sea a sí misma su propio fin, sino un medio de socorrer a los que son amenazados. (...) Es tomando las cosas por abajo que se puede avanzar. La policía se encarga, de manera indeterminada y en grados diversos, de lo que "no va", actual o virtualmente, en la sociedad y en el Estado. Tiene que vérselas con lo "sensible" en el sentido policial del término. Hay policía porque hay "puntos sensibles" en la sociedad, "casos sensibles", "temas sensibles". La policía es baja en tanto que comprometida con "lo sensible". Sin embargo, si en cuanto punto sensible la antipatía social constituye en cierto sentido "lo bajo" de la política, la práctica de esta antipatía y la reflexión sobre ella –que no dejan de producir los responsables policiales– representa "lo alto" de la policía.[12]

La policía es siempre policía del poder y, sin dudas, convertirla en base empírica de las ciencias sociales es poner sobre el tapete todo esto pero también las condiciones

---

[12]   L´Héuillèt, Hélene: *Baja política, alta policía. Un enfoque histórico y filosófico de la policía*, Prometeo Libros, Buenos Aires, 2010, pp 16 y 17.

políticas, sociales, económicas y culturales que determinan esas prácticas, o que las favorecen, las facilitan o, en su defecto, que las constriñen, las obstruyen o las impiden.

Por lo tanto, resulta extraño que las ciencias sociales, que son retoños de las transformaciones sociales del capitalismo y que han tenido un enorme impulso en los *idus* de las revoluciones y las grandes reformas del siglo XX, no hayan colocado a la institución policial como uno de sus objetos de estudio e investigación privilegiados.

Construyendo un objeto

¿Cómo construir, en este contexto, a la institución policial como objeto de indagación e investigación de las ciencias sociales? Creo que ello supone un doble esfuerzo científico. En primer lugar, romper epistemológicamente con las representaciones del sentido común acerca de la policía y sentar las bases conceptuales y teóricas para abordar críticamente su estudio e investigación. Y, en segundo lugar, construir un conjunto de categorías y sistemáticas que permitan dar cuenta de la policía como institución social producida y reproducida por un conjunto complejo de prácticas, trazos simbólicos y representaciones desenvueltos por sus miembros y por la sociedad en su conjunto.

Una vez más es Bourdieu quien afirma con magistralidad que "la ciencia social, como toda ciencia, está construida contra el sentido común, contra las apariencias primeras"[13] y que sólo ello permite construir un objeto científico, tarea que constituye, en su opinión –y en la mía–, la más importante de la labor científica.

---

[13]   Bourdieu, Pierre: "Profesión: científico", en: Pierre Bourdieu, *Capital cultural, escuela y espacio social*, Siglo Veintiuno Editores, Argentina, Buenos Aires, 2008, p. 65.

> La construcción de un objeto científico requiere primero
> que nada de un corte con el sentido común, esto es, con
> las representaciones compartidas por todos, ya sea los
> meros lugares comunes de la existencia cotidiana o las
> representaciones oficiales, a menudo inscriptas en las
> instituciones y presentes de ese modo tanto en la objeti-
> vidad de las organizaciones sociales como en las mentes
> de sus participantes. *Lo preconstituido está en todas partes.*
> El sociólogo está literalmente sitiado por ello, como cual-
> quier otro. Carga así con la tarea de conocer un objeto –el
> mundo social– del que es producto, de manera tal que los
> problemas que plantea acerca de ese objeto y los conceptos
> que utiliza tienen todas las chances de ser productos de
> ese mismo objeto.[14]

En nuestro caso, allí está el problema: las representaciones, imágenes y prejuicios del *sentido común lego*
acerca de la policía son las mismas que las del *sentido
común de los científicos sociales*, diluyéndose, de antemano, la posibilidad de construir a la "policía" como objeto
de estudio científico. O dejando tal desafío en manos de
algunos científicos sociales dispuestos a llevar adelante lo
que Bourdieu denomina "duda radical" y que no es más que
una verdadera "ruptura epistemológica" consistente en "la
puesta entre paréntesis de las preconstrucciones habituales
y de los principios comúnmente en funcionamiento en la
elaboración de dichas construcciones", lo que presupone
y conlleva "una ruptura con modos de pensar, conceptos y
métodos que tienen a favor toda la apariencia del 'sentido
común', del sentido ordinario, y del buen sentido científico
(todo aquello que la tradición positivista dominante honra
y reverencia)".[15]

---

[14]   Bourdieu, Pierre: "La práctica de la sociología reflexiva" en Pierre Bou-
       rdieu y Loïc Wacquant, *Una invitación a la sociología reflexiva*, Siglo
       Veintiuno Editores, Buenos Aires, 2005, p. 327.
[15]   *Ibíd.*

Esta ruptura implica demoler, por derecha, la representación construida por la propia institución policial sobre sí misma, que la proyecta como un instrumento de "lucha contra el delito" y de "protección de la sociedad frente a la ilegalidad" –maniqueísmo comisarial–. Pero también supone derruir, por izquierda, la representación que naturaliza a la policía como institución esencialmente corrupta y exclusivamente represiva –maniqueísmo progresista o académico–.

Asimismo, este denuedo epistemológico requiere de la elaboración de una *sistemática de la institución policial* que vaya más allá del abordaje parcial de sus bases normativas, sus procedimientos formales e, inclusive, sus sistemas educativos o sus mecanismos de control. Estos aspectos importantes de la institución policial han sido reiteradamente abordados por los exegetas de la propia policía –en general, jefes policiales retirados del servicio activo y, por ende, con tiempo para escribir libracos y pasquines– por la prensa lega o por ciertos organismos defensores de los derechos humanos en contextos signados por situaciones de crisis. Pero ellos no agotan el especto de dimensiones constitutivas de la policía ni dan cuenta del conjunto de prácticas concretas que la producen y reproducen institucionalmente.

> Cuando se trata de entender a la policía como parte de un orden social (no sólo jurídico y administrativo), es central conocer sus prácticas y sus posibles deformaciones, para comprenderlas no sólo como un problema de la policía sino sobre todo como una manifestación de ese orden social (...).[16]

En efecto, la institución policial constituye una *organización compleja* que se materializa y se expresa en, y a través de, las acciones e interacciones llevadas a cabo

---

[16] Suárez de Garay, María Eugenia: *Los policías: una averiguación antropológica*, ITESO / Universidad de Guadalajara, México, 2006, p. 24.

cotidianamente por sus integrantes y por los sujetos con los que éstos se relacionan. En ese sentido, configura una *construcción social* que no se limita ni se agota en sus parámetros legales y organizativos, y que, como lo destaca Arellano Gault, están insertas en "una lógica no lineal o unificada" y constituyen "en la práctica un conjunto de entes heterogéneos".

> Las organizaciones son un constructo social de la modernidad donde las acciones de los actores y grupos adquieren sentido; donde los recursos se movilizan y se aplican; donde las políticas se generan y luego se aplican; donde las reglas, leyes, normas operan en la práctica; donde los marcos de interacción y regulación dan sentido y cierto nivel de certidumbre para la interpretación de las personas; donde la sociedad se relaciona con sus representantes e instituciones (...). Las organizaciones son constructos humanos creados y estructurados intencionalmente con la idea de perseguir ciertos fines, pero que están compuestos por grupos e individuos que buscan objetivos ambiguos y específicos, en estructuras móviles y homogéneas que permiten la ampliación del espacio de libertad de los actores organizacionales, y la capacidad de interpretar y transformar las reglas y los símbolos.[17]

Estas organizaciones son duales dado que, por un lado, están compuestas por un *conjunto de normas y directivas formales* y, por el otro lado, se articulan mediante las *prácticas de sus actores integrantes*. Por lo tanto, deben ser comprendidas "más allá de la lógica legal, normativa o política", dando cuenta también de los "actores que están inmersos en una dinámica organizacional". Por eso, deben ser analizadas como "determinadas tanto formal como legalmente en cuanto a sus objetivos, pero como organizaciones que una vez construidas adquieren lógica

---

[17]   Arellano Gault, David: *Gestión estratégica para el sector público. Del pensamiento estratégico al cambio organizacional*, Fondo de Cultura Económica, México, 2004, p. 13.

propia, se enfrentan a su propio contexto y complejidad y desarrollan capacidades".[18] Sólo una mirada sociológicamente orientada puede dar cuenta de esa complejidad.

En efecto, el aporte que podrían realizar las ciencias sociales al respecto es fundamental. Y lo es porque condensa una potencialidad casi insustituible para emprender *conceptualizaciones*, crear *categorías* y construir *sistemáticas* que permitan alumbrar un tema "nuevo" y contornear enfoques novedosos que los visualicen integralmente. Pero también lo es porque es capaz de desarrollar *descripciones* e *interpretaciones* de ese objeto tan intrincado y resistente a las miradas y a las disquisiciones críticas.

Para Bernard Lahire, en el ámbito de las ciencias sociales, la *interpretación* de la realidad social solamente es posible a partir de un proceso previo de *descripción* de la misma.

> Uno de los grandes objetivos de la sociología consiste en buscar, en las condiciones de existencia y de coexistencia de los hombres, aquellos elementos que permitan dar razón de conductas o de prácticas (aún aquellas que parezcan más «extrañas» y menos «racionales»). Una descripción fina de esas condiciones de existencia y coexistencia (tanto pasadas –pero que persisten en forma de instituciones objetivadas y disposiciones incorporadas– como presentes) permite dar *sociológicamente* razón de los comportamientos, sean éstos habituales o singulares. Hay una sola manera de entender la lógica de esas prácticas y esa forma es estudiarlas de la manera más fina, más específica y más sistemática posible. (...) [Sin embargo], más que interpretar en forma general, aproximativa y abstracta las conductas sociales, más que proyectar en la cabeza de los hombres móviles o psicologías sumarias, el uso de descripciones precisas y específicas de la conducta en contextos permite, finalmente, desplegar una verdadera interpretación sociológica empíricamente fundada.[19]

---

[18]   *Ibíd.*, p. 15.
[19]   Lahie, Bernard: *El espíritu sociológico*, Manantial, Buenos Aires, 2006, pp. 32 y 33.

Para este sociólogo francés, la *descripción* de la realidad social consiste en la "descripción verbal (oral o escrita) de lo que puede observarse directamente (personajes, objetos, decorados, paisajes, acciones o interacciones, maneras de decir y de hacer), es decir, armado con sus cinco sentidos y provisto de las únicas categorías (científicas y forzosamente extracientíficas) incorporadas de percepción del mundo social". Se trata, sin más, de la "observación previa" u "observación directa de los comportamientos", ya que "la descripción fina de las prácticas es el único medio de acceder a las maneras de hacer, es decir, a las modalidades de las prácticas".

No obstante, no debe perderse de vista el carácter infinito de lo real frente al conocimiento humano, tan elocuentemente destacado por Max Weber. Ello hace imposible, en palabras de Lahire, la "exhaustividad descriptiva" y bien puede conducir a la "ilusión realista". De todos modos, la parcialidad de toda descripción adquiere significación cuando la misma se desarrolla sobre la base de "esquemas interpretativos" que la guían y le permiten superar la "descripción fotográfica" que, en general, "parecen mostrarnos todo" pero "nunca nos dicen nada de sí mismas". En efecto, "nunca hay descripción sociológica encerrada en su singularidad, sino descripciones hechas a partir de un marco descriptivo, que debe poder ser reutilizable, de un objeto descripto a otro". La descripción sociológica corre por los andariveles establecidos por los esquemas interpretativos que siempre "tiene el poder de 'hacer hablar' los elementos de descripción".[20]

En estas condiciones, sí es posible elaborar *interpretaciones* de aquellos objetos descriptos y lo es sin caer en "interpretaciones salvajes, descontroladas, sin condicionamientos empíricos" y procurando siempre producir "actos

---

[20]   *Ibíd.*

interpretativos" asentados en la "interpretación de indicios, de huellas, de operaciones de selección o codificación, de correlaciones estadísticas, de discursos o de gestos" con el objetivo de fundar empíricamente la labor científica.[21]

Sólo las ciencias sociales –con su núcleo duro asentado en la sociología, la ciencia política y la antropología– cuentan con las destrezas conceptuales, teóricas, metodológicas e investigativas para llevar a cabo ello sobre la policía. Y también cuentan con una larga tradición de espíritu crítico al poder.

> (...) Las probabilidades de contribuir a producir la verdad depende de dos factores principales, ambos vinculados a la posición ocupada [por el sociólogo]: el interés que se tenga en saber y en hacer saber la verdad (o, a la inversa, en ocultarla y ocultársela) y la capacidad que se tenga de producirla. Es conocida la frase de Bachelard: «No hay más ciencia que la de lo oculto». El sociólogo se halla tanto mejor armado para des-cubrir este oculto cuanto mejor armado se halle científicamente, cuanto mejor utilice el capital de conceptos, de métodos, de técnicas acumulado por sus predecesores (...) y cuanto más «crítico» sea, cuanto más *subversiva* sea la intención consciente o inconsciente que lo anima, cuanto más interés tenga en develar lo que está censurado, reprimido, en el mundo social.[22]

No obstante, si la política es cómplice de las exitosas resistencias policiales a la indagación externa de las ciencias sociales y de cualquier otra instancia cognoscente, y en el campo científico priman las reticencias mencionadas en

---

[21] Lahire nos recuerda apropiadamente que las interpretaciones son "científicamente completas" cuando se apoyan en "materiales empíricos"; dan cuenta de los "principios teóricos de selección" y de los "modos de producción de esos materiales"; designan claramente los "contextos espaciotemporales situados" de la "medida" de la observación; y si se explicitan los "modos de fabricación de los resultados", esto es, de los "modos de procesamiento de los datos" (en: *Ibíd.*, p. 42).

[22] Bourdieu, Pierre: *Cuestiones de sociología*, Akal/Istmo, Madrid, 2008, p. 24.

este trabajo, sólo *"aquel puñado de intelectuales"* (Bayley) con impulsos reformistas y comprometidos con el desarrollo de una ciencia aplicada y orientada a la *reforma social* podrían quebrar el insostenible *agnosticismo amanerado* de la mayoría de los científicos sociales a la hora de ponerle el ojo a temas complicados como los de la "baja política" y la "alta policía" y así perforar el *blindaje epistémico* en torno de la policía.

Los usos (políticos) de las ciencias sociales

Como se ha sostenido, la perpetuación de un *cerco epistémico* tejido alrededor de la institución policial no sólo ha resultado eficaz debido al triunfante encierro cognitivo y heurístico interpuesto por la policía sobre sí misma y al apuntalamiento efectuado por el mundo de la política a dicho encierro sino también por el predominio en el ámbito académico de una mirada externa y sustancialmente ignorante de la policía. Ese cerco, en definitiva, impidió construir a la institución policial como un objeto de indagación y estudio, y obstruyó, de ese modo, la posibilidad de dar cuenta de manera sistemática y crítica de la trama enmarañada de trazos simbólicos y culturales y de interacciones y prácticas que la constituyen como institución social. Su conocimiento resulta, en esas condiciones, casi imposible.

De este modo, las ciencias sociales asumieron una posición sustancialmente *conservadora* ante la institución policial. Su ceguera, entre otras cosas, les hizo perder de vista que *no se transforma o, si fuera el caso, no se destruye aquello que no se conoce.* Por cierto, el conocimiento de la realidad social no necesariamente conlleva a su transformación ni tampoco el conocimiento científico está o debe estar deontológicamente orientado a esa transformación.

Pero si le atribuimos a los sujetos sociales *alguna* capacidad de agencia y de protagonismo en la producción y reproducción social, sin perder de vista el "peso" constrictivo o habilitante que tienen sobre esta agencia las condiciones situacionales o estructurales en cuyo marco se articula,[23] el conocimiento de la realidad social es efectivamente una condición necesaria para su transformación.

El potencial transformador de las ciencias sociales es evidente y, en particular, lo es su capacidad para dar cuenta -describir e interpretar- de la opacidad o intangibilidad cognitiva -del sentido común- de ciertos dispositivos de poder, mecanismos de dominación y correlaciones de fuerzas. Tal como lo señala enfáticamente Pierre Bourdieu con relación a la sociología, la utilidad de ésta está dada por su capacidad para comprender el mundo social y, en su marco, a los *"poderes"* cuya eficacia tiene como condición de desarrollo el desconocimiento social general de los procesos y dispositivos mediante los cuales se reproducen.

> (...) De hecho, la sociología tiene tantas mayores posibilidades de defraudar o contrariar a los poderes cuanto mejor cumpla su función propiamente científica. Esta función no es la de servir para algo, es decir, a alguien. Pedirle a la sociología que sirva para algo siempre es una manera de pedirle que sirva al poder. Por el contrario, su función científica es comprender el mundo social, comenzando por el poder. Operación que no es neutra socialmente y que cumple sin ninguna duda una función social. Entre otras razones, porque no hay poder que no le deba una parte -y no la menor- de su eficacia al desconocimiento de los mecanismos que lo fundamentan.[24]

---

[23] Giddens, Anthony: *La constitución de la sociedad. Bases para la teoría de la estructuración*, Amorrortu Editores, Buenos Aires, 1995, caps. 1, 4 y 5.

[24] Bourdieu, Pierre: *Cuestiones...*, ob. cit., p. 29.

Esta impronta crítica ha signado a las ciencias sociales desde su consolidación como campo científico. Pero, en su contexto, también es significativa la incidencia que el conocimiento científico puede tener en los procesos de reforma social o de cambio institucional.

En este sentido, se debería tener presente al brillante sociólogo alemán Peter Waldmann cuando señala que la reforma de la policía en América Latina debería partir de la enumeración de las "deficiencias profesionales" y de los "demás déficit" de esta institución y contraponerle el "modelo de una organización que funcione más adecuadamente", todo ello en función de "deducir a partir de allí las necesidades más urgentes de una reforma policial". Pero indica que este ejercicio intelectual y político deja de lado "el problemático entorno social e institucional de la policía" y ello limita los alcances de un proceso de cambio institucional.

> Lo que (...) hace falta es un cuidadoso inventario de las estructuras [policiales] actuales. Para ello, no sólo es indispensable un profundo conocimiento de la estructura y del funcionamiento del aparato policial, sino también esclarecer los intereses y las intenciones que persiguen los actores sociales y políticos relevantes con su influencia sobre la policía. En efecto, según estos objetivos armonicen o diverjan fuertemente, podrá establecerse hasta qué punto será posible cambiar la situación actual y en qué dirección.[25]

El conocimiento generado por las ciencias sociales y, en particular, aquel *conocimiento práctico* producido para

---

[25] Waldmann, Peter: "¿Protección o extorsión? Aproximación al perfil real de la policía en América Latina". En Peter Waldmann: *El Estado anómico. Derecho, seguridad pública y vida cotidiana en América Latina*, Nueva Sociedad, Caracas, 2003, p. 134. Allí Waldmann enumera a la dirigencia política nacional, la opinión pública internacional, la población nacional y los *"propios policías"* como los principales grupos de referencia para vaibilizar un proceso de reforma policia.

ser *aplicado* tiene –o puede tener– una enorme incidencia en las reformas sociales e institucionales. La defección de las ciencias sociales del noble objetivo de producir este tipo de conocimiento práctico acerca de la institución policial priva al reformismo político –minoritario, por cierto– de la posibilidad de elaborar proyectos estratégicos de construcción de dispositivos institucionales de gestión política de la seguridad y de conducción política de la policía así como de programas viables de reestructuración doctrinal, organizacional y funcional de ésta. Sin dudas, las ciencias sociales no pueden dar cuenta de lo que *debe* hacerse al respecto pero sí de *lo que hay* y de *lo que se puede hacer.*

A riesgo de ser redundante, digamos –una vez más– que si la propia *policía conservadora* y la *política tradicional* no quieren que las ciencias sociales se "entrometan" –describan e interpreten– en la vida institucional de la policía, el *agnosticismo científico* conduce inevitablemente a la reproducción del sistema de poder tal cual está, y ello le otorga a las ciencias sociales un trazo conservador.

En materia de estudios científicos sobre la institución policial, quebrar esa impronta conservadora bien puede tener como marco de referencia los numerosos y sustantivos aportes científicos desarrollados en los países con mayor desenvolvimiento de este campo científico, tal como Estados Unidos, Inglaterra, Francia, Canadá y otros países europeos. Según Peter Manning, en los países anglo-americanos las investigaciones sobre la policía se iniciaron hace unos 50 años, aunque en verdad se han asentado en algunos pocos estudiosos y académicos y en un grupo reducido de universidades. De todos modos, han tenido un "desarrollo notable", aunque advierte que el financiamiento para los estudios sobre la policía –en Gran Bretaña predominantemente el financiamiento es gubernamental– responde a ciertos requerimientos políticos de coyuntura y, por ende, gran parte de las investigaciones se ocupan de "problemas empíricos y prácticos de poco alcance". Asimismo, Manning indica que, "aunque el volumen de investigación es considerable, y parte de ella ha sido integrada en hallazgos más generales, no se aprecia la conformación de una teoría de la policía o de la actividad policial".[26]

Por su parte, en el mundo franco-parlante –Francia y Quebec–, los avances hechos en este campo y, en particular, en la construcción de una teoría de la policía y de su inserción institucional en la sociedad moderna han sido acotados pero muy prolíficos. En ese sentido, vale la pena mencionar a filósofos y cientistas sociales como Michel Foucault, Dominique Monjardet, Jean-Paul Brodeur, Fabien Jobard o Hélene L'Héuillèt, entre algunos otros.

En la Argentina, muy recientemente algunos académicos y numerosos jóvenes tesistas han iniciado trabajos de investigación sobre la policía, aunque se trata en su mayoría de estudios de casos o aspectos específicos de los mismos. Otras iniciativas están siendo desarrolladas prolíficamente en el campo de la historia. Todo esto se ha materializado en numerosos libros, ponencias, artículos y eventos en los cuales la policía ha comenzado a salir del ostracismo cognoscitivo. Esto abre la posibilidad de construir una especialidad interdisciplinaria que, de alguna manera, termine de quebrar el *gueto epistémico* construido en torno de la institución policial y la proyecte como un objeto privilegiado de indagación y crítica científica. Este libro es una expresión de este incipiente y persistente itinerario en curso.

---

[26]   Manning, Peter: "Los estudios sobre la policía en los países angloamericanos", en revista *Cenipec*, Mérida, n.° 23, enero-diciembre de 2004, p. 152.

3. La historia de las instituciones de seguridad a través de las fuentes documentales y los archivos institucionales. El caso de la Policía de la Provincia de Buenos Aires[1]

Osvaldo Barreneche
(Universidad Nacional de La Plata-CONICET)

La apertura de los archivos de la Dirección General de Inteligencia de la Policía de la Provincia de Buenos Aires (DIPBA) ha aportado información valiosa para reconstruir la historia reciente de esta institución y de sus vínculos con la represión ilegal durante la época del terrorismo de Estado en la Argentina. Ahora bien, si un historiador quiere explorar el pasado policial buceando en los documentos de archivo en las décadas previas a la del sesenta, encuentra habitualmente muy poco.[2] Pero este es sólo un aspecto (escasez y dispersión de fuentes) del problema metodológico que plantea el estudio de la historia de la policía. Tampoco ha habido, hasta no hace mucho tiempo atrás, un gran interés por estudiar las fuentes policiales disponibles. Hay cierto prejuicio que induce a pensar en un supuesto discurso monolítico que esta documentación exuda. Y hasta un cierto temor, diría, respecto de que la utilización de dichas fuentes lleva irremediablemente a la justificación de las prácticas policiales. De allí que se

---

[1]   Una versión preliminar de este trabajo fue presentada en el *workshop La Policía como objeto de investigación en Ciencias Sociales* en el marco del Congreso de la Asociación de Estudios Latinoamericanos (LASA), Río de Janeiro, Brasil, del 11 al 14 de junio de 2009.

[2]   El archivo de la ex DIPBA tiene documentos datados desde la década de 1930, pero la mayoría de ellos son de la década de 1960 en adelante. Este repositorio documental depende del Centro de Documentación y Archivo de la *Comisión Provincial por la Memoria* (www.comisionporlamemoria.org).

haya optado por explorar los documentos que hablan de la historia de la policía por fuera de ésta. Hace unos 20 años, cuando comenzaba a tomar vuelo lo que luego fue ampliamente conocido como la "nueva historia de la ley y de la justicia", se plantearon interrogantes similares respecto a las fuentes judiciales. Éstas constituían un reservorio documental sustantivo para el emergente campo de investigación histórica, y su utilización fue motivo de discusiones y de precisiones acerca de sus alcances y limitaciones.[3] Considerando útil aquella experiencia, pero salvando las distancias y la naturaleza diversa de las fuentes policiales, puede resultar de interés llevar a cabo el mismo ejercicio. He aquí el intento.

En este caso no partimos desde "cero". Ya a esta altura del desarrollo temático sobre la historia de las policías en la Argentina contamos con varios trabajos, en curso o publicados, que han utilizado fuentes documentales provenientes de archivos policiales. Agrupados en su mayoría en torno al proyecto *Crimen y Sociedad*, dirigido por Lila Caimari, estas contribuciones dan cuenta de cómo las fuentes policiales (provenientes de los archivos institucionales) presentan un arco variado de matices, enfoques y alcances.[4] Los historiadores del proyecto *Crimen y Sociedad* se concentran, en su mayoría, en el periodo comprendido entre la

---

[3]   Véase, por ejemplo, el trabajo de Mayo, Carlos; Mallo, Silvia y Barreneche, Osvaldo: "Plebe urbana y justicia colonial: las fuentes judiciales. Notas para su manejo metodológico", en: *Frontera, sociedad y justicia coloniales*, Estudios e Investigaciones, Universidad Nacional de La Plata, n.1, 1989, pp. 47-80.

[4]   *Crimen y sociedad. Delito y castigo en perspectiva histórica. Prácticas ilegales, policía, justicia y sistema penitenciario en la Argentina (siglos XIX y XX)*: www.crimenysociedad.com.ar. Sobre el uso de fuentes policiales, debemos también destacar los trabajos pioneros de Sandra Gayol, como por ejemplo "Entre lo deseable y lo posible: perfil de la Policía de Buenos Aires en la segunda mitad del siglo XIX", *Estudios Sociales, Revista Universitaria Semestral*, año VI, n.10, primer semestre de 1996.

segunda mitad del siglo XIX y la primera mitad del siglo XX, tiempo clave para entender las transformaciones de las policías en nuestro país. Pocos, sin embargo, tocan el tema de la agencia de seguridad de la provincia de Buenos Aires.[5] En este sentido, los fragmentados archivos policiales bonaerenses se parecen poco a los más completos (aunque siempre difíciles de acceder) de la Policía Federal Argentina.

Tomando entonces el desafío de ponderar comprehensivamente las fuentes institucionales de la policía, y basado en la historia de la Policía de la Provincia de Buenos Aires del siglo XX como estudio de caso, este trabajo propone un mapeo de los principales corpus documentales existentes, a la vez que analiza los alcances y limitaciones de dichos documentos de producción interna, argumentando que los mismos distan mucho de presentar una única y monolítica imagen de la policía. De esta manera, se busca una valorización de estas fuentes documentales para que, en conjunción con las otras que han comenzado a ser exploradas, puedan aportar a un campo de investigación en plena expansión.

***

Puede suponerse que las fuentes policiales de tipo institucional se encuentran en los archivos policiales. El acceso a estos últimos siempre ha sido problemático, no solamente en nuestra región sino también en otras partes del mundo. En Francia, por ejemplo, un trabajo reciente da

---

[5]   Una excepción, en este sentido, es la tesis doctoral en curso de Mercedes García Ferrari (Universidad de San Andrés), titulada "Identificación e identidad en la Argentina finisecular, 1870-1916", (dirigida por Sandra Gayol) que incluye el estudio del sistema de identificación surgido en torno a la figura de Juan Vucetich en la policía de la provincia de Buenos Aires a finales del siglo XIX.

cuenta de este tema. Los archivos históricos de la policía nacional y local en ese país presentan algunos desafíos al historiador que quiere adentrarse en ellos. Entre los más importantes se destacan su *status* moral ambiguo (selección de documentos que favorecen el papel de la policía), la inaccesibilidad (por vía de la retención u ocultamiento de la información) y la simulación (o manipulación) deliberada de documentos en periodos históricos considerados como "sensibles", tal como los que reflejan la ocupación Nazi al territorio francés durante la Segunda Guerra Mundial. Aun cuando dichos archivos tienen algo de *interdites* (traducido como sinónimo de vedado, censurado, inhabilitado) según el autor, éstos se presentan como centros de batalla por la recuperación de la *Memoria Histórica* y el acceso a la verdad.[6] Vemos en esta consigna un paralelismo claro con los objetivos trazados por los organismos defensores de los derechos humanos y distintas organizaciones de la sociedad civil de la Argentina y otros países latinoamericanos para el logro de ese mismo fin. Un ejemplo, en esta línea, ha sido la posibilidad concreta de seguir la evolución de las actividades de inteligencia policial de la agencia de seguridad bonaerense, a partir de la labor que desarrollan los grupos de investigación del Centro de Documentación, Archivo y Biblioteca de la Comisión Provincial por la Memoria. La misma, según su propia definición, "es un organismo público extrapoderes, con funcionamiento autónomo y autárquico, creado por la Ley 12.483, el 13 de julio del 2000 y su modificatoria, la Ley 12.611, del 20 de diciembre del 2000",[7] que se ocupa específicamente de estos estudios.

---

[6]   Berlière, Jean-Marc (Université de Bourgogne/Cesdip): *Archives «interdites», archives «spéciales» Quelques réflexions à propos des Archives policières...* Archives de police, Colloque Louvain, 2008.

[7]   "La Comisión está integrada por representantes de los organismos de Derechos Humanos, el sindicalismo, la justicia, la legislatura, la universidad y las diferentes religiones. En diciembre del 2000, mediante

Los mismos se orientan a recabar información que pueda ser útil a la justicia para las investigaciones por los delitos de lesa humanidad cometidos durante la última dictadura militar en la Argentina (1976-1983) y como producción de conocimiento sobre el pasado reciente de la policía con fines académicos.[8]

El archivo DIPBA de la Comisión Provincial por la Memoria no solamente contiene informes de inteligencia policial, sino que a través de ellos se puede acceder a una variada colección documental sobre la historia de las instituciones de seguridad. Por ejemplo, volantes anónimos repartidos en las comisarías conteniendo reclamos salariales del personal policial; copias de artículos de revistas sobre temas de seguridad y policía (cuyos ejemplares tal vez no pueden hallarse en las colecciones de la Hemeroteca de la Biblioteca Nacional); recortes de diarios locales que permiten ver el impacto regional de ciertas decisiones o prácticas institucionales; comunicados de prensa que no aparecen en otros documentos oficiales; panfletos de organizaciones juveniles armadas que se dirigen a los

---

la Ley 12.642, presentada y aprobada en la Legislatura de la Provincia de Buenos Aires, la Comisión por la Memoria recibió el edificio donde funcionó la ex Dirección de Inteligencia de la policía bonaerense que comandaba Ramón Camps. Desde marzo del 2001, este edificio ubicado en la calle 54 N° 487 de la ciudad de La Plata se convirtió en la sede de la Comisión Provincial por la Memoria". Información extraída del sitio web de la Comisión: www.comisionporlamemoria.org.

[8]   Un ejemplo, en este sentido, es la publicación de la primera tesis de maestría presentada y aprobada en la *Maestría de Historia y Memoria*, Facultad de Humanidades y Ciencias de la Educación de la Universidad Nacional de La Plata, y cuya investigación se basó en dicho repositorio documental. Ver Cahan, Emmanuel Nicolás: *"Unos pocos peligros sensatos". La Dirección de Inteligencia de la Provincia de Buenos Aires ante las instituciones judías de la ciudad de La Plata*, Editorial de la Universidad Nacional de La Plata, La Plata, 2008.

policías de bajo rango procurando ganar su adhesión y apoyo; etcétera.[9]

Pero este caso de la preservación y traspaso de un archivo policial a otras y más cuidadosas manos, constituye más una excepción que la regla. La regla, o norma, por la cual se destruyó muchísima documentación policial de carácter histórico, fue de una perversidad extrema, y se encuentra escrita en el ahora extinto *Reglamento de Trámite y Correspondencia*, aprobado en septiembre de 1978, en plena dictadura militar. Dejando para otra ocasión, y quizás otro trabajo, el análisis del lenguaje, metodología y hasta la visión del mundo que emerge de esta pieza aprobada por el entonces jefe de Policía General Ovidio Riccheri, sucesor de Ramón Camps, me interesa concentrarme en el capítulo VII del Reglamento, titulado *Plazos de Archivo*. Dicho capítulo estableció plazos que iban de uno a quince años para la conservación de gran cantidad de documentación policial, desde "solicitudes de informes y otros oficios del Poder Judicial", considerados de poca importancia en aquel entonces, teniendo en cuenta que sólo se guardarían por un año, hasta los pedidos de "captura" de personas, que se mantendrían archivados por quince años. El Reglamento autorizaba, cada año, la "incineración, acta mediante" de todo lo que excediese los plazos indicados. También se indicaba qué documentación debía archivarse "indefinidamente", mostrando la sensibilidad especial de los funcionarios de la dictadura hacia los sumarios administrativos, las altas y bajas del personal, las leyes y decretos del gobierno, los convenios firmados, los contratos de locación y los expedientes de obras públicas en las dependencias

---

[9]   Y esto es sólo un muestreo de una de las "Mesas" en las que se encuentra agrupado dicho Archivo. En este caso, la llamada "Mesa Referencia". Tenemos así una idea clara de la riqueza de este repositorio documental disponible para la investigación sobre la historia reciente de la Argentina.

policiales, pues eran todos estos los que debían guardarse
por tiempo prolongado.[10] Afortunadamente, el Reglamento
dejaba a criterio discrecional de los jefes de todas las direcciones y dependencias policiales la conservación de
documentación "que tenga significación histórica desde el
punto de vista del desarrollo y progreso de la Institución"
(Art. 153), evitando así la destrucción total de los archivos
policiales, aun cuando lo que quedase resguardado fuese
por el dudoso criterio histórico de cada jefe policial que
debía tomar ese tipo de decisiones una vez al año. Por lo
tanto, nos encontramos con un panorama (en principio)
desolador sobre la preservación de la documentación histórica concerniente a la historia de la policía de la provincia
de Buenos Aires.[11]

Pero no todo está perdido. Desde 1951 funciona el
Museo Policial, a donde fue a parar documentación de
diversa índole. Entre ella se destacan los papeles de Juan
Vucetich; o lo que queda de ellos, pues originalmente este
archivo se ubicó en la Facultad de Derecho y Ciencias
Sociales de la Universidad Nacional de La Plata, por expresa voluntad de su dueño. A pesar de la inmensa difusión
de la dactiloscopia, Vucetich no terminó bien sus días
en la policía bonaerense. Las pretensiones de ampliar
los alcances de su método al ámbito de la identificación
civil chocaron contra los intereses de la institución. En
particular, incomodaba su intención de que el sistema

---

[10]   Provincia de Buenos Aires. Policía. *Reglamento de Trámite y Corres-*
       pondencia. Expediente n.° 590.967/78, Resolución n.° 37.880 del 19 de
       septiembre de 1978. La Plata, Imprenta Policial, 1981, pp. 25-28.
[11]   Esta afirmación seguramente no es compartida por los funcionarios
       policiales encargados en la actualidad de tales tareas, para quienes los
       datos significativos de la historia policial se encuentran a resguardo.
       Sin embargo, tales datos sólo alcanzarían para establecer una buena
       cronología acompañada por ciertos acontecimientos más o menos
       relevantes del pasado institucional; es decir, un panorama totalmente
       insuficiente desde la perspectiva de los historiadores.

dactiloscópico y todos los demás recursos técnicos empleados para la investigación criminal quedaran bajo la supervisión de autoridades judiciales. La cúpula policial de entonces creía que este criterio podía debilitar la naciente policía de investigaciones y, en general, no digerían esta "traición" del sabio. Así, Vucetich fue pasado a retiro. Junto a sus discípulos, y debido a su buena relación con Alfredo Palacios, continuó con sus investigaciones en la Facultad de Ciencias Jurídicas y Sociales de la Universidad Nacional de La Plata, a donde fueron destinados todos sus papeles tiempo antes de su muerte, acaecida en 1925. Dos décadas después, durante la reforma policial llevada a cabo por el peronismo en la provincia de Buenos Aires, se decidió revalorizar su obra y legado, lo que incluyó "repatriar" dicho archivo para integrarlo al museo policial que se estaba armando en ese momento.[12]

Junto a la llamada "colección Vucetich", se encontraba en el Museo Policial documentación prácticamente sin clasificar (y, por ende, de acotado acceso público), que contenía los recibos y planillas de pagos de salarios a policías de las comisarías, especialmente en el periodo que va desde 1880 hasta la década de 1930. Utilizando esta documentación, según el testimonio de un técnico del plantel del Museo que se jubiló recientemente, se pudo establecer las fechas más probables y cercanas a la creación de distintas

---

[12]   Originalmente, el Museo Policial había sido creado por resolución del 1 de junio de 1923, pero no llegó a concretarse. Aun cuando se desconocen oficialmente las razones de esta creación fallida, puede considerarse la hipótesis de que el proyecto fracasó al pasar toda la documentación de Vucetich al ámbito universitario. Posteriormente, durante el periodo peronista, el jefe de policía Adolfo Marsillach reimpulsó la apertura del Museo dándole a Vucetich el lugar central que ocupa aún hoy en el panteón iconográfico de la policía bonaerense. Sobre este último tema, véase Barreneche, Osvaldo: "La reforma policial del Peronismo en la provincia de Buenos Aires, 1946-1951", en: *Desarrollo Económico*, vol.47, n.186, julio-septiembre de 2007.

dependencias policiales, especialmente de las así llamadas Comisarías de Campaña. También se reconstruyeron las trayectorias de ciertos funcionarios policiales, de acuerdo al lugar donde iban cobrando, mes a mes, sus sueldos. Lamentablemente, en una visita reciente comprobamos que esa documentación fue destruida y ya no se encuentra disponible para futuras investigaciones. Como vemos, la preservación de documentación histórica en dicho ámbito siguió criterios muy particulares, vinculados a objetivos institucionales precisos de reconstrucción cronológica y hasta cierto punto biográfica del pasado policial, con fuentes documentales cuya valoración o destrucción está sujeta al poder discrecional de las autoridades de turno. El Museo Policial también guarda otros documentos valiosos, algunos de ellos inéditos, pero no tan visibles en tanto parte de "colecciones".[13] De todas maneras, cualquier investigación sobre historia de la policía bonaerense debe incluir visitas a este museo, pues nunca estamos seguros de si en sus salones y biblioteca, o en alguna conversación ocasional con sus cuidadores, podremos tal vez encontrar lo que estamos buscando. Quizás una buena pesquisa debe incluir varias visitas al Museo Policial, pero en distintas fases de la investigación, para volver a formular las mismas preguntas sobre la base de nueva información que se va encontrando en otros lugares.

Un repositorio documental editado, de importancia para la historia de la policía de la provincia de Buenos

---

[13]   Por ejemplo, las *Revistas de Policía* (de la provincia de Buenos Aires). A diferencia de las publicadas por la policía de la Capital (Policía Federal Argentina a partir de 1943), cuya continuidad fue un hecho, estas otras aparecieron por épocas. Así, notamos en principio una coincidencia entre los periodos donde los jefes de policía querían llevar a cabo ciertos cambios o reformas policiales más profundas, y la aparición de varios números de estas revistas, seguidos luego por prolongados tiempos sin publicarse.

Aires, es la colección de *Órdenes del Día*. Se compone de volúmenes que van desde 1880 hasta 2004, cuando pasó al formato digital. Mucho de la historia policial en el siglo XX está encerrado en esas interminables páginas. Estos documentos se dividen generalmente en dos secciones: *Capturas* y *Se Comunique*. Los primeros son listados de personas que han sido buscadas por la justicia. Ocupan volúmenes enteros. Los segundos son los que más interesan al historiador, pues contienen las resoluciones de las jefaturas de policía, las disposiciones generales, las órdenes emanadas de la conducción policial y un sinfín de indicaciones particulares para las distintas secciones, comisarías y dependencias policiales de todo tipo. Un primer problema con las *Órdenes del Día* es que durante algunos periodos fueron publicadas en un solo volumen anual. Esto quiere decir que hay que pasar página por página, entre tantos pedidos de captura, para encontrar los *Se Comunique* correspondientes a ese día. Otras tienen ambas secciones separadas y cuentan con una especie de índice que facilita la búsqueda.[14]

Los *Se Comunique* abren una ventana al pasado policial, pero una ventana que da a la Jefatura de Policía. En ellos tenemos la visión de arriba hacia abajo, la de los anhelos y frustraciones de los jefes policiales, que muchas veces vivieron la ilusión que lo que ordenaban y enviaban por *Orden del Día* iba a cumplirse. Raramente se reproducen informes o testimonios que representen voces disonantes a lo que la conducción policial del momento está diciendo, pero encontramos allí también claves para orientar nuestra pesquisa. En este sentido, algunos de estos documentos se

---

[14]   Policía de la Provincia de Buenos Aires. *Orden del Día de la Repartición*. La Plata: Sección Orden del Día, Ministerio de Seguridad de la Provincia de Buenos Aires. La colección completa de las Órdenes del Día se encuentra en varios lugares: Museo Policial, Centro de Altos Estudios en Especialidades Policiales (CAEEP), Sección Orden del Día, etc.

parecen mucho a ciertas fuentes judiciales, especialmente
a las disposiciones emanadas de la Audiencia colonial
o las Cámaras de Apelaciones del periodo republicano
independiente. En su reiteración sistemática, y hasta a
veces mensual, puede advertirse la frustración del incum-
plimiento y la insistencia recurrente para lograr, sin éxito,
imponerse por escrito. Aun así, los *Se Comunique* marcan
un recorrido importante del pulso histórico policial, acen-
tuando aquellos temas de interés para los jefes de policía y
sus jefes políticos. Y al indicar los números de expedientes
y otras informaciones que dieron lugar a la publicación de
tales resoluciones, directivas, etcétera, nos brindan datos
concretos para iniciar la búsqueda de la documentación
original, en donde podemos llegar a encontrar esas otras
miradas contrapuestas.

En estos casos, la pesquisa sigue en la Mesa General
de Entradas y Salidas y Archivo de la policía. Los números
de expedientes indicados en las *Órdenes del Día* pueden
derivarnos a los documentos originales, archivados en
dicha sección.[15] Desafortunadamente, el *Archivo General
de Policía* sufrió la destrucción masiva de documentación
como resultado de la aplicación del *Reglamento de Trámite
y Correspondencia* aprobado por las autoridades policiales
de la última dictadura militar. Existen algunos expedientes
datados en las décadas de 1960 y 1970, sobre todo los sumarios administrativos, que aún pueden ser consultados.
Entre ellos, por ejemplo, el de la huelga policial de marzo de
1973, que derivó en la toma de la Jefatura de Policía y posterior represión por parte del Ejército. Todos estos hechos
derivaron en la instrucción de un sumario administrativo

---

[15]   En principio, presentando un pedido formal por escrito en el Ministerio
de Seguridad puede accederse a la información sobre el destino de un
expediente o de un grupo de expedientes en particular, como también
visitar directamente el Archivo para indagar allí.

de 20 cuerpos de extensión que se conservó.[16] De allí que este archivo puede ser de utilidad, especialmente a los investigadores dedicados a la *historia reciente* del país.

Los datos concretos del expediente sirven, obviamente, para orientarnos en la tarea de búsqueda. Si lo que queremos hallar no se encuentra en el archivo policial hay que ver si no está en otro archivo ministerial o en el de la Gobernación, pues muchos de los documentos han circulado por estos espacios burocráticos.[17] De todas maneras, todo este esfuerzo puede resultar inútil, por lo que no es recomendable enfrascarse en la búsqueda de expedientes puntuales, salvo que los mismos resulten esenciales para el tema que se indaga. Una alternativa, más provechosa, es recurrir a los archivos de *Personal*. De acceso restringido, pero no vedado, este repositorio contiene los legajos de todo el personal policial, pasado y presente. Sistematizado desde la reforma policial del peronismo histórico en la provincia de Buenos Aires, no sólo tiene el historial de cada policía, sino un registro de sus peticiones, reclamos, quejas, defensas ante sanciones, traslados, etc. Si se logra

---

[16]   *Archivo General de la Policía de la Provincia de Buenos Aires.* Orden numérico interno 37497. Expediente 487.101/73. Sumario administrativo caratulado "Infracción art. 134 inciso 1ro, Dto. 2050". Junto con otra documentación obtenida del archivo DIPBA y de periódicos y revistas de la época, esta fuente histórica fue fundamental para el trabajo presentado en las *Jornadas de discusión sobre delito, policía y justicia en perspectiva histórica (siglos XIX y XX),* Universidad de San Andrés, Argentina, los días 17, 18 y 19 de junio de 2010, titulado *"Paro de y represión a......* *policías.* La huelga de la policía bonaerense de 1973 en la transición del gobierno militar al justicialista de la Argentina".

[17]   También es importante tener en cuenta los documentos sobre policía obrantes en el *Archivo Histórico de la Provincia de Buenos Aires.* Creado en 1925, su primer director, Ricardo Levene, pudo recuperar mucha información histórica de distinta procedencia. Dentro de las secciones Real Audiencia y Cámara de Apelaciones, Juzgado del Crimen, Juzgado de Paz y Ministerio de Gobierno, encontramos fuentes policiales, aunque en su gran mayoría datadas en el periodo colonial e independiente hasta las primeras décadas del siglo XX.

entrecruzar estos datos con los hallados en las *Órdenes del Día* podemos comenzar a reconstruir un pasado policial mucho más rico en interacciones, entramados y pasiones, que horada la cohesión monolítica sugerida por algunas fuentes policiales más conocidas y accesibles.

Luego están los archivos de las direcciones y de los cuerpos policiales. En cada uno de ellos se guarda documentación específica orientada a lo que se considera la tarea primordial que le toca desempeñar a cada uno de ellos. Estos archivos, como los de las comisarías, representan un nivel capilar de información histórica, que sólo se encuentra revisándolos. La accesibilidad a estos repositorios no está pautada, sino que de manera aleatoria depende de la decisión de cada jefe o responsable. Pero esto representa un dato de la realidad, antes que una frustración anticipada. Los historiadores interesados en acceder a estos archivos pueden seguir el ejemplo de numerosos investigadores de otras ciencias sociales, que con una cierta dosis de perseverancia han logrado sus objetivos y actualmente se encuentran realizando trabajos de campo en el interior de numerosas dependencias policiales.

Entre estos archivos resultan de particular interés los de los así llamados cuerpos policiales (Infantería, Caballería y Policía Motorizada o Caminera, en menor medida). Son éstos quienes han adoptado más acabadamente las tradiciones de los escuadrones homónimos de las Fuerzas Armadas. De allí que han prestado especial atención a la conservación de documentación histórica. Mucha de ella, obviamente, se orienta a señalar los logros y progresos de estos organismos. Sin embargo, junto con estas páginas auto-celebratorias, siempre puede hallarse información sobre la organización, operatividad y roles desempeñados. Por ejemplo, la jerarquización y el refuerzo de pertrechos recibidos por los cuerpos policiales en la década de 1930, del que dan cuenta estos archivos, coincide con la necesidad de contar con fuerzas policiales de choque efectivas para actuar en el ya existente (y entonces creciente) conurbano bonaerense. Cosa de la que nos hablan otras fuentes. Lo mismo que las actas de *academias*, es decir de clases especiales dictadas a todo el personal de Infantería y Caballería, marcan el recorrido conceptual e ideológico de la formación de estos cuadros policiales. Y las sanciones ejemplares, con los *descargos* (defensas) de los transgresores, indican el contrapunto entre la rigidez disciplinaria de los jefes y los cuestionamientos de los subordinados, basados no en otra cosa que en su condición humana. Es que estas conductas esperables de los policías en general, escritas en disposiciones internas, planteaban una exigencia mayúscula, como la que indicaba que "la moral del policía debe ser tan rígida como pura; el agente debe ser honrado y de buenas costumbres; prudente sin debilidad; firme y enérgico sin violencias; cortés y amable sin bajezas; para inspirar confianza en los buenos e infundir recelo en los malos".[18]

Otro caso de archivos policiales que contienen sustanciosa información es del área conocida como *Institutos*, esto es, el ámbito de la agencia policial que se ocupa del ingreso, formación y capacitación de todos los policías, sea en el nivel inicial como durante el desarrollo profesional de la carrera. Incluido dentro de este espacio, aunque con sus archivos propios, se encuentran las escuelas de formación policial, como la conocida Escuela de Policía Juan Vucetich. En estos sitios, entre documentos históricos sin clasificar u ordenados con un criterio administrativo y no archivístico, se hallan los antecedentes y fundamentos de los planes de estudio para policías, aplicados a lo largo

---

[18] *Manual de instrucción para el personal subalterno*. Editado por la Secretaría Técnica, Policía de la provincia de Buenos Aires, 1964, capítulo II, p. 13.

de la segunda mitad del siglo XX, desde que a mediados de ese siglo se sistematizase la educación policial con acuerdo de la Dirección General de Escuelas de la provincia de Buenos Aires. Junto con los documentos que permiten reconstruir los acentos y giros ideológicos que fueron tomando los distintos programas de estudios policiales, aparece entremezclada otro tipo de documentación. Como por ejemplo una monografía de un joven oficial inspector, Carlos Alberto Della Croce, titulada *Estudio de la actual estructuración de la repartición*, fechada el 10 de octubre de 1951. En ella, el autor celebra "la estabilidad del personal y su escalafón [que] motiva el alejamiento de antiguos métodos burocráticos íntimamente ligados con la política y los políticos (caudillos) quienes eran en definitiva los que resolvían estas cuestiones movidos por sus intereses personales". Sin embargo, también da cabida a ciertas reivindicaciones gremiales, como cuando pide "por el personal administrativo. Creo que haciendo un estudio detenido debería contemplarse su situación y equipararlo en cuanto a sueldos, al personal de Seguridad y Defensa". O cuando indica que "debe reducirse el horario del empleado policial a seis horas como máximo al igual que en la policía de la Capital Federal". Finalmente, refiriéndose a sus estudios, indica que "son excesivas las horas de clase y el alumno por lo tanto llega cansado a su hogar, sin ánimo y predisposición para contraerse al estudio, pues hay que tener en cuenta que la mayoría de ellos son padres, con diversos problemas de familia que atender (…) Sería más conveniente que los cursos fueran matutinos y las actividades físico-militares se cumplieran solamente una vez por semana en horas de la tarde".[19]

---

[19]   Oficial Inspector D. della Croce, Carlos Alberto: *Estudio de la actual estructuración de la repartición*. Monografía presentada en el curso regular 1951 de la Escuela Superior de Policía. Archivo del Centro de

Los centros de formación policiales siempre fueron una caja de resonancia de los problemas institucionales, resultando de los pocos ámbitos donde se podían expresar ciertas opiniones. Ya se indicó la existencia de otros documentos que reflejan esas voces disonantes, pero en otros contextos lo hacen siempre como defensa a un llamado de atención o sanción aplicada, o para evitarla. En cambio, el espacio de formación daba pie para el despertar de una conciencia gremial que era seguida con mucha preocupación por los jefes policiales. Así, entre los innumerables memorandos que circulaban tratando los temas más diversos vinculados al funcionamiento de los institutos de formación policial, aparece, por ejemplo, uno de carácter *reservado*. Está escrito por el director de la Escuela Superior de Policía y dirigido a su superior, el Director de Institutos, fechado el 31 de julio de 1962. En el documento, el director de la escuela adelanta la información de que "hoy, entre las 0.30 y la 1.00 horas, un grupo de alumnos, Oficiales Subinspectores, llevarían a cabo una reunión en la pieza número 18, con el propósito de considerar lo relacionado al retraso en el pago de los aumentos en los haberes del corriente mes, y la posición a fijar ante los paros dispuestos para los días 1 y 2 de agosto próximo".[20] Estos documentos, en la medida que comiencen a ser estudiados sistemáticamente, podrán ayudarnos a trazar una visión más rica y compleja de este tipo de agencias policiales. Sin duda, por lo que conocemos hasta ahora, no viraremos hacia una imagen de una fuerza policial progresista o militante, ni mucho menos, pero

---

Altos Estudios en Especialidades Policiales, Ministerio de Seguridad de la Provincia de Buenos Aires, pp. 4, 7 y 9.

[20] *Memorando confidencial y reservado del Director de la Escuela Superior de Policía al Director de Institutos.* Escuela Superior de Policía, 31 de julio de 1962. Archivo del Centro de Altos Estudios en Especialidades Policiales, Ministerio de Seguridad de la Provincia de Buenos Aires, paquete rotulado "Asuntos Reservados".

entenderemos mejor cómo, frente a este tipo de reclamos, se fue también delineando el perfil de una policía funcional al emergente terrorismo de Estado que iba a imperar cada vez con más fuerza en aquella época.

Un tercer caso de archivos policiales específicos es el de la Dirección de Investigaciones. Ésta cuenta con el acopio de todos los prontuarios criminales y también de los llamados *modus operandi*, es decir los registros (de datos y fotográficos) de hechos delictivos relacionados entre sí por los perfiles de las personas que los han cometido. La dimensión histórica de estos archivos está muy vinculada a las etapas recientes, pues el interés mayor es sobre las modalidades delictivas contemporáneas. Sin embargo, la operatividad y el funcionamiento de la policía de investigaciones se ponen en evidencia a través de esta documentación. En este sentido, puede verse aquí la importancia de la acción de los organismos defensores de los derechos humanos, que en su labor no solamente exigen a las agencias policiales el respeto a las normas y garantías personales de aquellos con los que interactúan, sino que ayudan a la preservación de documentación histórica policial muy valiosa. Tal el caso de la acción judicial iniciada por algunas de estas agrupaciones y que en 2005 obligó a la policía bonaerense a restringir y modificar la modalidad de fotografiar a las personas detenidas en dependencias policiales.[21] Hasta ese momento, y regida por disposiciones policiales internas de la década de 1960, la confección de álbumes con fotografías de los detenidos estaba totalmente descentralizada y sin control alguno. Cada comisaría o brigada de investigaciones tenía su propio

---

[21] Dicha acción judicial tuvo lugar a partir del caso *Gabriel Roser*, en el cual la Asociación Miguel Bru, la Asociación Permanente por los Derechos Humanos (APDH), el CIAJ y la Defensoría General de Casación de la Provincia, presentaron una *habeas data* colectivo contra el Ministerio de Seguridad de la Provincia de Buenos Aires.

álbum, llegando al extremo según la denuncia presentada, de que cada grupo operativo o servicio de calle contaba con álbumes "personales" que se llevaban consigo cuando eran trasladados a otros destinos policiales. Esto, según el recurso judicial interpuesto por los organismos citados, daba un gran poder discrecional a los policías que investigaban delitos, pues dichos álbumes eran exhibidos a las víctimas en las condiciones y en la versión que cada quien decidía. Si alguno de los fotografiados era reconocido, esto sólo bastaba para su detención.[22]

Prosperada la acción judicial, el Ministerio de Seguridad se vio obligado a revisar todas esas disposiciones, resultando la aprobación de la Resolución 784/05 por la cual se reglamentó la obtención, sistematización y manipulación de las fotografías a los detenidos en dependencias policiales, respetando las garantías legales de las personas involucradas. Como resultado de todo este proceso, se creó un registro centralizado que compiló 91.659 registros fotográficos con información adicional de todas esas personas, lo que se utilizó como base histórica para dar comienzo al nuevo método. Así, una acción judicial inspirada en la defensa de los derechos humanos y destinada a poner fin a una metodología abusiva de cierto aspecto de la labor policial, repercutió en una medida favorable a la preservación de documentos que de otra forma quizás se hubiesen perdido o dispersado.[23] Es de esperar que las nuevas herramientas

---

[22] Sobre este tema puede verse la ponencia de Rodríguez, Esteban: "Pobres, feos y peligrosos. Dime qué rostro tienes y te diré quién eres. El uso de la fotografía y las carpetas *modus operandi* en la policía bonaerense". Presentada en el panel titulado *Baja política, alta policía. La institución policial como objeto de investigación: aproximaciones históricas y sociológicas.* Mesa 30 de las IV Jornadas de Sociología, Departamento de Sociología, Facultad de Humanidades y Ciencias de la Educación, Universidad Nacional de La Plata. La Plata, 25 de noviembre de 2005.

[23] Resolución n.° 784/05 del 10 de junio de 2005 y n.° 1077/05 del 13 de julio de 2005 sobre "Fotografías de personas privadas de su libertad alojadas

informáticas, además de la indispensable decisión política, ayuden a crear una mayor conciencia de preservación de toda la documentación histórica de las agencias policiales.

La documentación histórica producida por la misma policía no siempre termina en archivos policiales. El caso más conocido actualmente, además del archivo de la DIPBA ya citado, que está custodiado por la Comisión Provincial por la Memoria, es el de los juicios que se llevan adelante por delitos de lesa humanidad cometidos durante la última dictadura militar. Los jueces que intervienen en muchos de estos casos han dispuesto la incautación de cuantiosa información, especialmente de aquellas dependencias policiales que funcionaron como centros clandestinos de detención. Es de esperar que esa información sea puesta a resguardo una vez finalizados los procesos judiciales. Pero hay otros ejemplos, de periodos anteriores, donde sucedió algo similar. Se trata de toda la documentación producida durante la etapa de funcionamiento de la llamada Justicia Policial, a mediados de los años cincuenta. La sanción del Código Penal Policial fue una pieza importante en el andamiaje jurídico por el cual el primer gobierno peronista procuró afianzar la profesionalización y disciplinamiento de las fuerzas de seguridad en las distintas jurisdicciones del país. Así, se organizó y se puso en marcha una nueva rama de la justicia bonaerense, paralela a la ordinaria, integrada completamente por policías retirados y en actividad, que se ocupó de los casos penales donde estuviesen implicados uno o más policías. Con el derrocamiento de Perón, las nuevas autoridades militares dieron por terminado el experimento y toda la documentación fue girada al Poder Judicial de la provincia de Buenos Aires. Eventualmente,

---

en dependencias policiales". *Boletín Informativo (ex Orden del Día) del Ministerio de Seguridad de la Provincia de Buenos Aires*, n. 048/05 del 17 de julio de 2005.

este archivo fue resguardado en el Departamento Histórico de la Suprema Corte de Justicia provincial, donde se encuentra actualmente.[24]

***

Existen algunas presunciones acerca de lo que se puede encontrar en las fuentes históricas institucionales de la policía. Quizás es esperable que hablen siempre bien de "la fuerza", muchas veces llegando a extremos de justificar lo injustificable. Puede argumentarse que estos documentos siguen los lineamientos rígidamente verticales de la disciplina policial, presentando información y razonamientos articulados de arriba hacia abajo. Las fuentes policiales, se concluiría, siempre encuentran responsables de lo que sucede, pero por fuera de la institución y/o en connivencia con "malos elementos" de la fuerza. En la misma línea, se diría que tienen una alta dosis de hipocresía, apenas oculta tras un vocabulario técnico con cierto encuadre jurídico que enmascara toda clase de usos y abusos de la función policial. Cabrían pocas dudas acerca de que estas fuentes históricas diluyen lo sustancioso de la información que se busca, poniendo de relieve datos que apenas alcanzan para la construcción de una cronología salpicada de eventos "curiosos" e irrelevantes. Y así podríamos seguir listando razones muy valederas por las cuales, entre otros factores, los historiadores apenas han explorado los archivos policiales

---

[24] Suprema Corte de Justicia de la Provincia de Buenos Aires. Archivo del Departamento Histórico. *Sección Justicia Policial,* La Plata. Sobre este tema en particular puede verse mi artículo "Por mano propia. La justicia policial de la provincia de Buenos Aires en el primer peronismo". En: *Sociohistórica. Cuadernos del CISH. Centro de Investigaciones Socio Históricas.* Facultad de Humanidades y Ciencias de la Educación, Universidad Nacional de La Plata, La Plata, n.25, primer semestre de 2009, pp. 123-154.

para la reconstrucción del pasado de estas instituciones tan controversiales.

Sin embargo, el mapeo preliminar llevado a cabo para el caso de la policía de la provincia de Buenos Aires muestra una diversidad mayor, no exenta de las limitaciones y problemas indicados precedentemente. Por un lado, vemos la especificidad de estos archivos institucionales con su esquiva accesibilidad y su aleatoria sistematización siempre cambiante. Pero por otro, también podemos afirmar que estos archivos no difieren tanto de otros en los que los historiadores se adentran sorteando obstáculos burocráticos de todo tipo muy similares a los aquí descriptos. Ninguna fuente histórica es lo suficientemente amplia y sustanciosa como para reclamar una exclusividad a la hora de reconstruir el pasado. Pero, en dirección opuesta, historiar la policía sin consultar la documentación por ella producida es también altamente limitante. Lo primero fue el camino recorrido por las versiones canónicas de la historia policial bonaerense y de allí sus dudosos resultados. Lo segundo recién ha comenzado a hacerse.

Algunas referencias bibliográficas sobre historia de las policías

Barreneche, Osvaldo, 2002, "Jueces, policía y la administración de justicia criminal en Buenos Aires, 1810-1850". En: Sandra Gayol y Gabriel Kessler (comp.), *Violencias, delitos y justicias en la Argentina*. Buenos Aires: Ediciones Manantial-Universidad Nacional de General Sarmiento.

——, 2006, *Crime and the Administration of Criminal Justice in Buenos Aires, 1785-1853*. Lincoln: University of Nebraska Press.

——, 2007, "La reforma policial del peronismo en la provincia de Buenos Aires, 1946-1951". En: *Desarrollo Económico*, vol.47, n.186, julio-septiembre.

——, 2009, "Por mano propia. La justicia policial de la provincia de Buenos Aires en el primer peronismo". En: *Sociohistórica. Cuadernos del CISH. Centro de Investigaciones Socio Históricas*, n.25, primer semestre.

Barry, Viviana, 2008, "Lecturas de Policía. La Revista de Policía de la ciudad de Buenos Aires". En: Juan Suriano (comp.), *Papeles de trabajo No. 3, Dossier La Prensa como fuente privilegiada en los estudios históricos*. Buenos Aires: IDAES-UNSAM.

Berlière, Jean-Marc, 1996, *Le monde des polices en France XIXe- XXe siècles*. Paris: Complexe.

Bittner, Egon, 1980, *The Functions of the Police in Modern Society*. Massachusetts: Oelgeschlager, Gunn & Hain.

Blackwelder, Julia y Johnson, Lyman, 1984, "Estadística Criminal y Acción policial en Buenos Aires, 1887-1914". En: *Desarrollo Económico*, vol.24, n.93.

Bretas, Marcos, 1998, "A policía carioca no Imperio". En: *Estudos históricos*, vol.12, n.22.

Brodeur, Jean-Paul, 2003, *Les visages de la police, pratiques et perceptions*. Montréal: Presses de l'Université de Montréal.

Caimari, Lila, 2004, *Apenas un delincuente. Crimen, castigo y cultura en la Argentina, 1880-1955*. Buenos Aires: Siglo XXI.

——2007, "Suceso de cinematográficos aspectos. Secuestro y espectáculo en la Buenos Aires de los años 30". En: Lila Caimari (comp.), *La ley de los profanos. Delito, justicia e cultura en Buenos Aires (1870-1940)*. Buenos Aires: Fondo de Cultura Económica-Universidad de San Andrés.

Cansanello, Oreste Carlos, 2002, "Justicias y penas en Buenos Aires. De los bandos del buen gobierno a la

Constitución Nacional". En: Sandra Gayol y Gabriel Kessler (comps.), *Violencias, delitos y justicia en la Argentina*. Buenos Aires: Manantial.

Cortés Conde, Ramón, 1937, *Historia de la Policía de la Ciudad de Buenos Aires. Su desenvolvimiento, organización actual y distribución de sus servicios*. Buenos Aires: Biblioteca Policial.

Di Meglio, Gabriel, 2007, *¡Mueran los salvajes unitarios! La Mazorca y la política en tiempos de Rosas*. Buenos Aires: Sudamericana.

Dutil, Carlos y Ragendorfer, Ricardo, 1997, *La Bonaerense. Historia criminal de la Policía de la Provincia de Buenos Aires*. Buenos Aires: Planeta.

Emsley, Clive, 1991, *The English Police: A Political and Social History*. Hemel Hempstead: Wheatsheaf.

Fentanes, Enrique, 1979, *Compendio de Ciencia de la Policía*. Buenos Aires: Editorial Policial.

Frederic, Sabina y Sain, Marcelo, 2008, "Profesionalización y reforma policial: concepciones sobre las prácticas de la Policía de la Provincia de Buenos Aires". En: *Estado, democracia y seguridad ciudadana. Aportes para el debate*. Buenos Aires: PNUD.

Frühling, Hugo y Candina, Azún (eds.), 2001, *Policía, Sociedad y Estado: Modernización y Reforma Policial en América del Sur*. Santiago de Chile: CED.

Galeano, Diego, 2007, "En nombre de la seguridad. Lecturas sobre policía y formación estatal". En: *Cuestiones de sociología. Revista de estudios sociales*, n.4, Universidad Nacional de La Plata.

——2008, "Cuerpos desordenados. La Policía de Buenos Aires y la epidemia de fiebre amarilla de 1871". En: *Miradas sobre la historia social en la Argentina en los comienzos del siglo XXI*. Córdoba: CEH/CEHAC.

Ganón, Gabriel, 1999, "Reforma de la policía: ¿cambio organizacional o estructural?". En: Máximo Sozzo (ed.),

Seguridad urbana: nuevos problemas, nuevos enfoques.
Santa Fe: Universidad Nacional del Litoral.

García Ferrari, Mercedes, 2007, *Identificación. Implementación de tecnologías y construcción de archivos en la Policía de la Capital, 1880-1905.* Tesis de Maestría en Investigación Histórica, Universidad de San Andrés.

Gayol, Sandra, 1996, "Entre lo deseable y lo posible: perfil de la policía de Buenos Aires en la segunda mitad del siglo XIX". En: *Estudios Sociales. Revista Universitaria Semestral*, año VI, n.10, primer semestre.

González, Gustavo, 2005, "Las reformas policiales en la Argentina: hablando de las estatuas de Naipaul". En: David Bayley y Lucía Dammert (eds.), *Seguridad y reformas policiales en las Américas.* México: Siglo XXI.

Jaime, Rafael Roque, 2005, *432° Aniversario de la Policía de Córdoba, 1573-2005.* Córdoba: Imprenta Mariela.

Kalmanowiecki, Laura, 2000, "Origins and Applications of Policing in Argentina". En: *Latin American Perspectives*, vol.27, n.2, Sage.

Kaminsky, Gregorio (dir.), 2005, *Tiempos inclementes. Culturas policiales y seguridad ciudadana.* Buenos Aires: Edunla.

López, Leopoldo C., 1911, *Reseña histórica de la Policía de Buenos Aires, 1778-1911.* Buenos Aires: Imprenta y Encuadernación de la Policía.

Maier, Julio B., 1996, "Breve historia institucional de la policía argentina". En: Peter Waldmann (ed.), *Justicia en la calle. Ensayos sobre la policía en América Latina.* Medellín: Biblioteca Jurídica Diké.

Mariluz Urquijo, José M., 1951, *La creación de los alcaldes de barrio de Salta.* Salta: R. D'uva.

Marteau, Juan Félix, 2002, "Azul casi Negro: la gestión policial en Buenos Aires. Notas para una política policial democrática". En: Roberto Briceño-León (comp.),

Violencia, Sociedad y Justicia en América Latina. Buenos Aires: CLACSO.

Monjardet, Dominique, 2002, *O que faz a polícia. Sociologia da força pública.* São Paulo: Edusp.

Policía de la Provincia de Buenos Aires, 1910, *La Policía de la Provincia de Buenos Aires. Su historia, su organización y sus servicios,* La Plata, Taller de impresiones oficiales.

Policía de la Provincia de Buenos Aires, 1980, *Síntesis histórica de la Policía de la Provincia de Buenos Aires (1580-1980), La Plata.*

Rafart, Gabriel, 2008, *Tiempo de violencia en la Patagonia. Bandidos, policías y jueces, 1890-1940.* Buenos Aires: Prometeo.

Reiner, Robert, 1992, *The Politics of the Police.* London: Wheatsheaf.

Retamoza, Víctor, 1853, *Breve Historia de la Policía de Córdoba.* Córdoba: Victor R. Editor.

Rico, Alejandra, 2008, *Policías, soldados y vecinos. Las funciones policiales entre las reformas rivadavianas y la caída del régimen rosista.* Tesis de Maestría. Universidad Nacional de Luján.

Rodríguez, Adolfo E., 1978, *Historia de la Policía Federal Argentina,* Tomos VI y VII. Buenos Aires: Editorial Policial.

——, 1981, *Cuatrocientos años de Policía en Buenos Aires.* Buenos Aires: Editorial Policial.

——, 1987, "Reseña histórica de la Escuela de Cadetes Coronel Ramón L. Falcón". En: *Mundo Policial,* n.55, junio.

Rodríguez, Adolfo y Zappietro, Eugenio, 1999, *Historia de la Policía Federal Argentina a las puertas del tercer milenio. Génesis y desarrollo desde 1590 hasta la actualidad.* Bogotá: Editorial Policial.

Romay, Francisco L., 1939, *Antiguos servicios policiales.* Buenos Aires: Editorial Policial.

——, 1947, *Los serenos de Buenos Aires (policía nocturna)*. Buenos Aires: Editorial Policial.

——, 1975, *Historia de la Policía Federal Argentina*, 5 tomos. Buenos Aires: Editorial Policial.

Rosúa, Fernando M., 1998, "La reforma policial en la Provincia de Santa Fe". En: *Las reformas policiales en Argentina*. Buenos Aires: CELS.

Ruibal, Beatriz, 1990, "El control social y la Policía de Buenos Aires (1880-1920)". En: *Boletín del Instituto de Historia Argentina y Americana "Dr. E. Ravignani"*, 3ra. serie, n.2, Buenos Aires.

Rusconi, Maximiliano A., 1998, "Reformulación de los sistemas de justicia penal en América Latina y policía: algunas reflexiones". En: Revista *Pena y Estado*, n.3 (dossier Policía y Sociedad Democrática), Buenos Aires.

Sain, Marcelo, 2002, *Seguridad, democracia y reforma del sistema policial en la Argentina*. Buenos Aires: Fondo de Cultura Económica.

——, 2008, *El Leviatán Azul. Política y Policía en Argentina*. Buenos Aires: Siglo XXI.

Sánchez León, Pablo, 2005, "Ordenar la civilización: semántica del concepto de policía en los orígenes de la ilustración española". En: *Política y sociedad*, vol.42, n.3, Publicaciones de la Universidad Complutense, Madrid.

Sozzo, Máximo, 2005 (director), *Policía, violencia, democracia. Ensayos sociológicos*. Santa Fe: Universidad Nacional del Litoral.

——, 2008, "Nel nome della democrazia. Riflessione sui processi di riforma poliziale in Argentina". En: *Studi sulla Questione Criminale*, vol.3, n.1. Roma: Carocci.

——, 2009 (coordinador), *Historias de la cuestión criminal en la Argentina*. Buenos Aires: Ediciones Del Puerto.

Stanley, Ruth, 2002, "How Deviant is Deviance? 'Cop Culture', Mainstream Cultures, and Abuse of Power in Buenos Aires". En: *Globalization of Civil-Military*

Relations: Democratization, Reform and Security. International Conferencem Bucharest, 2002. Bucharest: Enciclopedica Publishing House.

Tiscornia, Sofía, 2004 (compiladora), *Burocracias y violencia. Estudios de antropología jurídica.* Buenos Aires: Antropofagia.

——, 2008, *Activismo de los derechos humanos y burocracias estatales. El caso Walter Bulacio.* Buenos Aires: Ediciones del Puerto y CELS.

Walker, Samuel, 1978, *A critical history of police reform. The emergence of professionalism.* Toronto: Heath and Co.

Weinberger, Barbara, 1991, "Are the Police Professionals? An Historical Account of the British Police Institution". En: C. Emsley y B. Weinberger (eds.), *Policing Western Europe, Politics, Professionalism, and Public Order.* Westport: Greenwood.

Wilson, Christopher P., 2000, *Cop Knowledge. Police Power and Cultural Narrative in Twentieth-Century America.* Chicago: The University of Chicago Press.

4. ESCENAS DEL ARCHIVO POLICIAL[1]

Lila Caimari
(CONICET-Universidad de San Andrés)

"No te pelearás con el archivero". En comarcas de de-vastación documental, esa regla de oro del historiador tiene estatus de mandamiento. Artesano del hallazgo errático, fetichista del residuo de hogueras políticas y burocráticas, viudo inconsolable de inundaciones en sótanos ministe-riales, sabe que todo depende de la suerte y de la astucia. Suerte, para encontrar el archivo que se salvó del diluvio –ese que se creía perdido, y que ahora puede ser la llave de su consagración–. Astucia, para seducir a los imprede-cibles guardianes de la cueva de Alí Babá. Aquel diligente libro sobre el régimen conservador, esa reconsideración aguda de la crisis de 1930, la desafiante colección de nue-vas perspectivas sobre el peronismo que gana la mesa de novedades de Yenny: todos eufemizan con ademán erudito y prosa mesurada esos cimientos de peripecia, casualidad y agonía. La página de agradecimientos es el único resquicio por donde asoma, con intensidad incongruente, esa trama endeble de favores y excepciones.

En esto pienso en el subte que me lleva al archivo policial. Y después, mientras me abro paso entre los rollos de tela que se apilan en las veredas del distrito textil del Once, lentejuelas, disfraces y trajes de novia me sacan por un momento de mi cueva de obsesiones. Me dejo vagar

---

[1] Este trabajo constituye una versión ampliada de la crónica publicada en la Revista virtual *El Interpretador*, n. 35, abril-mayo de 2009.

un rato entre botones extravagantes. Pero ya reconozco el malestar, el mismo que me asalta cada vez que tengo por delante otro día de súplicas abyectas. *¿Habrá alguna posibilidad de recuperar...? ¿Sería tan amable de fijarse...? Podría reservármelo en un rincón –ojalá que no vuelva a perderse–.* Feliz día del amigo... Y los ruegos de hoy serán para archiveros-policías, nada menos.

La Comisaría Séptima es un paréntesis de bandera argentina y pintura a la cal entre los boliches de cotillón de la calle Lavalle. *¿Quién la manda?*, pregunta una voz femenina en el portero eléctrico. Dudo un momento. *Rodríguez. Soy investigadora. Quisiera consultar la biblioteca.* El portero no anda bien y el barullo de la calle impide oír la respuesta. Pero la puerta hace un ruido ronco: están intentando abrirme. Ya estoy adentro.

El Centro de Altos Estudios Policiales Francisco Romay es una bibliotequita al fondo de un corredor. Me atiende la oficial Susana. No es ninguno de los personajes que me han mencionado los colegas-baqueanos. La tradición oral del archivo tiene un anecdotario profuso, pero sus cartografías son falibles, se desactualizan pronto.

Susana ha sido asignada hace pocos días a este oscuro destino, según me entero después. La combinación de maquillaje y uniforme con charreteras me recuerda inmediatamente la seccional de la película de Trapero (me había gustado su punto de vista inmerso en ese mundo, pero la había sospechado demasiado costumbrista). Mi aparición la incomoda. *No puede pasar*, dice con brusquedad. *El comisario Rodríguez no mandó ninguna autorización. Tiene que volver otro día, cuando haya algún oficial superior.*

El diálogo transcurre en el minimísimo espacio entre los anaqueles y las tres o cuatro mesas de la salita. La oficial Susana me cierra el paso. *Pero mire que yo hice todo lo que me indicaron por teléfono*, musito. *Presenté la nota, hablé con Rodríguez. No soy periodista, no tema. Soy*

investigadora, pero del CONICET. ¿Me permitiría mirar lo
que tienen allí? No toco nada. Sólo miro. Por favor. Puede
vigilarme mientras miro. Otra vez el malestar. Espero no
descomponerme justo ahora.
      No, no. El comisario Rodríguez...
      Durante este tironeo, ojeo los lomos de libros y revistas
que hay detrás de mi interlocutora. Intento acercarme, pero
me bloquea el camino. Estoy ofuscándola peligrosamente.
De repente, percibo que está un poco asustada. No tiene
instrucciones para manejar estas apariciones desconcertantes. La han mandado a una biblioteca de policías para
policías. Su lugar en el escalafón está en juego en este
intercambio. Así que no hay manera. Mejor volver otro día.
      Pego la vuelta para salir y en ese momento irrumpe
un hombre maduro. No lleva uniforme y se mueve con
familiaridad campechana. Adivino que es Pérez. De él sí
me han hablado: *Si le caes bien te deja laburar en paz.* Pérez
quiere saber qué pasa.
      Comisario inspector, la señora no tiene autorización del
comisario Rodríguez. Soy la prueba del apego de Susana al
reglamento. Pero Pérez apenas la mira. *¿Sobre qué investi-*
ga?, me pregunta inesperadamente. Dudo otra vez. *Sobre*
los policías escritores, arriesgo. Ni siquiera sé si es un tema,
pero es el que se me ocurre más aceptable. Ábrete Sésamo.
La cara de Pérez se ilumina: *Está hablando con uno de ellos.*

***

      Francisco Romay era un policía historiador, autor de
una archi-minuciosa crónica de la policía porteña en cuatro
tomos. Cuando murió, en los años setenta, era comisario,
miembro de la Academia Nacional de la Historia y de la
Academia Porteña de Lunfardo. El Centro de Altos Estudios
que empiezo a frecuentar nació de su gigantesca biblioteca
personal. Cada vez menos gigantesca, me cuenta un día el

empleado más antiguo –el único que se identifica con ese lugar, al que asiste puntualmente tres veces por semana, a las ocho de la mañana–. Murmura que entre robos, pérdidas y descuidos la colección actual tiene miles de ejemplares menos que en el momento de su donación. La historia de tantas bibliotecas, pienso: otro suicidio argentino. Aquí también los custodios del archivo lo han confundido con patrimonio personal, se han llevado los pedazos a su casa, lo han perdido, lo han purgado, lo han desmembrado. ¿Por qué se me ocurrió que la policía iba a resguardar lo suyo mejor que otros? ¿Por su extraordinaria vocación historiográfica? ¿Por ese comprensible celo de control de la narración de su pasado? ¿Por el potencial voltaje político de sus documentos? ¿Porque está custodiada por gente con armas y uniformes, acostumbrada a ejercer la autoridad? ¿Porque la preservación de cierta información debería importar a alguien más que a los policías aficionados a la historia?

Dice la tradición oral de los baqueanos: alguna vez la policía permitió acceder a *otros* archivos, en un mítico edificio en la calle Chacabuco. En las pilas de legajos e informes añejos había datos sobre el quehacer cotidiano de los vigilantes de principios de siglo, sobre la temida Sección Investigaciones que espiaba anarquistas y hacía las primeras pesquisas "científicas" de los crímenes más complejos, sobre los bajos fondos del Buenos Aires de la *Belle Époque*, sobre bailes y cafés del centro y los suburbios... A medida que pasan los años crece el mito del archivo policial perdido. No debe ser pura leyenda, porque hay rastros del tesoro en algún que otro trabajo vetusto, escrito por el ocasional policía-historiador (que siempre es meticuloso) o por el raro investigador extranjero beneficiado por la discrecionalidad benévola de los guardianes. Pero la confirmación del mito no nos alcanza, porque el santo y seña de acceso (que una generosa colega norteamericana me ofrece por *mail*) ha perimido hace tiempo. Lo cierto es que algo pasó (nadie sabe qué) y ese archivo desapareció. En los días más optimistas, fantaseamos con que todavía existe, con que alguna vez será recuperado, con que los historiadores "profanos" seremos autorizados a acceder. Nos ilusionamos pensando que sus mil historias no están perdidas para siempre.

Mientras tanto, intento aprovechar estas dos salitas baqueteadas del Centro Romay, un rincón de papeles rancios que sobrevive por pura negligencia en el vértigo de la Federal. Allí toman mate policías retirados y policías castigados. No, no es el lugar donde recalan los que esperan hacer carrera en la institución, pero esa misma marginalidad permite algunas rutinas cómodas. Como en otros archivos, se respira una especie de ensimismamiento grisáceo que tiene algo de adictivo. Hace mucho frío. Las posiciones en relación a este problema están divididas, así que según los días y los turnos hay que prever abrigo suficiente, o analgésicos para el dolor de cabeza que emana del dudoso radiador pantalla colgado en una esquina.

Nada de esto me importa porque he empezado a curiosear los estantes. De acuerdo a los pocos datos que tengo de Romay, espero libros tradicionales de historia argentina, manuales de técnica policial, algún diccionario de lunfardo. Ahí están, sí. Y al lado, las previsibles publicaciones institucionales, tomos y tomos de revistas para instruir a la tropa y generar identidad corporativa (¿Cómo convertir a los paisanos reclutados apresuradamente en las provincias en respetables policías metropolitanos? Uniformarlos, alfabetizarlos, blanquearlos, tecnologizarlos, *civilizarlos...* la construcción de una frontera nítida entre policía y sociedad es el desvelo de los jefes del 900).

Los saberes expertos del crimen ocupan varios anaqueles -tratados de criminología y criminalística, dactiloscopía y antropometría-. Están Lombroso y Vucetich, Ingenieros y De Veyga. Bien, voy a poder completar algunas genealogías iniciadas en otros anaqueles y otras bibliotecas. Con un poco de suerte, hasta puedo encontrar ese tomo faltante de *Criminología Moderna*, la revista científica del desconcertante Pietro Gori, que a fines del siglo XIX puso el mismo entusiasmo para difundir las ideas lombrosianas más tenebrosas y para organizar a los obreros anarquistas.

Pero Gori no está. En su lugar, descubro una enorme colección de *magazines* ilustrados del 900. ¿Qué hace la jocosa *Caras y Caretas* en medio de las minucias técnicas de la dactiloscopía? ¿Y la revistita ilustrada *Fray Mocho*? Recuerdo un texto leído hace años, sobre las contigüidades irónicas de biblioteca –Marx y Adam Smith, Voltaire y sus enemigos clericales–. Tarde o temprano, todo y lo contrario de todo termina conviviendo en los mismos estantes. Las bibliotecas (como la historia) tranquilizan con las calmas del largo plazo. Por suerte, la ilusión balsámica se interrumpe cuando abrimos esos libros polvorientos y reactivamos la potencia de sus sentidos.

Veamos. Abro un número cualquiera de *Caras y Caretas*. En la tapa hay una caricatura de Roca y Pellegrini (Roca está sentado en una silla de consultorio, mientras un Pellegrini-frenólogo le palpa la cabeza para detectar la protuberancia craneana de la ambición política desmedida). Un vistazo al interior de la revista despliega todos los excesos del misceláneo de la época: concursos de belleza, las siamesas turcas, la guerra ruso-japonesa, el asesinato de Livingston, la temporada en Mar del Plata, un folletín sobre el anarquista peligroso. De golpe recuerdo que el ex Jefe de Pesquisas José S. Álvarez (Fray Mocho), autor de la primera *Galería de Ladrones de la Capital* (1887), dirigió *Caras y Caretas* hasta su muerte. No hay paradoja, entonces. A pesar de las disonancias, su insólita revista pertenece a esta biblioteca, es el reconocimiento a la obra del más famoso escritor y periodista de la institución. Pero esas colecciones de libritos de kiosco con tapas estilo *pulp*,

¿también son concesiones de ese homenaje? ¿Y el escandaloso semanario *Ahora*? Toda una estantería de este Centro de Altos Estudios está dedicada a sus títulos catástrofe y fotomontajes de los secuestros de los años treinta. Empiezo a preguntarme si Romay era un raro policía ecléctico, si su biblioteca fue aumentando con donaciones mal controladas, o si la cultura policial no es lo que he anticipado (que esa categoría aparezca es un síntoma de mis vacilaciones).

Los policías están enfrascados en su charla y no me prestan atención. Se habla de los pros y contras del nuevo régimen de ascensos. De la hija del comisario tal, que anda mejor de la úlcera. Parece que unos días antes un agente de calle fue amonestado por hacerse la rata del piquete que le tocaba vigilar. Pasó un informe trucho desde su celular, pero un superior lo vio por la calle y elevó una nota de denuncia. Suena el teléfono. Es la hermana de Susana. (Su actitud ha cambiado desde aquel incidente inicial, me ofrece café y caramelos. Al parecer, fue amonestada por cumplimiento erróneo del deber.) *Susana no está, tenía un trámite que hacer. Llamala mañana.* Nueva ronda de mate, y es el turno de Macri. Se comenta que los aumentos corren peligro si la policía pasa a sus manos, pero esta versión es desmentida.

Me deslizo silenciosamente a los estantes del fondo. Aparecen las memorias de un comisario jubilado, y después las de otro, y las de otro más. Conocía algunos casos, pero empiezo a sospechar que estoy ante todo un género. Con razón entran y salen de este lugar tantos policías retirados. No se hace carrera en esta biblioteca, pero se puede culminar con el broche de un libro de memorias una carrera hecha en zonas más vistosas de la institución. ¿De qué trata esta escritura policial "de afición"? De las mil peripecias del *métier*. Cada policía tiene su anecdotario personal, que alimenta el lazo con los colegas de generación (¿te acordás de este caso, de este personaje, de este escándalo?). Más importante: constituye la prueba del acceso a las intimidades de la ciudad, a lo prohibido y lo secreto. Por eso es tan importante establecer la autoridad cognitiva sobre el lunfardo, sobre el tango, sobre la trastienda del bajo fondo, los crímenes, los conatos: hitos del gran archivo del policía experimentado. Algunos intercalan sus labores callejeras o burocráticas con anécdotas, poemas y viñetas de la calle que aparecen en las revistas de la corporación (la última compilación se llama *Letras en Azul*). Otros se sientan a escribir memorias cuando se jubilan y los secretos de antaño pueden ser desgranados sin riesgo en un alarde del saber viril de Buenos Aires y sus personajes. Su vigencia e imperativo de control desvanecidos, los casos del pasado pasan al infinito anecdotario que nutre el suelo compartido de la cultura policial. Y aclaran: escribimos cuando por fin hay tiempo, escribimos al final de un camino que ha sido más difícil que el de los que *se dedican* a escribir. Los policías escritores se cuidan mucho de confundirse con los escritores de policiales, esos blandos *amateurs* que hablan del peligro desde su cómodo sillón, sin la experiencia de la calle. Corregir socarronamente los errores técnicos de los "falsos" expertos es esta secreta elite de aficionados a la literatura policial.

Me interesa la afición de los policías a la crónica, se me ocurre que hay algo allí que puede explicar la resistente cultura policial –de golpe, esta categoría me resulta clave para entender tantas cosas–. Quizás vuelva sobre el asunto. Tomo nota y sigo. En un rincón, atados con un hilo, hay unos papeles desvaídos escritos a máquina. Son los originales de un guión de radio-teatro, "Los Cuentos del Tío". Está firmado por el comisario Ramón Cortés Conde, pero no tiene fecha. Son *sketchs*, escenificaciones de las tretas callejeras de los ladrones porteños. Estaba al tanto de las revistas de la tropa y los libros de memorias de policías jubilados, pero ¿esto qué es? Lo hojeo con avidez. "El cuento del coche descompuesto", "El cuento del cambiazo", "El cuento del inspector"... Al lado, más guiones, escritos por más policías, con otras escenas de la calle. Hay melodramas, viñetas heroicas, sainetes. Me cuesta creer lo que estoy viendo. Averiguo después que fueron escritos para *Ronda Policial*, un radioteatro de propaganda destinado a mejorar la imagen de la policía durante una de sus peores crisis de opinión pública, a principios de los años treinta. (Al parecer, no hay momento en el que la institución no haya tenido problemas de opinión pública, el pasado dorado de los policías puros y virtuosos es un mito del presente. También me gustaría trabajar sobre ese mito). *Ronda Policial* se difundía en una estación popular, Radio Porteña, con guiones escritos por algunos oficiales-escritores. Parece que duró mucho, porque en algún momento empezaron a publicarlos como libro (el de los cuentos del tío se llama *Cómo nos roban*).

Empiezo a imaginar otras investigaciones posibles. Todo esto me llevará muy lejos de mi rumbo original: después de todo, llegué hasta aquí a buscar datos sobre los pistoleros de los años treinta, estadísticas delictivas, recortes de diarios, quizás algún testimonio original... En la medida en que me interesaban los policías, era para reponer su presencia en el escenario del gran golpe organizado, para otorgar al relato cierta simetría en relación a la ley. Lo que encuentro sobre los pistoleros me sirve, claro, aunque el tema ya no me parece tan relevante. Pero aún: a medida que merodeo por las estanterías vislumbro la ingenuidad de mis expectativas iniciales, la concepción pobrísima que las sostiene. En esta agencia estatal no hay nada parecido a una relación con la ley que sea "simétrica" a la de nadie, empiezo a dudar incluso de que la ley sea un elemento importante, o muy estable, en su nutrido universo simbólico. También entiendo que no hace falta esperar a la recuperación del archivo mítico para empezar a decir algo nuevo sobre la policía. En estas dos discretas salitas hay toda una encrucijada de caminos originales. Es cuestión de aceptar que quizás la policía no es la institución que imaginaba –o que no es solamente eso–.

Y justo ahora tengo que irme... Me quedan unos minutos, si me apuro puedo mirar algún otro guión. Son ficciones del vigilante de la esquina, historias del policía humano de los vecindarios de aquel Buenos Aires de los años entreguerras. En plena exaltación, me asalta el miedo a no poder volver a entrar, o a entrar y nunca más encontrar esta evidencia. Esa ansiedad pesadillesca es bien conocida y tiene nombre: es el "Síndrome del lector de la Biblioteca Nacional", un desorden neurológico frecuente entre quienes han pasado más tiempo del aconsejable expuestos a las brutales oscilaciones entre las maravillas documentales que prometen los catálogos y las mil trampas que depara el camino del acceso: prohibiciones crónicas, acceso selectivo, acceso gracias al favor de alguien, acceso debido a algún ocasional hilo de Ariadna, acceso por la suerte o la casualidad... Los reflejos auto-represivos internalizados en la principal biblioteca argentina se activan con cada nueva experiencia de lo aleatorio-documental. Mejor no llamar la atención sobre mis hallazgos.

Recojo los petates tratando de disimular mi perplejidad. No es que haga falta disimulo, porque mis guardianes siguen acunándose en el vaivén de los chismes de la corporación. (Al final, Trapero tenía razón: la policía es una red de lealtades personales hechas charla a charla.) Un hombre mayor acaba de unirse a la rueda. Viene de calle Moreno con novedades de la Jefatura. Parece que el Gobierno va a avanzar con los juicios y el comisario retirado tal está en la lista. *Pobre, justo que le diagnosticaron un cáncer a la mujer. ¿No te dije que nos quedamos cortos con estos tipos?* Alguien prende la radio, a ver si se dice algo sobre el asunto. La nieta de Pérez prepara su fiesta de quince y no termina de decidirse con el vestido. Se rumorea que por fin van a cambiar la instalación eléctrica de la biblioteca. *Ya era hora. Un día de éstos nos vamos a electrocutar con esos cables colgando. ¿Ya se va, profesora? Espero que no haya tenido frío. No, faltaba más. Gracias a usted.*

***

Descubriré que mi cautela no ha sido injustificada, que debería haberla mantenido por más tiempo y con más rigor. Un día, la entrada al Centro de Altos Estudios Históricos Francisco Romay me es vedada. Sin saber cómo ni cuándo, he violado el primer mandamiento del historiador: he enojado a los archiveros. El mismo empleado que me ha visto trabajar allí durante dos o tres años, que me ha acercado materiales y me ha contado chistes, me cierra el paso entre los anaqueles. *Tiene que volver a solicitar autorización al comisario Rodríguez*, me dirá. Entiendo lo que esto significa. Se niega a explicarme las razones y yo me niego a volver a dar las mías. Pienso otra vez: ¿Por qué me obstino en estos temas tan inhóspitos? Conseguir los datos, reconstruir las tramas en un texto legible, hacerme oír entre los escépticos historiadores políticos y sociales... Debería haber escuchado a los colegas que me quieren bien: *¿Cuándo volvés a los más amables temas de la historia?*

No falta mucho, puedo decirles ahora, porque con este episodio se cierra inesperadamente mi relación con la biblioteca de los policías –y se precipita el fin de mis pesquisas, que de todas maneras ya han ido muchísimo más lejos de lo previsto. Mi misteriosa caída en desgracia me ofrece al menos la simetría faltante: en la puerta de la salita, musitando argumentos desorientados, me vuelven algunas viejas intuiciones sobre la discrecionalidad del poder de policía.

Al introducirme en una cultura corporativa de inimagi-
nada densidad, esta biblioteca me ha impuesto un esfuerzo
por pulir mis rústicas maneras iniciales. He debido tomarme
en serio la historicidad de la institución, y aceptar claves
complejas para desentrañar sus laberintos –comprobar,
una vez más, que *ningún* objeto social es sencillo ni es
exactamente lo que parece–. Y luego, como en otras bibliotecas, la reconstrucción cotidiana fue amortiguando las
contradicciones más feroces en el bálsamo del largo plazo,
en la apacible coexistencia muda de los opuestos. Esto me
permitió abrir una cantera de muchas vías, de la historia
de la policía a la de la ciudad, a la de la cultura popular, a
la de los márgenes, a la literatura y al periodismo...

Así pues, en medio de esta investigación que se mul-
tiplicaba, los mismos guardianes del archivo me han sal-
vado de su multiplicación infinita. Más importante: me
han impedido reducirla a una perspectiva excesivamente
mansa, y por eso desnaturalizadora. (Por razones evidentes, el riesgo acecha a los recoletos historiadores más que
a quienes observan directamente las intervenciones de la
policía, aunque tampoco ellos estén libres de trampas y
desafíos.) Como para impedirme perder de vista la esencia
coercitiva de este objeto, se me ha indicado de un golpe
que el permiso de acceso a algún secreto del pasado en
ningún momento ha implicado renunciar a ciertos atributos
muy propios de la policía: esos mismos que, hasta no hace
tanto, eran los únicos que yo conocía.

5. LA EXISTENCIA RELATIVA DE LAS COSAS (QUE REPOSAN EN LOS ARCHIVOS): PRÁCTICAS Y MATERIALIDADES EN RELACIÓN[1]

Olívia Maria Gomes da Cunha
(PPGAS, Museo Nacional, Universidad
Federal de Río de Janeiro-CNPq)

Antônio Ricardo es un ladrón descuidista sin ninguna notoriedad en el mundo criminal (...) él no puede admitir que las impresiones no sean iguales, cuando a sus ojos aquellos diseños se presentan en trazos simétricos con el mismo aspecto regular. Acercándose a mi mesa en la Sección de Robos y Hurtos, que entonces yo dirigía en la Secretaría de Investigación, A. Ricardo me preguntó:
–¿Usted no cree que es un cuento de la policía eso de la ficha?
–¿Qué es un cuento?
–Dicen por ahí que no hay dos impresiones iguales y yo veo aquellas rayitas tan parecidas (...) para mí esas cosas pueden ser iguales y la policía ha metido muchos inocentes en la cárcel porque hay jueces que sólo quieren saber del cuento ese de la ficha.
No me causó ninguna sorpresa la idea fija de A. Ricardo porque, a pesar de todo, él tiene todo el derecho a creer que "la ciencia, como alguien ya definió, es la mejor manera de errar con método". ¿Y quién sabe si un día la justicia humana no será revolucionada por las ideas de A. Ricardo?[2]

---

[1] Una primera versión de este texto fue presentada en el Simposio *La Policía en perspectiva histórica: Argentina y Brasil (del siglo XIX a la actualidad)*, Centro de Estudios Latinoamericanos de la Universidad Nacional de General San Martín-Instituto del Desarrollo Humano de la Universidad Nacional de General Sarmiento-Posgrado en Historia de la Universidad de San Andrés, Buenos Aires, 28 y 29 de agosto de 2008. Agradezco a Lila Caimari y a Cristiana Schettini por la invitación y los generosos comentarios. Traducción de Mariana Sirimarco; revisión de Ana Spivak L´Hoste.

[2] José, Mario: "Um adversário da sciência". En: *Vida Policial*, marzo/abril de 1925.

La desconfianza del personaje del cuento policial no se resume en la fabulación del autor –él mismo un funcionario de la institución–. Si observamos con cuidado la producción de las fichas, a las que el tal Antônio Ricardo se refiere, tal vez percibamos que las fronteras que separan la ficción de las prácticas que implican la producción de registros policiales son muy tenues. Tomemos, por ejemplo, el caso de Sylvio, sin entrar en detalles en principio, sobre todo un conjunto de indicios, pistas y conexiones revelados poco a poco. Detenido por los investigadores de la entonces recién creada 4º Delegación Auxiliar del Distrito Federal, en la ciudad de Río de Janeiro, los dedos de Sylvio fueron untados de tinta para que pudiesen dejar marcas en un pedazo de papel. Fue sometido por primera vez a la identificación dactiloscópica, técnica inventada a finales del siglo XIX por Juan Vucetich, que pretendía capturar las marcas de la "identidad del individuo". Los motivos de la detención de Sylvio, inscritos en el espacio de la ficha de papel que contiene las marcas de sus dedos, precisan ser decodificados. En el lenguaje jurídico y policial adoptado por las instituciones de seguridad públicas de la ciudad de Río de Janeiro en la primera mitad del siglo XX, la expresión "búsqueda de antecedentes" indicaba que alguien era sospechoso de haber cometido un crimen o contravención y que, como consecuencia, era llevado a una *delegación* policial para averiguar la existencia de registros de comportamientos considerados ilegales. Cada vez que un *sospechoso* era sometido a la "averiguación de antecedentes" estaba sujeto a la identificación dactiloscópica. No sólo los delitos podían resultar en procesos acompañados de "pruebas materiales." La *sospecha* como evento –una vez transformada en registro en una "ficha de identificación" y sucesivas inscripciones en una *Hoja de Antecedentes*– era transformada en un artefacto material. De este modo, la transformación de la sospecha en artefactos

materiales –la "ficha de identificación" que alimentaría la
Hoja de Antecedentes– constituiría, a su vez, un conjunto
de evidencias, pruebas de un peligro potencial.[3]
    Ese modo supuestamente vago de referenciar un
evento –una "ocurrencia" en el lenguaje policial, real o
presumible– destituido de una interpretación, norma o
asociación a un comportamiento tipificado como ilegal,
sugiere que Sylvio fue detenido sin ningún motivo. La
ausencia de justificativos que indiquen el origen de la
sospecha nos hace suponer que los motivos "reales" de la
detención de Sylvio fueron omitidos. O sea, los registros
y fichas serían una mera "representación" icónica de una
realidad diversa, del peligro potencial y no de la "verdad".

---

[3]   La identificación dactiloscópica consiste en una técnica inventada
    a finales del siglo XIX por Juan Vucetich buscando capturar señales
    supuestamente indelebles y que singularizaban a cada individuo. Sus
    modos de captura y aplicación fueron posteriormente transformados y
    empleados cada vez más en dispositivos de seguridad contemporáneos
    en diversos países. Sobre su introducción en Río de Janeiro, ver Ribeiro,
    L.: *A Identificação no Rio de Janeiro*, Rio de Janeiro, Imprensa Nacional,
    1932; y Carrara, S.: "A ciência e a doutrina da identificação no Brasil: ou
    o contrôle do Eu no temploda técnica", en: *Boletim do Museu Nacional*,
    n.49, 1984. La lectura de la "Hoja de Antecedentes Criminales" permitía
    que el juez presumiese en relación a la pertinencia de la acusación,
    posteriormente instruida por la policía. Aun en los casos en que el
    acusado hubiese apenas "pasado" por varias delegaciones policiales
    y ninguna acusación hubiese resultado en la apertura del proceso de
    condena. Es el registro de esa "entrada" en los archivos del Gabinete de
    Identificación que torna tal detención en oficial. Por este entendimiento
    todo aquel que no tuviese Hoja de Antecedentes es considerado "reo
    primario". Según la jurisprudencia de la época, "desde que no posea
    antecedentes judiciarios se presume el buen comportamiento anterior"
    (*Apellação Criminal, nº 5590. Jurisprudência*, Revista Criminal, VIII(33),
    1934, p. 638). Sobre la noción de prueba en el pensamiento jurídico y las
    ideas de "defensa social" en las cuales esos procedimientos legales se
    encuentran basados, ver Focuault, M.: *A verdade e as formas jurídicas*,
    Cadernos da PUC-RJ (Divisão de Intercâmbios e Edições), Rio de Janeiro
    1979 [1974]; y "About the concept of the 'Dangerous Individual' in 19th-
    Century Legal Psychiatry", en: *Journal of Law and Psychiatry* 1(1), 1978.

Pero si observamos con cuidado la expresión y lo que ella pretendía designar, veremos que ella no existe por fuera de una ficha, pedazo de papel resistente o suficiente para ser usado innumerables veces por los funcionarios de las instituciones policiales.

Los policías también interpretaron las actitudes, que por ventura habrían incriminado a presos como Sylvio, a partir de una lectura singular del texto jurídico que legislaba sobre la posibilidad de detener a un individuo sospechoso, sin que contra él pesara ninguna acusación, para someterlo a la "búsqueda de antecedentes". De ese modo, al observar la profusión de registros, fichas e inventarios de detenciones, se muestra insuficiente la explicación de que tales objetos son una especie de materialización de la fantasía burocrática de un Estado controlador. Primero, porque impide que veamos las fisuras y diferencias en los modos de crear y manipular esos artefactos, como sugiere el diálogo entre los personajes *Antônio Ricardo* y el *preso*. Segundo, porque anula la presencia y existencia de los objetos y las mediaciones y relaciones que estos engendran. Al contrario de una "ausencia" o vacío semántico, la inscripción "búsqueda de antecedentes" y la profusión de artefactos materiales en los cuales ella fue anotada, deben ser observados en lo que podríamos llamar campo de positividades. Es ese su territorio y es él el que, por oposición, garantiza su existencia como una prueba material, toda vez que las fichas "en blanco" no ocupan archivos policiales.

La expresión "búsqueda de antecedentes" designa un conjunto de prácticas –formalizadas o no– directamente asociadas a la producción de artefactos materiales. Esa "asociación" es, al mismo tiempo, mucho más extensa y consistente que la de una relación entre prácticas sociales difusas, contingentemente asociadas a artefactos de conocimiento materializados y a procedimientos de criminalización. El significado no está oculto, algo velado, bajo

la expresión oscura y la materialidad que la torna visible.
Materialidad y significado no son una y otra cosa sino un
mismo objeto-concepto. Esa afirmación –amparada en
las reflexiones de Appadurai y en una posible lectura de
los objetos y las relaciones en las cuales están implicados
y, por otro camino, en Holbraad, Wastell & Henare, en
torno de una ontología de los objetos– será utilizada en
la problematización del uso de artefactos materiales en
investigaciones sobre prácticas policiales producidas a
partir de los archivos. Al mismo tiempo, siguiendo las
reflexiones de Marylin Strathern sobre el lugar que los
objetos etnográficos –sean ellos recolectados en Hague o
en la mesa de un burócrata en Cambridge– ocupan en las
prácticas de investigación situadas en los archivos, concibo
a los documentos, informaciones y los eventos que reifican
ciertos conocimientos acerca de las rutinas policiales como
artefactos.[4] De ese modo, en este texto los objetos serán
entendidos como relaciones, puesto que se enredan y se
refieren a varias otras cosas: prácticas, legislación, ciencia,
personas, autoridades, instituciones, etc. No hay una jerarquía cualquiera entre la producción de esas formas de
inscripción como *documentos* –supuestos portadores de
verdades– y los artefactos –creación, encuentro, multiplicidad y asociaciones–. Al contrario, al privilegiar los objetos,
mi intención es conceder especial atención a la forma a
través de la cual ciertas cosas fueron *hechas*: el lugar que

---

[4]   Appadurai, A.: "Introduction: commodities and the politics of values".
        En: *The social life of things: commoditization in a cultural perspective*,
        Cambridge University Press, Cambridge, 1986, pp. 3-63; Henare, A.: M.
        Holbraad, *et ál.*, "Introduction", en: *Thinking through things: theorising
        artefacts ethnographically*, Routledge, London, 2006; Holbraad, M.: "On-
        tology, Ethnography, Archaeology: an Afterword on the Ontography of
        Things", en: *Cambridge Archaeological Journal*, 19(3), 2009, pp. 431-441;
        Strathern, M.: "Artifacts of History: events and interpretations of images",
        en: Siikala, J.: *Culture and history in the Pacific*, Finnish Anthropological
        Society, Helsinki, 1990, pp. 25-44.

ocupan en los archivos y en el conocimiento producido a partir de ellas y no a expensas de ellas. Me interesa indagar cómo el artefacto fue hecho o rehecho innumerables veces y a partir de diferentes manipulaciones: un tipo particular de historicidad reside en el modo a través del cual las cosas son manipuladas, cambiadas, ubicadas y desplazadas, tornándose así aprehensibles en el caso de que sean observados algunos de los registros y marcas de esas intervenciones. Los procedimientos ligados a la producción de registros y documentos están entre las modalidades de manipulación tratadas a continuación, puesto que, como observa Riles, "son particularmente importantes en crear un sentido de tiempo e historicidad que permite nuestro conocimiento sobre cómo acontece la vida humana".[5]

La trama que implica a Sylvio será parcialmente descubierta a lo largo de dos caminos analíticos combinados, de orden etnográfico pero con implicaciones teóricas, desdoblados a continuación. Ambos parten de una premisa: la de que es posible tomar en serio la desconfianza del preso sin que con eso precisemos negar la creencia en la ciencia como un "error controlado".[6] Para eso, dejaré la ficción de lado y tomaré un punto de vista. No el del preso desconfiado ni el del identificador dubitativo sino el del objeto –la ficha de identificación– *creada* por ambos. ¿Qué sucede si tomamos en serio las implicaciones de la dimensión material de las prácticas

---

[5]   Riles, A. (ed.): *Documents: Artifacts of modern knowledge,* The University of Michigan Press, United States, 2006, p. 102.

[6]   Inclusive porque ella no parecía ser unánime entre los policías. En 1925, en el mismo periódico policial, un cierto W. Serrão observaba que "algunos investigadores antiguos que ya tuvieron su época de gloria no querían oir hablar de técnicas. 'Una tontería' dicen ellos. Y con lo que más discuten es con la dactiloscopía. No admiten en modo alguno que por la impresión se pueda identificar al individuo. Tienen una ojeriza, que no pueden sospechar, cuando alguien les habla sobre el asunto". En: "Escola de Polícia", *Vida Policial* II(43), 2 de enero de 1926, pp. 21-22.

policiales? Intentando responder a esta pregunta, voy a seguir algunas de las agencias que revelarán sus modos de fabricación y, por consiguiente, las relaciones en las cuales los objetos aparecen implicados.

Prácticas como objetos

Las informaciones sobre la edad y condiciones de la detención de Sylvio son imprecisas, pero están acompañadas de otras que procuran describir posibles señales corporales, marcas y características físicas. Componen una forma objetiva y necesariamente sucinta de recordarlo, inscrita en un artefacto de papel que a partir de tal evento lo acompañará cada vez que, por cualquier motivo, fuera llevado a una *delegación* y hubiera llenado una Ficha de Identificación Criminal. Aunque el formato de la ficha haya variado a lo largo del tiempo y entre diferentes instancias policiales, obedece a normas y procedimientos concebidos como científicos, orientados por la idea de que ciertos trazos físicos e informaciones acerca de la cualidad "civil" de una persona son capaces de singularizarla en cuanto individuo y ciudadano.[7] Más allá de varias entradas en

---

[7]   Su adopción comenzó a ser discutida en 1897. Los primeros modelos fueron inspirados en el patrón adoptado en la Argentina y, en virtud de un "convenio policial", formalmente utilizados por la Policía del Distrito Federal en 1903. Los varios campos buscaban el llenado de las siguientes informaciones: 1. estado civil, 2.examen descriptivo abarcador, 3. notas cromáticas, 4. descripción de particularidades individuales, 5. datos/impresiones digitales, 6. fotografia de frente y perfil. Segun Carvalho, esos datos serían, en su totalidad, subordinados a la clasificación dactiloscópica de acuerdo con el método instituido por el Dr. Juan Vucetich, considerándose para todos sus efectos la impresión digital como prueba más concluyente y positiva de la identidad del individuo, y dándosele primacía en el conjunto de otras observaciones, que servirán para corroborarla. "Las mediciones serán hechas de acuerdo con el método instituido por el Sr. Alphonse de Bertillon, adoptándose para el examen

"busca de antecedentes", en la *Hoja de Antecedentes* no hay indicaciones sobre el destino del preso después de la verificación. Es posible que no se haya iniciado ningún proceso contra Sylvio y que sólo los órganos destinados a registrar sus posteriores entradas por las *delegaciones* y gabinetes de identificación, manteniéndolos en un archivo criminal, posean indicios de los motivos que indujeron tales visitas.[8]

Es importante observar que fue a través de la inscripción de esa primera ocurrencia que determinadas informaciones sobre la "identidad" de Sylvio pasaron a poblar los archivos policiales. Ese hecho inaugural creó un precedente importante. Cuando, en 1926, Sylvio es nuevamente detenido, es acusado en dos procesos establecidos en dos *delegaciones* diferentes por "contravención de juego".[9] Aunque no haya sido condenado, los artículos del Código Penal anotados (n. 367) en su prontuario pasarían a caracterizarlo como un "contraventor". En 1927, policías del

---

descriptivo y para las señales particulares, cicatrices y tatuajes, el sistema de filiación denominado 'Provincia de Buenos Aires'". Ver Carvalho, E.: *L'organisation et le functionnement du Service d'Identification de RJ*, RJ, I.Nacional, 1914, pp. 7-8.

[8]   Arquivo Nacional (en adelante AN) - 181c - Félix Pacheco. Gabinete de Identificação e Estatística, 18 de mayo de 1906; ver también Regulamento do Gabinete de Identificação. Decreto n.º 6.440 de 30 de marzo de 1907. Colección Leis do Brasil, Imprensa Nacional, Río de Janeiro. Sobre el papel de los documentos y sus implicaciones para la vida de los cuidadanos, ver Carrara, Sérgio: *ob. cit.*, 1984, 49; Cunha, Olívia Maria Gomes da: *Intenção e Gesto: pessoa, cor e a produção cotidiana da (in)diferença no Rio de Janeiro, 1927-1942*, Arquivo Nacional, Río de Janeiro, 2002; y Cunha, O. M. G.: "The Stigma of Dishonor: individual Records, Criminal Files, and Identification in Rio de Janeiro, 1903-1940", en: Caulfield, S. *et ál.* (eds.), *Honor, Status, and Law in Modern Latin America*, Duke University Press, 2005.

[9]   Sobre la represión al juego y el cotidiano de las detenciones en el período, ver Chazkel, A.: "Beyond Law and Order: The Origins of the Jogo do Bicho in Republican Rio de Janeiro". En: *Journal of Latin American Studies*, 39(03), 2007, pp. 535-565.

equipo de Áttila da Silva Neves en ronda por la región del bajo meretricio nuevamente detienen a Sylvio en completa "ociosidad" y en "compañía de individuos nocivos, ladrones, jugadores de *chapinha*[10] y vagabundos profesionales".[11] La Oficina Central de Policía establece un proceso en contra de Sylvio y a través de él acabamos sabiendo un poco más acerca de su "identidad": fue descrito como casado, obrero, alfabetizado y, en ese entonces, de 24 años.

De esa acusación Sylvio se defendió, más tarde, contando como prueba de defensa con una carta manuscrita de su antiguo patrón, en la que lo reconocía como uno de sus empleados que "trabajaba en los días libres". Su conocimiento de la idoneidad de Sylvio parece haber sido suficiente. Entre la detención y la liberación transcurrieron veinte días sin que hubiese sido condenado. Durante todo ese tiempo fue mantenido preso en la Casa de Detención sin saber exactamente el motivo. Dos meses después, Sylvio es nuevamente detenido en la región del "bajo meretricio" por policías de la 9ª Delegación. Esa vez, su "detención por averiguación" culmina en un proceso por vagancia. Incluso habiendo presentado el recibo de alquiler que probaba que tenía residencia fija, es condenado a seis meses en la Colonia Correccional de Dos Ríos. Detenido y esperando su transferencia para Isla Grande, Sylvio resuelve apelar la sentencia con un pedido de atenuación de la pena. Pero recién en febrero de 1928, y ya en la Colonia, su pedido de *sursis* es aceptado y su pena suspendida.[12] Aparentemente,

---

[10] Juego de embuste realizado en espacios públicos con gran confluencia de gente: se coloca una bolita bajo uno de tres vasos, se los mueve rápidamente y el paseante debe adivinar bajo cuál de ellos se encuentra (N. de la T.).

[11] AN - 5ª Pretoria Criminal de Rio de Janeiro (PCRJ) 70.6844, 31/05/1927.

[12] La *sursis* era el instrumento legal que facultaba al detenido para solicitar el ablandamiento de la pena. Ver Cercchiaro, Luiz Vicente: *Dicionário de Direito Penal*, Universidade de Brasília, Brasília, 1974. Dos tipos de prueba podían atenuar la acusación de vagancia: la declaración

con todo, la orden judicial no podría ser cumplida. En un oficio al juez, el jefe de policía informa por qué no puede atender su pedido, que se debe a las pésimas condiciones de transporte entre la Colonia y el continente.[13]

Diez días después Sylvio es enviado a la ciudad y presentado ante el juez. Entonces es informado de la suspensión de su pena. Pero sus problemas no concluirían allí. En octubre de aquel año, la Corte de Apelación retrocede y suspende la concesión de *sursis* que lo había liberado en febrero de aquel mismo año. Por lo tanto, entre la última encarcelación y esa decisión, Sylvio tuvo nuevos problemas con la policía. Se encontraba en la Casa de Detención cuando tuvo la noticia de que su proceso había retrocedido –o sea, en vez de ser nuevamente procesado, el juez había revocado la decisión anterior–.[14] Se inicia entonces una intensa batalla judicial en relación a interpretar y validar la decisión del juez. Una primera cuestión es presentada por

---

de domicilio y de trabajo. Entretanto, en la mayoría de los casos, esas pruebas se mostraban inútiles frente a la creencia de los jueces en los registros contenidos en las Hojas de Antecedentes. Sobre la legislación de vagancia de 1890 y sus decretos posteriores, ver Piragibe, Vicente: *Consolidação das Leis Penais*, Imprensa Nacional, Río de Janeiro, 1932. Sobre la legislación y dinámica de represión a la vagancia, ver Cunha, O. M. d:, *ob. cit.*, 2002.

[13]   "En respuesta a su oficio... me cabe comunicar a V.Exa. que providencié sobre el regreso de los sentenciados Sylvio y Nair, para ser presentados a este juicio. Como, además, hay siempre dificultad en el transporte de esta Capital hacia la Colonia Correccional de Dois Rios y viceversa, todavía no puede ser satisfecha aquella exigencia, sobre la cual, de nuevo, ya providencié". AN - 5ªPCRJ P.382 - Cx. 870. 1927; Secretaria de Polícia del Distrito Federal, Salgado de Oliveira, 18 de febrero de 1928, p. 43.

[14]   Esa historia parece constituir un peligroso precedente, dado que son innumerables los casos de presos que aguardan juicio, presos ilegalmente en las mismas condiciones. Para una mayor comprensión de la jurisprudencia sobre la imposibilidad de un reo de ser procesado simultáneamente por dos procesos de la misma naturaleza, ver, "Jurisprudência", *Archivo Judiciário*, VII(552), 1927, pp. 245-246.

la defensa. Sylvio había cumplido mucho más tiempo de pena de lo que preveía la sentencia anterior (seis meses). El Ministerio Público es persuadido por los argumentos de la defensa e interpone una acción en contra de la decisión del juez de aquel pretorio por no haberle aplicado una nueva pena.[15] De las interpelaciones, debates y contra-argumentos entre fiscales y abogado defensor podemos saber en qué condiciones había sido nuevamente detenido Sylvio y acusado de vagancia. Una vez que Sylvio reincidiera en una misma práctica, el juez interpreta que está probada su "tendencia" a la *vagancia*. Habría sido ésta la justificación dada por el juez para la revocación de la pena. El resultado de esa discusión jurídica parece haberse

---

[15]   Las pretorias eran instancias locales creadas por la justicia del Distrito Federal a través del Decreto n. 1.030, del 14/11/1890. A cargo de un "juez pretor" y dos vocales, se dividían en 25 pretorias urbanas y suburbanas que tenían como atribución procesar y juzgar contravenciones, infracciones de posturas locales y ofensas físicas leves. En 1894 (Decreto n. 225, del 30/11/1894) fueron reducidas a 15, organizándose de forma de coincidir con los recortes político-administrativos de la ciudad –las feligresías. Una nueva alteración fue realizada en 1911 y las pretorias fueron diferenciadas entre "civiles" y "criminales", además de ser reducidas a 8. A través del Decreto n. 9.263 del 28/12/1911, los jueces de las Pretorias Criminales debían labrar autos de prisión en flagrancia, juzgar contravenciones (entre ellas, mendicidad, juego, embriaguez y vagancia), infracciones sanitarias, injurias verbales, ultraje al pudor, daños y ofensas leves. La última modificación de la legislación que se conforma dentro del período estudiado es la reorganización de 1923 (Dec. n. 16.273, 20/12/1923) que adopta el mecanismo de "distribución" de los procesos enviados por las *delegaciones* a las pretorias. Pasan entonces a obedecer a una lógica de alternancia y orden de distribución, abandonando la correspondencia geográfica y administrativa. En lo que atañe a las "contravenciones", los delegados tenían el derecho de iniciar y promover el proceso (ex-oficio, o sea, por la autoridad "en ejercicio" del cargo policial, sin interferencia o pedido de las partes), cabiendo al juez-pretor el juicio. La reglamentación de ese procedimiento se encuentra en el Dec. n. 628, del 28/10/1898, Art. 6., Coleção das Leis da República dos Estados Unidos do Brasil de 1899, Parte I, Imprensa Nacional, Río de Janeiro, 1902, p. 38.

pautado por la tentativa de los jueces de no colocar bajo sospecha las consideraciones de sus colegas. Los jueces de la Primera Egrégia Corte deciden anular la revocación de la pena y reemplazarla por una nueva condena por vagancia. En enero de 1929 Sylvio es condenado a residir un año en la Colonia Correccional de Dos Rios, por vago "reincidente" (n.400 del CLP).[16]

Sylvio ingresa a la Colonia y en abril del mismo año su abogado vuelve a apelar la validación de la *sursis* basándose en el hecho de que la suspensión de una sentencia de vagancia es legítima dado que el preso, en la época de la condena, no había "revelado un carácter perverso o corrupto". El juez "estudia" el caso en una evidente búsqueda de otros elementos agravantes que justifiquen su respuesta negativa al nuevo pedido. Es lo que se desprende del hecho de haber localizado inusitadamente otro proceso de Sylvio, la acusación de portación ilegal de armas, tramitada en el mismo pretorio: "En proceso de certificación... no puede hablarse de libertad bajo fianza ya que el detenido está preso preventivamente respondiendo a otro proceso".[17] Un nuevo pedido de libertad bajo fianza fue interpuesto, pero Sylvio permaneció preso hasta septiembre, cuando finalmente el juez atiende a la apelación de su abogado.

La prisión de Sylvio por portación ilegal de armas a la cual me referí había ocurrido en junio de 1928, o sea, al mismo tiempo que un juez resolvía revocar la suspensión de la pena de vagancia impuesta hacía casi un año y suspendida en febrero de aquel año. Las discusiones entre jueces y abogados se basaron en cuestiones puramente técnicas, no influyendo en la discusión lo que hacía a la legalidad de

---

[16]   La legislación que trata sobre la vagancia puede encontrarse en los siguientes decretos: 145 (1893), 628 (1899), 4.780 (1903) y 6.994 (1908). Ver Piragibe, *ob. cit.*, 1932.

[17]   Respectivamente AN - 5ªPCRJ P.382 - Cx.870. Ídem, p. 64.; y AN - 5ªPCRJ P.382 - Cx.870. 10 de julio de 1929, ídem, p. 68-69.

la práctica que motivó la prisión.[18] La diferencia era que, mientras que la contravención de vagancia comportaba prisión en flagrante, la de portación de armas era pasible de ser procesada en libertad. Así, Silvio ya estaba siendo procesado cuando es nuevamente detenido "en flagrante vagancia". El *tiempo* de tramitación del primer proceso parece haber sido más bien breve en comparación con la confusa discusión sobre la suspensión de la *sursis*. No sólo en el terreno de las complicadas discusiones técnicas en el campo del derecho sino, sobre todo, en las sutiles anotaciones hechas en su *Hoja de Antecedentes Criminales* –papeles que se tornarán fuentes, dotando de sentido a la vida "criminal" del acusado– el *tiempo* parece ser una categoría cara a aquellos encargados de su producción.

Es interesante notar que a pesar de todo el control que el Poder Judicial imagina detentar sobre la "historia criminal" de los acusados, a partir de la centralización de todo movimiento policial-judicial en los órganos de identificación –esto es, la obligatoriedad de registrar en el Gabinete las entradas y salidas de presos del sistema penal, fechas de juicios, marcha de procesos, prisiones preventivas, etc.–, los propios jueces desconocen el movimiento de los pretorios al punto de que un mismo detenido puede estar siendo el blanco de procesos distintos, sin su conocimiento. Informaciones detalladas sobre la situación del detenido sólo son posibles a través de una serie de demorados oficios y requerimientos. Esa situación contrasta con los informes de los jefes de policía y de los órganos de identificación enviados al Ministerio de Justicia, en los cuales la "contabilidad" de los servicios prestados por esas

---

[18]   Sobre la "creencia en la ley" y el "campo de derecho", ver Bourdieu, Pierre: "A força do direito: elementos para uma sociologia do campo jurídico", en: P. Bourdieu (org.), *O poder simbólico*, Difel, Lisboa, 1989, pp. 209-254.

instituciones aparece siempre relacionada a la creación, provisión y expansión de las informaciones mantenidas en los archivos. Al lado de la estadística, la referencia a los archivos supuestamente representa el completo control de la recaudación de recursos y tareas diarias ejecutadas por la policía. La situación de Sylvio, por lo tanto, parece indicar que, a pesar de esa imagen, los archivos no son fuentes apropiadas para dirimir dudas o constatar la "veracidad" de las informaciones relativas a las "entradas" y "salidas" de presos sino, al contrario, constituyen el lugar donde la *producción de la ocurrencia* adquiere existencia legal. O sea, los archivos policiales, y más directamente los archivos de identificación, no son apenas un lugar sino una tecnología que se destina a producir asociaciones entre personas, eventos, espacios y cosas, y no solamente para almacenar informaciones sobre su pre-existencia.

Es necesario indagar un poco más sobre las "elásticas" posibilidades de producción de un registro criminal. Pero antes de volver al caso de Sylvio puede resultarnos útil observar una de sus más comunes posibilidades, en lo que atañe a los procesos de vagancia. Incluso bajo la pluma de los escribanos, médicos y jueces, los acusados "hablan". Los procesos de vagancia son, sin embargo, documentos muy concisos en cuanto a esa posibilidad, dado que prescinden de la formación de un jurado y son, en gran medida, producidos por las instituciones policiales. Aún así, podemos observar que en los limitados espacios reservados a los presos hay una intrigante y constante referencia a la acción de la policía como responsable por la instauración de la acusación. Prácticas inscritas bajo el rótulo de "persecución policial" podían comprender situaciones diversas. Entre ellas, la posibilidad de "acusación" y su consecuente "registro" figura como una forma de penalización en contiendas ocurridas lejos de las miradas de la policía.

Entre enero de 1929 y mayo de 1930 un preso de nombre Arthur estuvo tres veces en la Casa de Detención. En todas las detenciones fue acusado de vagancia. La última vez fue citado como un individuo "bastante conocido" por los policías de la 14ª Delegación Policial. Del mismo modo que Sylvio, aunque nunca hubiese sido condenado, Arthur tenía su nombre registrado en los archivos de identificación. Frente al juez declaró que era empleado de un bar, lo que fue confirmado por su ex patrón. Pero el hecho de tener registros previos –referidos apenas como "antecedentes"– exigía de Arthur justificaciones más contundentes para explicar la coincidencia de tanta sospecha sobre su conducta durante un solo año. He aquí que Arthur, tal vez de propio puño, produce su defensa intentando probar que es una víctima más de la "persecución policial".

> ¡Recomienza el odioso proceso de persecución contra hombres trabajadores! (...) el presente proceso no es más que una miseria orquestada por la policía en asociación con la propietaria del barracón que ocupaba en la calle Visconde de Niterói –Morro de San Antonio– la que habiendo tenido con el acusado una desinteligencia (sic) consiguió con el investigador Julio Mineiro de la 18ª delegación policial su prisión, siendo después transferido a la Policía Central y de ahí a la 14ª delegación para ser procesado por vago.[19]

Es interesante percibir que en la justificación de la condena el juez se refiere a hechos poco explícitos en el proceso. Como por ejemplo el hecho de que Arthur había sido condenado por ofensas leves, por atender por el nombre de Joaquim, y por *vender bebidas a las meretrices* que frecuentaban una taberna de la calle Carmo Netto. Ninguna de estas informaciones aparece a lo largo del proceso. Aun más, la *Hoja de Antecedentes* y el *Auto de Flagrante*, aun cuando no tengan referencias claras a esos

---

[19]   AN- 5ª PC 70.11615 - 5/5/1930, p. 19.

hechos, son para el juez prueba cabal de la procedencia de la acusación. Arthur es condenado a quince meses de prisión en la Colonia. Inusitadamente, acaba siendo beneficiado por referencias a su "buen comportamiento" proporcionadas por parte integrante del propio sistema que lo incriminó. Para beneficiarse de las prerrogativas necesarias para la obtención del "indulto" que el entonces Gobierno Provisorio proporcionó a los presos acusados de infracciones "leves", Arthur tuvo el aval del director de la Casa de Detención.[20]

Tener "buenos antecedentes" era condición esencial para que, en el juicio, el juez se detuviese a analizar los varios elementos del proceso con más cuidado. Los reos reincidentes, cualquiera fuese la naturaleza y gravedad de los delitos cometidos, eran siempre individuos cuya sospecha inicial estaba ya plenamente comprobada debido al registro en el Gabinete de Identificación. Así, no resulta una sorpresa encontrarnos con un gran número de absoluciones entre los llamados "reos primarios" o, más seguramente,

---

[20]   El juicio de pedido de indulto era responsabilidad del Consejo Peniten-
       ciario de la Capital. Consistió en uno de los primeros actos de la elite
       política dirigida por Getúlio Vargas, que llega al poder en octubre de
       1930, reconociendo así los actos ilegales en la conducción de la política
       criminal por parte de las instituciones policiales: "El gobierno Provisorio
       autoriza a los jueces a indultar presos (...) así como delitos que la policía
       del Gobierno destituido, directa o indirectamente, por su organización
       y prepotencia provocara (...) son indultados los delincuentes primarios
       ya condenados por cualquiera de los crímenes de contravención pre-
       vistos en los artículos (...) el indultado, antes de ser puesto en libertad,
       comunicará al director de la prisión el lugar donde residirá, y el mismo
       director comunicará lo ocurrido a la autoridad policial de la misma
       localidad". Otros requisitos importantes para que el Consejo juzgase los
       pedidos: Hoja de Antecedentes suministrada por el Gabinete de Identifi-
       cación, "informaciones del director del presidio", autos del proceso y, en
       algunos casos, informe de "verificación médico-psíquica". Ver Relatório
       do Conselho Penitenciário do Distrito Federal - 1930/1931, Imprensa
       Nacional, Rio de Janeiro pp. 24-25; y Dec. n. 19.445, 1 de diciembre de
       1930, Coleção Leis do Brasil, Impresa Nacional, Distrito Federal, 1931.

aquellos que obtenían el "no consta nada" –una declaración asegurando que el sospechoso nunca había sido registrado en los órganos de identificación–. La justificación para ese "ablandamiento" en la penalización tenía, muchas veces, explicaciones de índole económica, que se mezclaban en un debate entre las instituciones judiciales y policiales. El juez de la Pretoria 5ª, en la sentencia que absolvió a la detenida Maria do Carmo, presa como *vaga* en la región de Mangue en 1931, ejemplifica de manera clara ese tipo de preocupación:

> (...) atendiendo a que la *vagancia* es un fenómeno socio-lógico, determinada por causas varias y de difícil investiga-ción; atendiendo a que, por lo tanto, sólo debe ser penada cuando es anti-social, esto es, cuando puede constituir un terreno preparado para los crímenes, o cuando afecta a los intereses del orden económico o de la seguridad social; (...) que la situación de *vagancia* de la acusada Maria do Carmo no convence al Juzgador acerca de que pueda afectar los intereses de dicho orden económico y mucho menos de la seguridad social, en vista de ser la acusada primaria (...) y de tener buenos antecedentes; atendiendo a que la situa-ción económico-financiera de la Nación no comportando gastos superfluos acarrea la dispensa de gran número de trabajadores de ambos sexos de las oficinas, de las fábricas y de las reparticiones públicas, redundando en un aumento de los que no tienen trabajo; atendiendo a que de acuerdo con las más actuales doctrinas del derecho, el Estado debe amparar a los que no tienen trabajo a fin de evitar el parasi-tismo social que, descuidado, se transformará en parasitismo anti-social, perjudicial al buen orden económico; (...) juzgo improcedente la acusación.[21]

El joven Joaquim no tuvo la misma suerte. Detenido en una ronda nocturna por los investigadores de la 4ª Delegación Auxiliar e identificado como *negro*, soltero,

---

[21] AN- 5ª PC 70.12199, 3/9/1931. Sentencia del juez Mário de Paula Fonseca, p. 20

analfabeto y *sin profesión*, es acusado de *vagancia* en marzo de 1927.[22] En el proceso de "calificación" del acusado, los investigadores que lo detienen afirman que se trata de "Africano": "vago contumaz, ladrón y alborotador peligroso, razón por la que ha sido detenido muchas veces en la 4ª Delegación Auxiliar (...) no tiene habilidad u oficio o profesión honesta, viviendo exclusivamente del producto del hurto y los robos que practica (...) siempre se lo encuentra en las calles del bajo meretricio en completa ociosidad y siempre se lo encuentra deambulando en pensiones de baja clase". Para refrendar la acusación, el delegado anexó a los autos varios objetos. Fichas de Identificación y el "prontuario del preso" producido a través de los "archivos" de aquella delegación.[23] Joaquim es descrito como el peligroso, vago y descuidista Africano, que vive de procesos ilícitos al *vagar por las calles sin domicilio u ocupación*, habiendo pasado ya 24 veces por el Registro de Vagancia. Esa información, aparentemente común en procesos de vagancia, no llamaría la atención si la *Hoja de Antecedentes* expedida por el Gabinete de Identificación y Estadística (GIE) no registrase apenas tres pasajes por "averiguación" en las delegaciones distritales sin acusación formal. La sospecha sobre la acción de la policía es la base sobre la que se montará la defensa de Africano.

---

[22]   AN- 5ª PC 70.7204 - Auto de Flagrante, 21/3/1927, p. 3.

[23]   La confección de fichas, archivos, prontuarios, galería de fotos, en fin, todo un arsenal de conocimiento/reconocimiento del "sospechoso", se torna una verdadera obsesión y sinónimo de "cientifización" de la institución policial. Un buen ejemplo en este sentido puede sacarse de la lectura de un manual producido por la Policía del Distrito Federal en 1939. Aunque dirigido a informaciones sobre individuos sospechosos de "actividades subversivas", instruía a las policías locales y principalmente de ciudades del interior a catastrar "vagabundos" ("individuos saludables, sin ocupación, por libre voluntad"), desocupados, abandonados ("ciegos, enfermos, lisiados"), mendigos, ebrios, etc. (SFSP 1939:39).

Africano, a través de su curador Wenceslau Barcellos, se dice víctima de la "persecución de la policía" y consigue probar que trabaja en Light, viviendo con su padre, un antiguo funcionario del Correo, además de hacer changas como cargador en las horas libres. Los mandatos de averiguación, sin embargo, no comprueban la inocencia de Joaquim. Apoyándose en las pruebas concedidas por los policías de la 4ª Delegación –registros y prontuario conteniendo informaciones sobre la "vida criminal" de Africano– el juez lo condena, obligándolo a "residir" un año en la Colonia Correccional de Dois Rios. El curador apela, insistiendo en la tesis de "persecución policial", y el caso llega a la Corte de Apelación, que da curso al pedido. En este caso, la defensa llama la atención sobre el valor probatorio de la *Hoja de Antecedentes*, en oposición al carácter particular y, sobre todo, movido por intereses personales, de los testimonios policiales. El registro producido por el Gabinete de Identificación es entendido como fuera de sospecha, aunque su "producción" esté íntimamente ligada a la intervención de los policías. La absolución del juez, entre tanto, no libra a Africano de las miradas de los investigadores de la misma delegación.

No siempre la caracterización de lo que los acusados y abogados de la defensa refieren como "persecución policial" puede ser adeudada a la tenacidad de las autoridades de una delegación determinada. Ciertamente, el papel de la 4ª Delegación Auxiliar es fundamental para que comprendamos la construcción de la *vagancia* como un "peligro social" en el período, pero, aun así, su acción debe ser relativizada por un aspecto poco destacado: la dimensión personalizada de ciertas acciones policiales, lo que no disminuye las implicaciones institucionales relacionadas a su papel social, sino que apenas lo enriquece en el sentido de matizar su supuesta irreductibilidad legal.[24] En el caso de Arthur, las informaciones "ad hoc" fueron responsables de su incriminación. En el caso de Africano, su "Hoja de Antecedentes" es usada a su favor. En cuanto a Sylvio, esa posibilidad será incapaz de cambiar su destino dentro del engranaje penal. Un detalle, aparentemente sin importancia debido a su ocurrencia en procesos de este tipo, fue capaz de alterar el tránsito de Sylvio por las instituciones policiales. En la acusación de juego, nuevos elementos fueron sumados al "perfil criminal" de Sylvio. Además de haber sido "reconocido" por los policías por su supuesto apellido, fue detenido por la portación de un arma.

> (...) cerca de las veintiuna horas en la calle Estácio de Sá, esquina Conselheiro Pereira Franco, asistió su colega a efectuar la detención del acusado presente que conoce vulgarmente por el nombre de Brancura [Blancura] y que se sabe llamar Sylvio, porque el mismo estaba armado con una navaja, que traía en el bolsillo del chaleco y en lugar visible; que el arma referida fue arrancada, dada y aprehendida, siendo el acusado presente conducido a esta repartición (...) que el deponente conoce al acusado desde hace mucho tiempo y sabe que es un vago contumaz y jugador profesional.[25]

Al principio, la referencia explícita a Sylvio como "vulgarmente Brancura" no parece un dato particularmente distinto. Son muchos los "sobrenombres criminales" que hacen referencia al "color de piel" de los acusados.[26] De todos modos, al ser adscrito a otras informaciones sobre la identidad de Sylvio –anotadas en fichas–, la misma

---

[24]   Sobre el papel de la 4ª Delegación, ver, Pinheiro, P. S.: *Estratégias da Ilusão*, Companhia das Letras, São Paulo, 1991; Bretas, Marcos Luiz: *A Guerra nas Ruas*, Arquivo Nacional, Río de Janeiro, 1997; y Cunha, Olívia M. G. da: "Os domínios da experiência, da ciência e da lei: os manuais da polícia civil do Distrito Federal, 1930-1942", en: *Estudos Históricos*, 1998, 12, pp. 235-264.

[25]   AN - 5ªPCRJ 70.8291, 21 de junio de 1928. p. 2.

[26]   Cunha, Olívia M. Gomes da, *ob. cit.*, 2002, p. 78.

referencia inducirá a policías y jueces a una lectura singular de los casos juzgados. Voy a interrumpir la trama y
a dar lugar a las interpretaciones que los jueces y policías
conferían a la caracterización de vagancia. A partir de
ellas podremos comprender mejor el lugar que ocupan
los artefactos materiales.

Archivos: de cerca

No sólo los policías interpretaban los textos legales
para producir registros de vagancia en archivos criminales,
sino que los juristas interpretaban los números contabi-
lizados por los órganos de identificación para discutir la
propiedad de la ley que penalizaba a individuos que se
negaban a trabajar. No es mera casualidad el hecho de
que las primeras medidas jurídico-policiales, como por
ejemplo el incremento de los sistemas de identificación y
la preocupación por la reincidencia, sean simultáneas al
inicio de las discusiones tanto sobre las supuestas causas
hereditarias y orgánicas de la vagancia como de la necesidad de racionalizar y tornar científica la tarea policial. La
producción de los archivos y de las estadísticas policiales
son resultado de ese complejo campo de debates en torno
de ideas criminológicas y derecho positivo.

Si comparamos el caso de Sylvio con situaciones se-
mejantes, posiblemente vivenciadas por hombres, mujeres
y niños que compartían características sociales y físicas
comunes en las primeras décadas del siglo XX en la entonces capital del país, podremos inferir acerca de la gran
probabilidad de que personas como Sylvio fueran vistas
por los policías como "individuos sospechosos". Aun sin
definiciones legales y ninguna estandarización en cuanto
a la forma de describirlas, tales informaciones instruían la
lectura y la evaluación de los jueces acerca de la procedencia

de un proceso de "contravención" en curso. Curiosamente, también fue blanco de debates entre los "hombres de ley": ¿en qué situaciones alguien podría ser detenido sin que hubiese cometido algún crimen o contravención? ¿Cuáles eran las actitudes y comportamientos que sugerían que un individuo pudiese cruzar las puertas de una delegación policial para que se averiguaran sus "antecedentes"? ¿Por cuánto tiempo podría permanecer detenido hasta que ese proceso acusatorio/de investigación llegase a término?[27] ¿Por qué individuos llevados a las delegaciones para esa finalidad acababan invariablemente siendo acusados de "vagancia"?[28]

Observando con cuidado el debate jurídico que se extiende de la reglamentación de algunos dispositivos del Código Penal de 1890 hasta su completa reformulación en 1940, podemos percibir que ese debate nunca llegó a un consenso. Al contrario, recibió interpretaciones distintas que emergían en forma conflictiva siempre que los abogados de la defensa o los curadores de acusados de vagancia utilizaban el Código Civil –en los artículos relativos a las "libertades individuales"– para contraponerse a lo que entendían que incurría en prácticas ilegales: las *interpretaciones*

---

[27]   La práctica de transferir detenidos en flagrancia, en prisión sin "nota de culpa" (calificación del artículo del Código Penal en la cual el reo estaría incurso y que debería ser "labrada en cartorio" y enviada a la justicia en un máximo de 24 horas), para otra delegación de policía, era bastante conocida y fue ampliamente denunciada en los procesos. "*A justiça coadjuvando a polícia, na prática de ilegalidades*", *Revista Criminal*, IX(40):180, 1934.

[28]   Según el jurista Viveiros de Castro, "la palabra contravención tiene diferentes sentidos en la lengua jurídica. *Latíssimo Sensu*, significa toda falta (*venire-contra*) a una obligación, que derive de una ley, de un reglamento, que derive de un contrato". En Dalloz, la interpretación de la vagancia como "antesala" del crimen parece haber subsistido a los códigos penales posteriores. En un diccionário de derecho penal publicado en 1974 es definida como infracción que "genera la presunción de peligrosidad". En: Cercchiaro, Luiz Vicente: *ob. cit.*, 1974, p. 509.

de los policías de algunos dispositivos del Código Penal. Esa discusión también fue blanco de un tímido debate a lo largo de las discusiones que antecedieron a la reforma del Código Penal en 1940.[29] Así, es imposible traspasar la barrera de los archivos policiales e intentar entender la naturaleza de las "prácticas" que servían de justificaciones para tales registros sin considerar lo que llamé extensión en el inicio de ese texto. Al contrario, es posible imaginarnos su propia construcción, en tanto conjunto de conocimientos en torno del llamado "estado de ocio", ricos en significados y usos dentro de las esferas jurídico-policiales, atendiendo a la sobreposición de visiones y perspectivas en torno del objeto y las maneras a través de las cuales debería o podría ganar una expresión *material*.

---

[29] Projectos de reforma del Código Penal Brasileño fueron iniciados luego de su promulgación en 1891. Tres años después de su entrada en vigencia en 1893, la Cámara Federal vota favorablemente un proyecto de reforma. En 1913 y 1923, respectivamente, los juristas Galdino Siqueira y Chrysólito de Gusmão escriben proyectos no adoptados. Es sólo en 1927 que el desembargador Virgílio de Sá Pereira es llamado por el Presidente Arthur Bernardes para redirigir un ante-proyecto. La primera versión es alterada con la inclusión de Evaristo de Morais y Bulhões Pedreira en la comisión de reforma, luego del movimiento de 1930. El texto final es aprobado en 1940. Hasta esa fecha sufrió innumerables revisiones hasta que llegó a manos del responsable de su formato definitivo en 1938: Alcântara Machado. En otro texto, analizo más detalladamente las discusiones referidas a las interpretaciones de la categoría de "vago" y del concepto de "vagancia". Ver Cunha, Olívia Maria Gomes da: *ob. cit.*, 2002. Sobre la represión a la vagancia en Río de Janeiro, ver Chalhoub, Sidney: "Vadios e Barões no ocaso do Império: o debate sobre a repressão da ociosidade na Câmara dos Deputados em 1888", en: *Estudos Ibero Americanos*, 1983, pp. 1-2; Chalhoub, Sidney: *Trabalho, Lar e Botequim - O cotidiano dos trabalhadores no Rio de Janeiro da Belle Epoque*, São Paulo, Brasiliense, 1986; Mattos, Marcelo B.: *Vadios, Jogadores, Mendigos e Bêbados na Cidade do Rio de Janeiro no início do século*, Tesis de Maestrado, Universidade Federal Fluminense, 1991; y Vianna, A. d. R.: *O mal que se advinha: polícia e menoridade no Rio de Janeiro, 1910-1920*, Arquivo Nacional, Río de Janeiro, 1999.

Esa perspectiva nos remite a otra dimensión de las prácticas de identificación. Más que revelar nombres, expresiones e identidades, los registros de vagancia conforman un singular tipo de memoria que sólo gana existencia como parte de una serie, colección o fichero compuesto bajo la forma de un archivo. Y en lo que dice respecto a la producción de "historias" sobre individuos e instituciones de vigilancia y represión, (re)construidas en el tiempo bajo la forma de *registros de identificación*, los archivos de esa naturaleza se prestan a usos más inmediatos. Así, en vez de una discusión sobre el papel y el uso de esas informaciones en las investigaciones sobre las instituciones de seguridad y los individuos que fueron blanco de su intervención, la trama de Sylvio me permite considerar las implicaciones de su existencia y usos en la producción de "carreras criminales". Es decir, la actividad cotidiana de anotar, fichar y clasificar individuos con fines identificatorios constituyó una "rutina" importante en el trabajo policial. Su tarea consistió, en gran medida, en proyectar sobre el futuro una memoria sobre los individuos que no pudiendo justificar su vínculo con el "trabajo" atraviesan las fronteras socialmente contaminadas de las delegaciones policiales. El registro de esas entradas dará inicio a la producción de una historia moral de la persona, ahora marcada por tal experiencia, vista como socialmente degradante. Esa transformación legal fue largamente justificada en los debates jurídicos como medida que pretendía "corregir" la *recusa voluntaria* al trabajo. A partir de la comprensión de algunas de las circunstancias que justificaban las detenciones por vagancia y su transformación en "registros" que pasaban a identificar a algunos individuos criminalmente, podemos inferir sobre lo que las instituciones jurídico-policiales imaginaban caracterizar como el reverso de la condición de "trabajador", asociada a representaciones sobre el color y la moralidad. La confluencia entre historia y memoria en la construcción de un tipo diferencial de persona, asociada a la producción de artefactos materiales, también fue objeto de los debates jurídicos.

Un ejemplo interesante es la categoría *vago* y la manera por la cual conecta la producción de registros y el debate jurídico. De un lado, cada vez más será empleada en oposición a la categoría *trabajador*, ya no caracterizando una situación de contingencia, sino como forma de calificar la *recusa* al trabajo. Dado que esa negación implica sanciones, el adjetivo *vago* pasa a incorporar un sentido criminalizante tanto en los textos jurídico-policiales como en los médico-legales.[30] Su banalización y naturalización fueron tan intensas en las primeras décadas del siglo que los primeros análisis sobre el tema invariablemente giraban en torno de diferentes interpretaciones de la ley. La figura del *vago*, ya criminalizada en las legislaciones penales anteriores, sufre una especie de "doble contaminación" y gana sustancia en los análisis que la sitúan entre una "práctica" y un "modo de vida". De ahí se desprende que el *vago* pasa a ser "reconocido" e "identificado" como un no-trabajador potencialmente peligroso y, por lo tanto, diferente del "desempleado". En gran parte de los procesos de *vagancia* analizados por mí, la referencia a la posibilidad de una situación temporaria de "desempleo", o aun de inscripción de la información "desempleado", es utilizada muy tímidamente. Jueces y policías parecen suponer que el *no-trabajador*, irremediablemente, implicaría *ocio* y *vagancia*.[31]

---

[30] El debate sobre la identificación criminal conecta esferas jurídicas y médico-legales. Ver Carrara: *ob. cit.*, 1984; y Cunha: *ob. cit.*, 2002.

[31] La problematización de la penalización del no-trabajo en Brasil está fuera de los propósitos de este texto. Aun así, vale observar que no estuvo limitada a la esfera del campo penal. Los debates en torno de la Constituición de 1934 fueron prueba de que, lejos de despreciarlas, el Estado las eleva a realeza y símbolo de la legalidad del régimen.

Al mismo tiempo, la categoría *vago* fue reapropiada por el discurso médico. Las causas de "ocio" son debidas a un "estado" que debe ser examinado a través de la observación de la complexión física, de la ocurrencia de *molestias mórbidas*, de los "impulsos" anti-sociales, de lo *histórico-familiar*, de vicios como el alcoholismo, de la susceptibilidad o flaqueza físico-moral que torna a ciertos individuos vulnerables a fenómenos psicológicos como la "sugestibilidad", la "contaminación", etc. Finalmente, se nota una re-ubicación del lugar conferido a los individuos "sin trabajo" a través de una nueva inscripción identitaria.[32] Como llamé la atención en el inicio de la atribulada relación de Sylvio con las instituciones jurídico-penales, la atribución de "identidades criminales" encierra varios niveles de contribución, asociando agencias diversas. De los policías a los jueces, todos los interlocutores a lo largo del rito procesal tienen algo que decir sobre aquellos que

---

Principalmente en lo que se refiere a la imposición de un modelo de ciudadanía estrechamente ligado a la valorización de la identidad del *trabajador*. El artículo 103 del proyecto constitucional de 1933 es muy claro a este respecto: "*Todo individuo, salvo imposibilidad física tiene el deber de trabajar*". 'Projeto de Constituição para a República dos Estados Unidos do Brasil - Assembléia Nacional Constituinte, 16 de noviembre de 1933'. En: República dos Estados Unidos do Brasil. Constituições do Brasil; acompañada de enmiendas constitucionales y proyectos, Imprensa Nacional, Río de Janeiro, 1947.

[32] Aunque aludiendo a un contexto diverso, ese proceso puede ser pensado como expresión de lo que Robert Nye, analizando el contexto francés del final del siglo XIX, llamó "'medicalización de la vagancia" (1984:173). Para una visión más amplia sobre las conexiones entre políticas de combate al desempleo y represión a la vagancia ver, respectivamente, Nye, R.: "Crime in Modern Societies: some research strategies for historians", en: *Journal of Social History*, 11, 1978, pp. 490-507; Nye, R.: *Crime, Madness & Politics in Modern France*, Princeton University Press, Princeton, 1984; O'Brian, P.: "Crime and Punishment as historical problema", en: *Journal of Social History*, 11, 1978, pp. 508-20; Topalov, C.: *La invention du chomage. politiques sociales au début du XXeme siècle*, Les Tempes Modernes, 1978, pp. 496-497.

suponen contraventores. Hasta el momento mismo de ser utilizadas "técnicas científicas" para la atribución de identidades, se debe referir a ciertas señales y atender a sus criterios de señalización. Estas marcas serán pasibles de varios tipos de indexación. Procedimientos que no anulan la posibilidad de que la figura de *vago* tenga una relevancia previa en otras esferas.

Es en los proyectos reformadores que pululan en el campo penal que vamos a encontrar un interesante debate acerca de cómo definir la práctica de *vagancia* y cuál es la mejor forma de "controlar" su interpretación, para sólo entonces penalizarla. Vale decir que ese "conocimiento" acerca del problema es suministrado tanto por la experiencia de algunos legisladores en instancias judiciales –Pretorias y Cortes de Apelación, donde se tramitan tales procedimientos– como por la caracterización de habitualidad de la práctica –el análisis deductivo y, principalmente, contable de la *reincidencia*–. En este sentido, la producción de fichas y artefactos materiales se presta a usos que sobrepasan las prácticas exclusivamente policiales.

La construcción de la figura de *reincidente* como un "mal social" en Brasil estuvo íntimamente ligada al proceso de implantación de aparatos "científicos" dentro de instituciones policiales: los archivos, las fichas, los índices criminales, etc. Como vengo mostrando, el llamamiento a la introducción de nuevas técnicas fue direccionado hacia la sofisticación de los mecanismos de aprehensión e interpretación de la "realidad" presente en las calles y en las cárceles. Hasta la creación del Consejo Penitenciario del Distrito Federal, en 1924, la estadística criminal estuvo sujeta exclusivamente a los técnicos del Gabinete de Identificación. Con la alteración de esa distribución, el descompás entre los números "levantados" por los organismos policiales y las instancias judiciales aparece de forma explícita. Además de la contabilización de "presos" y "procesados", hubo problemas en el contraste del volumen de personas que aguardaban juicio, bien como con aquellas detenidas y cuyo registro de detención o liberación no llegaba a las autoridades a las que competía su regularización. Tenemos entonces lecturas diferenciadas y muchas veces contradictorias de los registros y fichas que comparan la reincidencia y, por consiguiente, la posibilidad de "regeneramiento" del *vago*. Se debe observar, además, las diferentes lógicas que orientaban la producción de estos índices. En lo que se refiere exclusivamente a la *vagancia*, se percibe una gran oscilación en el interés de las autoridades policiales por registrar su aumento. Como mostró Bretas, algunas discrepancias en los números indicados pueden atribuirse a la propia descentralización de las delegaciones, las transformaciones urbanas y el interés por revestir a prisiones ilegales de las formalidades de la ley. Sin embargo, la figura del *vago* es siempre producida en las delegaciones.[33] En cuanto a la caracterización de la "reincidencia", tenemos que poner en relieve otras intervenciones importantes: al Gabinete de Identificación le cupo el papel contable y al judiciario el de interpretar la "repetición" del delito.

Para los autores implicados en la tarea de identificación, la idea de caracterizar al "reincidente" como "predelincuente" sólo era posible si los registros de delito eran considerados bajo el aspecto "científico". Sólo así, a través de la organización y los métodos adoptados en el Gabinete, se podía revelar la cara del *incorregible*. Bajo el punto de vista jurídico, el debate se asentaba sobre otras bases. ¿Qué era, de hecho, lo que caracterizaba la reincidencia? ¿Repetir el mismo delito o ser detenido más de una vez? Los interminables debates sobre la cuestión dejaron fuera la discusión sobre el aspecto "científico" de los datos

---

[33]   Bretas, Marcos: *Ordem na cidade*, Rocco, Río de Janeiro, 1997.

tomados, reivindicado por los teóricos de la identificación y cuya credibilidad parecía ser intocable. El jurista Almir Madeira argumentaba que el aumento de la reincidencia revelaba la imposibilidad de que las sanciones penales resistieran la "incorregibilidad". No importaba qué delito y circunstancias fueran registrados en los prontuarios de identificación, sino la revelación de una "tendencia" y flaqueza "moral". El "reincidente" de *vagancia* revelaba, de forma innegable, la ineficacia de la corrección. Madeira se apoyaba en los datos recogidos por el entonces director del Gabinete de Identificación –Leonídio Ribeiro– que no especificaban las condiciones de esas detenciones ni diferenciaban los "detenidos" o "condenados".[34]

El jurista Ary Franco –apoyándose en su experiencia como juez pretor– reivindicaba medidas más enérgicas para tratar esta cuestión. Importa destacar que los llamamientos de Franco se inscriben en la mejor tradición de criminología "positiva" *á la brasileña* y es en ese punto que se distingue de los diagnósticos que claman sólo por reformas administrativas. El principio de *defensa social* es el que justifica la aprensión del *vago* como individuo cuyo comportamiento presupone un peligro eminente para la sociedad, por lo tanto, "está fuera de duda que asiste a la sociedad el derecho de imponer a sus miembros el deber de trabajar, no sólo para su conservación y bienestar, sino también como beneficio a su patria".[35] Es importante resaltar que entre otros autores que se dedicaron a analizar las implicaciones penales de la "recusa voluntaria al trabajo", Ary Franco se destacó principalmente por conectar la idea de orden y *bienestar social* a un proyecto más amplio de

---

[34]   Madeira, Marcos Almir: "Da reincidência face às novas tendências penais", en: *Revista de Direito Penal*, 1(1), abril 1933, pp. 358-370.

[35]   Franco, Ary: *Aspectos legaes e sociaes da contravenção de vadiagem*, Alba, Río de Janeiro, 1930, p. 9.

construcción nacional. Será él el responsable de la difusión de un nuevo concepto de pena, y se distinguirá entre los penitenciaristas como difusor de "regímenes semi-abiertos" –donde se pone en ecuación pena y corrección a través del trabajo–. Pero es en la profundización del concepto de *peligrosidad* en el tratamiento de la *vagancia* que la tesis de Franco merece ser brevemente referenciada para que entendamos las discusiones aparentemente técnicas y contables que orbitaban en torno a las varias detenciones de Sylvio.

Como en otros autores, juristas y contemporáneos de Ary Franco, cualquier consideración sobre una determinada *naturaleza criminal* era pasible de *clasificación*. Por lo tanto, al contrario del principio taxonómico que regulaba las maneras de identificar y diferenciar al "vago" del "incapaz", en su confusa clasificación tuvo poca importancia un aspecto bastante enfatizado por los autores: los estados de *miseria*, la *pobreza* y la *falta de empleo*. Como caras de un mismo problema, *mendigos* y vagabundos "capaces" e "incapaces" fueron clasificados indistintamente. Tenemos entonces nueve "clases" de individuos ordenadas a través de diferentes aspectos patológicos: 1) *los liberados*; 2) *los mutilados de diversas especies*; 3) *los alcohólicos inveterados*; 4) *los viejos*; 5) *los menores desamparados*; 6) *los débiles de voluntad, los anormales de inteligencia*; 7) *los revoltosos (que no consiguen realizar sus aspiraciones y le atribuyen a la sociedad sus fracasos)*; 8) *los francamente inadaptados a la vida social (sus tendencias brotan en un medio corrupto)*, y 9) *los perezosos (que los torna absolutamente incapaces de un gesto de energía o de un acto que revele su virilidad moral)*.[36]

Es ante ese cuadro que Franco, apoyándose en los estudios hechos por Heitor Carrilho en el Manicomio Judicial

---

[36]   Franco, Ary: *ob. cit.*, 1930, p. 16-17.

sobre la incidencia de vagos entre los "psicópatas", defiende la adopción de una serie de medidas profilácticas apoyadas en la instrucción primaria y profesional, en la *corrección de taras psíquicas y biológicas*" y en "*la orientación profesional en las escuelas*".

Ante el aumento de recidivas, el propio Carrilho constataba que no había más salida en el campo penal: "Leo constantemente en los diarios, en hartos comentarios las hazañas y las acciones anti-sociales de los viejos conocidos de la policía (...) procesados, condenados a penas cortas, vuelven en breve a cometer nuevas infracciones. Qué útil sería para la Sociedad que tales reincidentes fuesen examinados desde el punto de vista antropológico y médico para la aplicación de una terapéutica penal adecuada (...)".[37]

Ary Franco defiende la inclusión de la noción de *peligrosidad* en el nuevo Código como consecuencia de la imposición de mecanismos de prevención social. Es preciso identificar a los *vagos* y la legislación debe establecer los medios de prevención de la criminalidad entre aquellos que mantienen hábitos nocivos para la vida social.[38] Así, si hay "predisposición" y la "reincidencia" es una manera contundente y legal de configurarla, el registro de "averiguación de los antecedentes" pasa a ganar autonomía como condición agravante del proceso de criminalización. En la discusión sobre recidivismo realizada en el Congreso Internacional de Criminología en 1955 en Londres, el entonces ex-director del Instituto de Identificación rememoraba las transformaciones emprendidas por él en el órgano, resaltando justamente la represión "científica" de la reincidencia.

[37]   Carrilho, Heitor: "O livramento condicional em face dos antecedentes psicopáticos dossentenciados", en: *Arquivos Penitenciários do Brasil*, I(1-2), 1940, p. 37.
[38]   Gomes, Helio: *Medidas de Segurança e perigosidade em face a psychiatria*, Typ. do Jornal do Commércio, Río de Janeiro, 1933, p. 42.

Es el individuo anormal que no se intimida con penas, ni con castigo, volviendo dos tercios de ellos a la práctica de acciones anti-sociales, dentro del plazo de cinco años, como máximo. Son criaturas predispuestas a la criminalidad, y que se inician a la vida criminal desde la juventud. Es entre ellas que se desenvuelven, con más frecuencia, el vagabundaje y el vicio, que luego acarrean la miseria y la ignorancia, caldos de cultura donde se cría la masa de criminales reincidentes que llenan las prisiones y pesan en los presupuestos de las sociedades civilizadas (...) bastaba que procurásemos, por todos los medios idóneos y científicos, descubrir, precozmente a todos los que, en el seno de la familia, en las escuelas y en las oficinas, presentan desvíos de conducta y anormalidades físicas y morales, revelando tendencias anormales o patológicas latentes o declaradas, visibles u ocultas, para la práctica repetida de pequeños delitos o reacciones criminales. Es preciso descubrir y reconocer, sin tardanza, ese grupo socialmente peligroso de individuos considerados como pre-delincuentes.[39]

Objetos como prácticas

Como dije al inicio del texto, los archivos criminales son un buen lugar a partir del cual podemos indagar sobre la naturaleza de los eventos que llevaron a los individuos acusados de "vagancia" a las delegaciones policiales de Río de Janeiro alrededor de los años treinta. Lo que hace posible imaginarnos, a partir de la lectura de algunos registros y artefactos de papel anexados a los procesos que pasaron por las Pretorias Criminales, un repertorio bastante elástico de clasificaciones sociales que eran utilizadas en la composición de "carreras criminales" de los individuos

---

[39]   Ribeiro, Leonídio: *O novo código penal e a medicina legal*, Livraria Jacinto, Río de Janeiro, 1942, p. 37.

detenidos.[40] A partir de su observación podemos diseñar un esbozo, un diseño incompleto, de cómo esos individuos eran vistos por la institución policial. Como los casos de Brancura, Africano y Arthur parecen sugerir, el vínculo comprobado con el trabajo parece tener un papel determinante en los rumbos del proceso. En gran parte de los procesos analizados encontré acusados intentando comprobar su vínculo con alguna actividad, en general del mercado informal, para lo cual contaban apenas con la voluntad de los propietarios del pequeño comercio –dueños de tiendas, dueños de tabernas– en testimoniar que eran sus "conocidos" o patrones. En general, tal actividad fue ejercida anteriormente a la prisión y ya no había cómo comprobar tales ligazones. Muchos alegaban entonces estar momentáneamente imposibilitados de trabajar. Como determinaba la ley, todos los acusados de vagancia debían ser enviados al Instituto Médico Legal, para que los médicos procediesen a un "Examen de Validez", en el que verificarían la "aptitud" físico-mental del preso para el trabajo. En esos informes, encontré una referencia a una práctica corriente –presente también en la música popular y en las memorias de delegados de policía–: el examen de las manos de los considerados "vagos". El médico legista Miguel Salles, por ejemplo, declaró en el informe del preso Nelson Rodrigues, conocido por el mote de "Urubú", que éste se hallaba "apto

---

[40]   En mi libro analicé detalladamente 400 procesos de vagancia instaurados en la 5ª Pretoria Criminal de Río de Janeiro, Distrito Federal, entre 1927 y 1936. Del total de procesos consultados, 86,75% fueron instaurados contra hombres y 13,25% contra mujeres. La gran mayoría de los procesados se encuadraba en la franja etaria que va de los 18 a los 25 (44,25%) y de los 25 a los 36 (32,25%) años de edad. Los menores corresponden apenas al 4,00% de la muestra. Entre los procesados, 93,25% eran brasileños y los 6,75% restantes, extranjeros. Aunque el caso de Sylvio/Brancura no haya sido trabajado allí con los detalles presentados en este texto, fue en aquel contexto que ese material fue analizado por primera vez. Cunha, Olívia M. G. da: *ob. cit.*, 2002.

para el trabajo, cuyo ejercicio se verificaba por sus manos, con gran cantidad de callos". Una vez comprobada su aptitud física, los detenidos eran entonces enviados al Gabinete de Identificación y, a partir de 1932, al Instituto de Identificación, para ser identificados y para que se levantase su "Hoja de Antecedentes". Además de esas instancias, el juez podía exigir a la policía que procediese a las investigaciones o averiguaciones acerca de la veracidad de las informaciones aportadas por los acusados. A partir de ahí, estaban listas las piezas básicas que instruirían al juez en relación al incurrir de los sospechosos en la contravención de vagancia. Eran las declaraciones del detenido, frente a los registros irrefutables de los hombres de la identificación. Una singular secuencia de asociaciones en las cuales los artefactos de papel, las personas, los eventos, la legislación y la ciencia se constituían mutuamente. La identificación era interpretada, como nos mostró Sérgio Carrara, como una especie de marca criminal, indeleble, y que acompañaría a cada individuo para siempre, informando a las autoridades policiales acerca de sus "antecedentes".[41] O sea, al revés de una "representación", marca icónica de la personalidad, el objeto que definía los límites y los significados del sujeto.

¿Cómo era transformada la condición de "trabajador" a lo largo de los procesos? En relación a las ocupaciones encontré una gran variación en las informaciones que eran supuestamente prestadas por los detenidos, ocurriendo a lo largo de las varias fases que comportan un proceso. Había una serie de expresiones que podían significar que el detenido, en el momento de la detención, trabajaba, aunque tales actividades no aparecían especificadas. Tal preocupación podía indicar tanto la tentativa del detenido por no ser calificado como "vago", como de los identificadores en abrir un margen de negociación en torno de su

---

[41]   Carrara, Sérgio: *ob. cit.*, 1984.

posible –mas no "comprobable" – identidad de trabajador.
Del total de procesos que consulté, en un 22,75% de los
casos los reos no aportaron ninguna referencia en relación
al vínculo, formal o informal, con el trabajo, y un volumen
ínfimo (0,75%) dijo estar desempleado. Entretanto, me
llamó la atención la cantidad enorme de individuos que,
según la policía, desempeñaba algún tipo de actividad en
las calles. También es posible que las categorías "operario" y
"trabajador manual", que aparecen muy poco en el volumen
de procesos consultados, encubran tanto actividades no
especializadas, o aun el ejercicio de algún tipo de empleo
formalizado. Las categorías ocupacionales informadas en
el *Interrogatorio del reo*, a su vez, guardan algunas diferencias con las que son informadas por los policías en el "auto
de calificación" y en el relleno de la Ficha Dactiloscópica.
Vienen revestidas de "detalles" e informaciones ad hoc
que sirven de elementos de defensa de los acusados, su-
giriendo que el juez exija su comprobación a través de la
averiguación. En las Fichas Dactiloscópicas, al contrario,
las informaciones referentes al "empleo" son dejadas invariablemente en blanco. Aun así, es curioso notar, entre las
Fichas llenadas, una menor cantidad de presos que ejercen
su profesión en las calles. En las ocupaciones ejercidas en
las *calles o no calificadas*, como por ejemplo "trabajador
manual", "cargador", "limpiabotas", "vendedor de feria",
etc., encontré un total de 16,50% de los presos. Entre los
"operarios", *trabajadores calificados,* como por ejemplo
"sombrerero", "pintor", "lustrador", "tejedor", "empleado de
mina y carbón", "hojalatero" y "fundidor", suman 19,25%
de los detenidos. Una minoría, 2,58%, desarrolla actividades rurales y de pesca, y 13,25% se ocupa en servicios
domésticos: "criada", "cocinera", "doméstica" y "lavadora de
copas". Al contrario, en la mayoría de los casos donde los
detenidos tienen su ocupación indicada durante el proceso de identificación, gran parte de los detenidos (22%)

se encontraban ligados al sector de servicios, ejerciendo actividades como "comerciante", "carnicero", "bombero hidráulico", "panadero", "costurera", "barbero", "sastre", etc.

Mencioné rápidamente que toda la vida "criminal/penal" de los sospechosos o acusados de crimen o contravención mereció un registro en el gabinete. Es éste el que no sólo produce los informes de esos registros a pedido de la policía sino el que, además, en caso de condena, transforma la sentencia del juez en autorización de "internamiento". Es interesante percibir el papel mediador de la práctica identificatoria y cómo ésta es capaz de articular las dimensiones represivas y punitivas de la "política criminal". Los papeles y otros registros burocráticos producidos por los identificadores son por tanto el salvoconducto que legitima los dos posibles caminos de un individuo en el sistema policial-judicial. Son ellos los que autorizan la "entrada" y la "salida" –esta última apenas física– de un individuo dentro del sistema penal. Una vez "inscrito" bajo la forma del registro policial, será imposible que su nombre se borre de la memoria de los archivos. Esa afirmación es extraña si se confronta a la desorganización de las informaciones referentes a los detenidos, sobre la cual me referí al inicio del texto. Parece poco plausible antes del arribo de los archivos electrónicos. La idea de eficacia aquí empleada está ligada a otras posibilidades. Ya es hora de concluir mi lectura del trayecto de Brancura por las delegaciones de la ciudad destacando algunos elementos en los procedimientos jurídicos que produjeron su "identidad criminal".

Como fue detenido por el órgano mejor equipado en términos de aparato represivo de la Capital –la 4ª Delegación Auxiliar– es posible que Sylvio haya sido detalladamente identificado al momento de su primera detención. Sin embargo, además de su nombre y un número de registro, esas informaciones no fueron añadidas a los procesos subsiguientes. O sea, a cada nueva detención, Sylvio fue re-identificado y examinado por los médicos del Instituto Médico Legal.[42] Por el proceso instaurado a partir de su detención como "contraventor", esas informaciones aparecen de forma más detallada. Fue en esa ocasión que además de casado y operario, Sylvio fue sumariamente descrito como un hombre de "color negro". La anotación de esa información no sería irrelevante en las detenciones posteriores. Entretanto, los funcionarios encargados de describirlo parecían tener opiniones diferentes en cuanto a la forma de clasificarlo.

Al ser detenido como "vago" en la región de Mangue, un funcionario del Gabinete de Identificación decidió, por cuenta propia, anotarle el color de la piel sin que la Ficha de Identificación Criminal así lo pidiese. En esta ocasión Sylvio fue descrito como "pardo". Además de la no compatibilización de las categorías de color, entre 1922 y 1928 Sylvio fue descrito como "casado" y "soltero"; y como "contraventor" y "operario". ¿En qué circunstancias esas informaciones fueron añadidas a las fichas que pretendían "identificarlo" como "persona"? Ni hablar de la confusión de procesos. Fue justamente a través de los debates conflictivos en torno a las interpretaciones de la ley para ser aplicadas a su caso que tomamos conocimiento de su "identidad". Otros elementos relacionados a su "apariencia física" fueron incluidos en su prontuario y su proceso. La detención por portación de arma, por ejemplo, había sido hecha por alguien que posiblemente conocía a

---

[42]   El examen de personas acusadas de vagancia por médicos del Instituto Médico Legal –órgano ligado a la Policía Civil de Río de Janeiro desde su reglamentación en 1907– era obligatorio. Su finalidad era distinguir entre aquellos que se encontraban involuntariamente impedidos de ejercer qualquier actividad, de aquellos que voluntariamente se negaban a hacerla. Para una discusión técnica sobre los significados conferidos a la noción de "voluntariedad" en esos casos consultar, entre otras crónicas del mismo autor, el libro *Ensaios de Pathologia Social* (Río de Janeiro, Leite Ribeiro & Maurillo, 1921) de Evaristo de Moraes.

Sylvio. Fue detenido por el entonces célebre investigador
Vidal Martins –conocido en la prensa policial de la época
como "cazador de vagos"–. Vidal figura como uno de los
testigos de su proceso. En su versión, Sylvio fue detenido
por la posesión de una navaja de mango negro en Largo
do Estácio. En su testimonio quedamos sabiendo que no
era exactamente por su verdadero nombre que Sylvio era
"conocido". Entre la declaración de los testigos y la producción del registro identificatorio algunas informaciones
podrían ser rescatadas. Fue justamente en esa ocasión que
el entonces conocido como "pardo" y, ya después, como
"negro" Sylvio tuvo para siempre sellada su identidad criminal a través de un término que era el opuesto del que,
a los ojos de los policías-identificadores, caracterizaba su
color de piel: *Brancura*.

Esa otra *identidad*, la de "malandro hábil con la navaja",
fue la que había sido cristalizada, no en torno de Sylvio
sino del "personaje Brancura", en algunos relatos memo-
rialísticos sobre la vida bohemia en el barrio de Lapa en la
década del treinta. El encuentro entre el entonces policía
Vidal Martins y Brancura no sería entonces tan fortuito
como parece. En la época investigador de la 4ª Auxiliar,
Vidal Martins gozaba de enorme prestigio justamente por
la capacidad de "retener todos los rostros de los malan-
dros de Lapa". Es posible que en esa época Brancura ya
usufructuase la fama que tenía en relación a su habilidad
con la navaja. João Francisco da Silva, otro personaje con
el cual Brancura tendría asociada su historia, y con quien,
supuestamente, mantenía un "lío", siempre que se refirió a
él llamó la atención sobre las contradicciones que su identidad de color y sexo suscitaba entre los que lo conocían.
O sea, el término *Brancura* parecía aludir a cualidades
físico-morales opuestas a las suyas. Al contrario de la figura masculina del malandro hábil, "valiente" y cruel, bien
como de la supuesta claridad de la piel: Sylvio era "negro"

y "homosexual". Francisco, que en la época era conocido
como *"cangrejo de playa* de las virtudes" –pero que luego
sería inmortalizado en la figura del célebre malandro y homosexual *Madame Satã*– lo describía como un "malandro"
inconfundible: fuerte, valiente, hábil con la navaja, a pesar
de sus preferencias sexuales.[43]

Pero la detención por portación de armas no es la
última información que tenemos de Sylvio, que a partir de entonces pasa a aparecer aludido en los procesos
también por su mote. En agosto de 1928, después de haber sido liberado a través del instrumento de *sursis*, fue
nuevamente detenido por vagancia por policías de la 9ª
Delegación Policial. Una vez más está cerca el investigador
Vidal Martins. "Pardo" es el color que le es nuevamente
atribuido por el escribano en el "auto de calificación", en-
seguida anotado en la Ficha del Gabinete. Al año siguiente,
siempre aludido como *Brancura*, Sylvio pasaría varias veces
por la 4ª Auxiliar. En 1933 lo reencontramos bajo la mira de
otro delegado, Anísio Frota Aguiar. Sometido al "Examen
de Validez", tenemos una información que extrañamente
pasara desapercibida a aquellos que resolvieron anotarle
como "señales físicas" sólo el color. Identificado por los
médicos como "individuo de constitución robusta", Sylvio
es descrito como alguien con "un brazo lisiado". En aquella
ocasión, por lo tanto, Sylvio alegó trabajar en la descarga
de carbón de Cais do Porto –lo que consigue comprobar–,
"diciéndose víctima de un investigador".[44]

---

[43]   Entrevista con Madame Satã. En: *O Pasquim*, (95) de abril/mayo de 1971
       y (357) de abril/mayo de 1976. Ver también Paezzo, Sylvan: *Memorias
       de madame Satã*, Lidador, Río de Janeiro, 1972.

[44]   Octacílio Meireles, su abogado, justificaba: "(...) persigue, aprehendién-
       dolo constantemente. Como el acusado no comete ninguna infracción
       penal, ese representante de la autoridad consigue hacerlo actuar como
       vago". AN - 9ª VC, P.128, Cx. 2423, Gal. E, 4/1/1933, p. 21.

Ese hecho, por lo tanto, no lo destituirá de su plena capacidad para el trabajo y el informe final de los médicos pone a Sylvio nuevamente en apuros. Padeciendo por problemas físicos y examinado como un individuo de "color negro", Brancura es absuelto de la acusación de vagancia.[45] Siete meses después es nuevamente el personaje de más de un proceso similar instaurado por la Dirección General de Investigaciones. Esa vez, sin embargo, el escribano, el identificador y los médicos que lo evalúan y examinan concuerdan en relación a su color, identificándolo como "pardo". Un *Boletín de Averiguación* es abierto y sus "entradas" en las delegaciones de la ciudad son enumeradas gracias a las informaciones previamente recogidas y almacenadas tanto en los archivos del Gabinete de Identificación como en los registros de aquella repartición de policía. A esa altura Brancura ya cuenta con decenas de entradas por "averiguaciones de antecedentes", siendo diez veces acusado como "ladrón descuidista", cinco como "vago" y ocho como "jugador de *chapinha*". Sus "hazañas" y "ardides" son narrados bajo la forma de un interminable informe. Esta vez, el proceso es iniciado con ayuda del "testigo", dado que Sylvio se niega a firmar el auto de flagrancia. Al final, Brancura continuaba trabajando, ahora como "contramaestre de descarga en Cais do Porto". Su comprobación de trabajo permite declararlo inocente.

Dos años después, Brancura aún permanecía en el mismo trabajo, pero sujeto a las mismas embestidas de la policía. Detenido por el delegado Dulcídio Gonçalves es sometido a interrogatorio, identificación y verificación de antecedentes. En el examen médico vuelve a ser "negro", aunque no hacen ninguna mención a su "defecto físico". Una vez más, no hay nada que hacer. Observando en su Hoja

---

[45]   AN - 9ª VC, P.128, Cx. 2423, Gal. E, 4/1/1933. Informe del Instituto
        Médico Legal, p. 11.

de Antecedentes, que a esta altura contaba ya con cerca de 25 entradas, el juez parece lamentarse de la ausencia de pruebas: "aunque la vida criminal del indiciado sea mala, el probó que contemporáneamente es contramaestre (...)".[46]

De modo diferente a lo que ocurrió en otros contextos, en los que la cuestión del desempleo entre un contingente expresivo de migrantes, pobres y desocupados de las grandes ciudades fomentó la aparición de las primeras políticas públicas ligadas a la racionalización, disciplinarización y moralización de un modelo de trabajo y de trabajador a finales del siglo XIX, en Brasil la temática fue conducida exclusivamente a partir de un enfoque médico-jurídico. Todo el debate en torno al desempleo fue percibido a partir de la óptica de la seguridad pública, de la desregulación urbana y de la marginalización. La propia categoría que comprendía a aquellos que se veían momentáneamente sin empleo o ejerciendo algún tipo de trabajo no formal –por lo tanto sujetos al abordaje policial y a la intervención penal– sugería un enfoque primordialmente criminal. Entre otras cosas, la categoría *vago* fue empleada como sinónimo de un singular estilo de vida ociosa. Su utilización estuvo invariablemente vinculada a la presunción de un peligro aún no manifiesto pero latente, aludido en expresiones sacralizadas en la legislación y en las narrativas policiales, como por ejemplo "vagar sin destino", "sin ocupación o domicilio", "deambular en estado de ocio", "desocupado" o "vivir de manera ilícita". Se observa, por lo tanto, que la *vagancia* se caracterizaba por ser un concepto amorfo, moldeable y pasible de ser utilizado en innumerables situaciones. Así, si por un lado permanecía una visión moralizadora sobre el no-trabajo, se sumaba, sobre aquel que no lo ejercía, una mirada particular. Procesos como los de Brancura constituyen un material importante para comprender los movimientos

---

[46]   AN - 9ªVC, P.167, cx.2423, gal.E, 30/3/35.

sucesivos de construcción del *vago*. A los ojos de los policías-identificadores, Brancura jamás fue blanco, al contrario de apodos comunes entre los reincidentes de vagancia, que siempre señalaban la condición moral del *vago* a través de la relevancia dada al color de su piel. A partir de la década del treinta, la persecución a los "vagos" va a incorporar, a través de su vertiente "científica", una lectura criminalizante y racializada de la homosexualidad.[47] La historia de Brancura, vista por los archivos policiales, está hecha de referencias contradictorias a su reiterada recusación al orden social. En su "memoria popular", al contrario, la magia de figuras como Brancura y Satã reside exactamente en la capacidad de esos "personajes" del imaginario popular y policial para transgredir varias estrategias de atribución de identidades. La trama Sylvio/Brancura constituye eventos que existen como *artefacto*, conforme nos advierte Strathern,[48] y poco adelantaríamos con conocer las "verdades" a las cuales aluden la producción de fichas y registros. Esa conclusión en nada impide a los historiadores y antropólogos adentrarse en el territorio pantanoso de los archivos, dado que es justamente en las varias tentativas de tornar una pluralidad de prácticas en cosas –una ficha, un pedazo de papel, una prueba– en lo que consistió la rutina de las reparticiones de policía. Tal vez, en contrapartida, debiéramos reintroducir las cosas en sus relaciones ambiguas, intensas e inseparables con las prácticas.

---

[47]   Al respecto ver Green, James N.: *Beyond Carnival: homossexuality in twentieth-Century Brazil*, Tesis de Doctorado en Historia, UCLA, 1996; y Fry, Peter: "Febrônio Índio do Brasil: onde cruzam a psiquiatria, a profecia, a homossexualidade e a lei", en: Mariza Correa (org.), *Caminhos Cruzados*, Brasiliense, São Paulo, 1982; y Pereira, Carlos Alberto Messender: "O direito de curar: homossexualidade e medicina legal no Brasil dos anos 30", en: Herschmann, Micael & Pereira, Carlos Alberto Messender (orgs.), *A invenção do Brasil moderno: medicina, educação e engenharia nos anos 20-30*, Rocco, Río de Janeiro, 1994.

[48]   Strathern: *ob. cit.*, 1990.

6. Los caminos de la opacidad: accesibilidad y resistencia en el estudio de las organizaciones policiales como obstáculo y dato

Paul Hathazy
(Universidad de California)

En una de las pocas referencias sobre los modos de accesibilidad y estudio de las organizaciones policiales en Argentina, Máximo Sozzo argumenta que la institución policial "es un objeto opaco", en el sentido de que se presenta sistemáticamente "refractaria a los esfuerzos realizados desde el exterior de la estructura organizacional para conocer sus discursos y prácticas" (2005:5). Estas resistencias, según el autor, varían según los casos, pero a la vez serían una constante de todas las "policías modernas". La atribuida constancia y la supuesta variabilidad de la "opacidad" invitan a una necesaria reflexión sobre su lugar en la investigación, tanto en una dimensión epistemológica como metodológica. Aquí voy a argumentar, primero, que los obstáculos a la investigación por parte de la organización deben ser analizados en forma conjunta con las vías de apertura y con los ulteriores recorridos específicos dentro de la organización. Segundo, que este recorrido hacia y en la institución, debe ser reflexionado adecuadamente en el proceso de investigación, a fin de explotar positivamente su valor empírico y aprovechar su utilidad epistémica.

En lo que sigue, el trabajo se disgrega en dos momentos. En el primero, reconstruyo brevemente el modo en que diversos trabajos han tratado el problema del acceso y recorrido en el estudio de organizaciones policiales contemporáneas argentinas, en sus dimensiones epistemológicas y valores empíricos implicados. En el segundo, a partir de las experiencias de campo en tres instituciones policiales, muestro los diversos valores informativos de los modos de acceso y los ulteriores recorridos institucionales para comprender procesos centrales de la sociología del campo policial, como son la relación policía-política, la relación policía-academia, las estructuras y luchas al interior de la institución y el conocimiento de la cultura interna desde la problematización del secreto.

Trabajos empíricos y reflexiones sobre la opacidad en el trabajo de campo

La refracción institucional policial es una constante ya destacada en la bibliografía especializada en otras realidades institucionales policiales y contextos políticos (Fox y Lundman, 1974; Lundman y Fox, 1978; Van Maanen, 1982). En la mayoría de los análisis, sin embargo, esta refracción es considerada desde el punto de vista práctico: cómo lograr ese acceso y cómo mantenerlo. Aquí analizo esa misma dimensión pero desde otra perspectiva, desde el proceso de acceso y recorrido como una fuente de datos sobre el espacio policial estudiado. Dentro de la cuestión general del acceso a la institución, aquí me enfoco en dos cuestiones: (i) la oposición y obstaculización por parte de la institución en el proceso de acceso a datos sobre las prácticas y discursos de la institución, y (ii) la dimensión de reflexión respecto de ese acceso y recorrido.

Respecto de los trabajos empíricos en Argentina, en general puede decirse que son pocos los que reflexionan sobre el proceso de acceso y circulación y que se han posicionado explícitamente respecto de la cuestión de la opacidad. Dentro de los que lo hacen, los estudios empíricos que recurren a la observación directa –ya sea mediante encuestas estandarizadas, etnografías, análisis de documentos, o incluso reportes autobiográficos sobre trayectos por instituciones policiales de Argentina– presentan importantes diferencias respecto al modo en que reflexionan sobre el acceso a la organización y su recorrido en ella, tanto acerca de su valor como fuente de datos y como punto de reflexión epistemológico. Esta reflexión, como veremos a continuación, está casi ausente en los trabajos de ciencia política, muy desarrollada en los trabajos provenientes de la antropología, y encuentra variaciones en autores ubicados en los enfoques sociológicos. Las escasas reflexiones que encontramos en el ámbito local son aquí analizadas en detalle, y comparadas al efecto argumentativo y desde el problema metodológico a desentrañar/analizar, sin jerarquizar en ningún momento dichos trabajos, cuyo valor empírico y científico está determinado por procesos y dimensiones que exceden estas reflexiones y que son propias del campo académico.

La opacidad del Leviatán Azul y la construcción (política) del objeto

Con la doble atención en la discusión del acceso y recorrido, y su reflexión sobre ellos, se puede observar que en los trabajos producidos desde la ciencia política (Eaton, 2008; Frühling, 2003; Hinton, 2006; Sain, 2002, 2008) la reflexión sobre la opacidad policial es casi inexistente. La excepción aquí es el trabajo de Marcelo Sain (2008), caso en que el autor tiene un acceso específico en su condición de participante en una intervención del gobierno central y luego director de una agencia policial, además de su condición de académico, realizando la reflexión sobre la opacidad desde esas condiciones.

En su estudio sobre la "relación constitutiva entre el gobierno y la institución policial" (Sain, 2008:19), el autor refiere a esta opacidad académica en forma conjunta a la opacidad política. Concretamente, propone un *"trabajo político*" que intenta ir más allá de la lógica propia de las auto-referenciadas tribus académicas, a los efectos de que sirva conocer, reflexionar, e intervenir sobre cuestiones tan opacas al mundo académico como al político (casi por igual)" (2008:18). La opacidad de la policía respecto del mundo político resulta de la autonomía operativa y el desgobierno político de la policía. Esta misma distancia de los agentes políticos también resultaría en una opacidad para el mundo académico. Es por eso que su estudio incluye un "intento de (...) conocimiento sociológico de la institución policial que saltara el cerco formalista de los análisis normativo y periférico, (...) intentando dar cuenta de lo que da vida a la institución", a través del estudio de las "prácticas, rutinas y bases simbólicas de sus miembros", siendo que las "estructuras organizacionales son el resultado de esas prácticas" (Sain, 2008:20). En este trabajo el autor aparece con un amplio acceso a la información institucional, documentos, estadísticas, etc., correlativo a su labor de intervención política. No obstante este amplio acceso, la reflexión sobre él se hace doblemente necesaria. La cuestión aquí es que la intención política del autor[1] parece influir fuertemente en su construcción analítica, específicamente en su proyecto de producir un "ensayo de organización conceptual" acerca de la histórica "relación constitutiva entre gobierno e institución policial" (2008:19). Esta impronta política parece estar en la base

---

[1]   La intención política declarada del autor es "construir estructuras y dispositivos gubernamentales de gestión del sector y desde ahí la reestructuración doctrinaria, orgánica y funcional de las instituciones policiales" (2008:20). Sabina Frederic (2009) destaca y analiza la proyección de la intencionalidad y problemática política en la determinación del problema científico en esta tradición. Aquí, siguiendo a la autora, me concentro en los efectos de la falta de reflexión sobre el acceso y recorrido en la dimensión de construcción conceptual, empírica y propuesta explicativa.

de una organización conceptual de "parámetros interpretativos que sirvan de basamento descriptivo y explicativo de la problemática" (2008:19) que, desde nuestro punto de vista, (i) homogenizan la diversidad de las instituciones a las que refiere sus conclusiones y (ii) simplifican los objetos empíricos involucrados en su análisis y organización conceptual.

En este sentido, vemos que desde su interés en construir "dispositivos gubernamentales de gestión gubernamental", el autor tiende a generalizar sus observaciones sobre dos instituciones policiales a toda "institución policial Argentina" –las cuales tendrían a su vez "un parecido de familia" en la "configuración del sistema de seguridad y policial en América Latina" (Sain, 2008:21)–. Por otro lado, los procesos centrales que caracterizarían la relación policía-gobierno –la "autonomización burocrática" y "politicización informal" policial– aparecen realizados, por momentos, por entidades y estructuras simplificadas ("el gobierno", las "clases políticas" o "la institución policial"). Cuando el autor produce mayor detalle empírico refiere a su trayectoria político-burocrática y su experiencia de intervención, y ésta le provee datos que son utilizados para confirmar sus tesis sobre la autonomía burocrática y politización informal. Sin embargo, este recorrido no es integrado en una reconstrucción metódica de la complejidad del espacio político y del espacio burocrático policial específicos que recorrió.[2] Sin desconocer el valor revelador de sus descripciones y el altamente probable acierto de sus "explicaciones", vemos que la carencia de una vigilancia

---

[2] El espacio político descrito resulta por momentos caracterizado de modo homogéneo (incapaz o desinteresado en gobernar) respecto del cual el autor, partícipe de ese juego, aparece como su opuesto (capacitado y experto en él). La misma homogeneidad ocurre con el espacio burocrático policial, que aparece descrito sin diferencias internas relevantes, tanto burocráticas, geográficas, generacionales o de especialización.

estricta sobre su trayectoria de acceso y recorridos, y su falta de control de la intención política, produciría un sistema conceptual y heurístico de tendencia generalizante y homogenizante. Pero la experiencia de este autor, con un amplio acceso a la institución, es sin duda una excepción entre los trabajos empíricos. Para la mayoría de los investigadores, el problema es de oposiciones y resistencias desde la organización y el gobierno.

La opacidad y la caracterización genealógica de la policía en Argentina

El autor que acabadamente integra la reflexión sobre la opacidad en sus trabajos es Máximo Sozzo (2002, 2005), quien en la introducción a sus "ensayos sociológicos" sitúa a tal opacidad como un aspecto central en su caracterización histórico-genealógica de matriz foucaultiana. Esta reflexión es una excepción dentro de los trabajos de interpretación histórico estructural (vg. Kalmanowiecki, 2000). Aquí la opacidad, en el sentido de resistencia, es utilizada sin embargo como evidencia para su esquema analítico. Este tratamiento de la resistencia merece un examen detallado en nuestra propuesta de construir un argumento sobre la necesidad y la utilidad de incorporar al estudio empírico la dimensión analítica del recorrido específico hacia y en la institución.

Según Sozzo, las instituciones policiales "modernas" varían en sus resistencias a ser observadas y analizadas académicamente en distintos "contextos culturales", presentando una recurrencia histórica de refracción, pero también oscilaciones de esa resistencia, con "procesos de apertura". En su caso empírico, el autor observa una supuesta inercia histórica orientada hacia un "alto nivel de opacidad" (2005:7), y ante la oposición de la policía a los acuerdos realizados entre su universidad y el ministerio a cargo de la policía durante un período político específico en el que "las posibilidades abiertas efectivamente para realizar tareas de investigación social fueron prácticamente nulas" (2005:12), recurre a fuentes de información empírica periodísticas, judiciales y policiales. Lo característico de su perspectiva, sin embargo, es que las resistencias de la policía son antes que nada un obstáculo y no una oportunidad de conocimiento, un "límite" (2005:13).

A pesar de tratar la refracción institucional y política de modo explícitamente negativo, Sozzo termina utilizando tal opacidad como evidencia, y lo hace para sostener dos tesis generales. Por un lado, la resistencia de la policía a convertirse en un objeto de estudio confirmaría su tesis de que las policías "argentinas y muchas de las latinoamericanas" se encuentran estructuradas por el "impacto del autoritarismo como racionalidad política" (2005:7). La segunda es la tesis de Dominique Monjardet, según la cual "toda policía es opaca porque nuestras sociedades están divididas y porque ninguna sociedad dividida vive según sus principios, ni puede instituir como principio lo que ella vive" (en Sozzo, 2005:8). Como corolario tenemos que la experiencia de rechazo termina siendo implícitamente utilizada en su acercamiento al objeto, y lo hace a la vez determinado por las teorías, su propuesta analítico-genealógica de interpretación y, en parte, por una orientación política afín.[3] En este caso, la obstrucción es generada por agentes políticos y policiales, y refleja una "cultura policial que valora positivamente el secreto, el silencio y la simulación" (2005:11), todo ello anclado en última instancia, en una racionalidad política "autoritaria", confirmándola. El trabajo de investigación mismo se presenta, a su vez,

---

[3] Esta aproximación política se basa en un interés de reforma "democrática", orientada hacia la transparencia y fundada últimamente en una visión de reducción de daños (Sozzo, 2005:5).

como una contribución para reducir la distancia entre lo que las sociedades divididas se prometen públicamente y lo que realmente viven. Allí la intención política reformista con orientación "democratizante" y de reducción de daños también enmarca la lectura de la imposibilidad práctica de acceder a la institución (2005:5).

En lugar de pensar que debemos aceptar esa refracción simplemente como una constante de toda configuración social moderna, o como expresivo de la racionalidad política regional, sugiero en primer lugar que esas específicas resistencias sean positivamente integradas al trabajo de producción empírica de modo consciente y, en segundo lugar, utilizarlas como reveladoras de dimensiones más concretas y específicas, tales como las articulaciones policía-política-academia, las divisiones sociales internas y externas, y los diversos universos culturales que estructuran las instituciones policiales bajo estudio. En lugar de utilizar la refracción de modo negativo, como un límite, propongo una aproximación que indague la estructura de la resistencia y la apertura en el trabajo de campo como información sobre los aspectos referidos. Antes de desarrollar este análisis reviso ciertos enfoques que, proviniendo del análisis antropológico, han reflexionado sobre el acceso y el recorrido institucional en el estudio de las organizaciones policiales de modos sumamente productivos para sustentar esta propuesta de un uso positivo y complejo de la opacidad.

La opacidad en los caminos etnográficos: tejiendo y revelando tramas, sentidos y modos de relación en la policía

Es en los trabajos antropológicos sobre las instituciones policiales donde encontramos reflexiones de corte positivo y productivo sobre el problema del acceso y recorrido en el estudio de la institución policial (Eilbaum, 2009; Eilbaum y Sirimarco, 2006; Frederic, 2009; Sirimarco, 2009; Tiscornia, 2004). Partiendo del postulado de que los antropólogos no estudian a la policía, sino que trabajan allí (Tiscornia, 2004), estos autores han producido tres tipos de reflexiones sobre el acceso y recorrido: (i) la que conecta el recorrido con la elección de problemas y acceso a información (Tiscornia, 2004), (ii) la que destaca los problemas derivados de permanecer afuera y distante (Sirimarco, 2009), y aquella que integrando lo anterior (iii) refiere a la experiencia concreta del recorrido como fuente de datos sobre ciertas propiedades de ese espacio (Eilbaum, 2009; Eilbaum y Sirimarco, 2006).

En primer lugar, tenemos a Sofía Tiscornia, quien sostiene que el "campo es la capacidad de establecer relaciones que el investigador construye, y que lo habilita a comprender significados de la particular *geografía* en la que se encuentra" (2004:8, énfasis nuestro), de lo que se deriva implícitamente que en el trabajo de campo mismo se conoce y reconstruye esa "geografía". Tiscornia también destaca que esta red de relaciones que se teje y conoce durante el trabajo de investigación determina "el acceso a información, y la comprensión de los problemas" (2004:4). Mariana Sirimarco (2009) expande esta discusión y sostiene que ese recorrido, ese ir tejiendo un entramado de relaciones, es esencial también para evitar los efectos del "alejamiento (...), una pauta que (...), a veces inducida por la institución, se vuelve pronto una postura tanto epistemológica como política" (2009:127). Esta postura epistemológica externa y alejada sin duda contribuye a la preservación y proyección de la problematización política como problema científico (Frederic, 2009) y al reemplazo de la evidencia empírica por la creencia o toma de posición política, reproduciendo "el simplismo o el reduccionismo" que guía los debates políticos (Sirimarco, 2009). Para Sirimarco, este "tejer la trama

de relaciones" es además relevante para poder construir
una comprensión acabada de las prácticas, experiencias
y sentidos de los agentes, distinguiendo lo dicho de lo hecho y su interpretación en un contexto específico. A esta
visión activa de la construcción del campo, necesaria para
producir el campo y los datos, Eilbaum y Sirimarco (2006)
agregan la circulación misma en el campo como evidencia.
Lucía Eilbaum destaca que en el recorrido de su trabajo
de campo su paso de un contacto a otro le proveía datos
sobre "las lógicas de interacción en el interior de la justicia"
y le mostraba las "tramas de relaciones que clasificaban y
delimitaban grupos" en el espacio estudiado (2009:26-28).
Desde esta perspectiva, Eilbaum y Sirimarco proponen,
puntualmente, concebir "las posibles dificultades y demo-
ras en el acceso a estos espacios, no como obstáculo para
el comienzo de la investigación, sino como parte de ella"
(2006:114). Para las autoras, el acceso a los informantes
revela las "lógicas sobre las cuales se fundamenta el funcionamiento de sistema" (Eilbaum, 2009:28), los modos
de vinculación entre los sujetos, no diádicos y directos, ni
meramente burocráticos, sino en redes y grupo y con valor
en las jerarquías (Eilbaum y Sirimarco, 2006).

Es esta atención a la circulación en el campo y a su
utilidad empírica lo que comparto con esta tradición.
Reconociendo a la vez, con Sozzo, la oscilante pero constante presencia de refracciones determinadas por agentes
políticos y policiales, pero postulando la necesidad de una
mirada positiva y reveladora de las mismas. Pero partiendo
de este estado de la cuestión argumentaré que el acceso a
la institución, el tejido de las tramas de relaciones durante
el "estar ahí", y las revelaciones producidas en esa circulación deben hacerse más complejas en tres direcciones
específicas. Primero, considerando que el tejido de relaciones incluye no sólo aquellas establecidas al interior de la
institución policial sino que abarca contactos y relaciones

que la exceden, incluyendo no sólo a aquélla sino también a un conjunto de agentes políticos, jurídicos y académicos posicionados en relación a la institución y el investigador. Segundo, destacando que además de enfocarse en el "estar ahí" hay que tomar seriamente como objeto de observación la circulación que incluye el "llegar ahí" y el "salir de ahí", elementos que la tradición etnográfica conoce bien, pero que deben ser puestos en el centro de la discusión al estudiar el espacio policial, caracterizado por su resistencia y capacidad de censura. Finalmente, argumentando que este llegar y circular en la institución policial es una fuente de datos que deben ser utilizados no sólo en trabajos de tipo etnográfico, de observación directa más o menos participativa, sino en todos los tipos de acercamiento, como los de encuestas, entrevistas o incluso en casos de intervenciones políticas. Para sustentar esto discuto, tras describir sucintamente los recorridos realizados en tres organizaciones, cómo estos recorridos revelan datos respecto de la relación entre las agencias policiales y el campo político y académico respecto de luchas internas y la cultura institucional de estos espacios.

Recorridos y refracción institucional como indicios y prismas

En lo que sigue describo los modos de acceso y recorrido en tres instituciones policiales. Lo hago en orden cronológico, empezando por la policía de la Provincia de Córdoba (Argentina) en 2002-2003 y 2005; los Carabineros de Chile, durante 2009; y la Policía Federal Argentina, durante 2009 y 2010. Tras presentar esos recorridos, de modo simplificado y fáctico, analizo comparativamente estos casos como datos reveladores de: (i) la distinta articulación entre la institución policial, el espacio político y el mundo académico, (ii) líneas de lucha y consenso entre grupos en la institución, (iii) la burocratización y personalización en la organización, y (iv) variaciones en la cultura policial del secreto en cada institución.

Recorridos

-Córdoba 2002-2003 y 2005. En 2002 comencé a observar la unidad de control de disturbios, Guardia de Infantería (GI), mezclándome con el público en manifestaciones y eventos deportivos en estadios de fútbol. Para acercarme a comprender su punto de vista sobre las prácticas a través de observaciones y entrevistas a sus miembros pedí autorización a la Jefatura de Policía de Córdoba. En la División de Relaciones Públicas, y luego en la Asesoría Letrada, me solicitaron que por una nota explicara mi trabajo. Fui entrevistado y verbalmente autorizado. En la entrevista conté que tenía que hacer una tesis para la universidad. Con el visto bueno de la Jefatura fui enviado a entrevistarme personalmente con el jefe de la GI, el Jefe C, quién también dio su autorización para hacer mi trabajo. Fui autorizado en esa ocasión inicial sólo a ir y permanecer en el cuartel y hablar en las distintas oficinas con el personal. Podía tomar notas y grabar las entrevistas si quería, pero en lugares "públicos", como la guardia, el bar y el patio de armas de la dependencia. Tras unos meses de observaciones y entrevistas, me retiré a escribir un informe de avance. Sin embargo, cuando volví al cabo de unas semanas las cosas habían cambiado.

A mi vuelta, el Jefe C había sido reemplazado. Tuve que repetir la entrevista de autorización con el nuevo jefe, el Jefe T, y éste decidió que me iba a mostrar mucho más que el anterior. Fui autorizado e invitado a circular más ampliamente y a participar de muchas más actividades, desde la educación física, almuerzos, cenas de celebración, actos, salidas nocturnas y deportes fuera de la institución, pasando por ir a su campo de entrenamiento hasta andar con el Jefe T en su auto mientras controlaba a los grupos de combate de servicio y pasar el tiempo con los grupos mientras esperaban órdenes en servicios en estadios, paros, manifestaciones o celebraciones públicas como el 24 de Marzo, 1 de Mayo o 25 de Mayo. Tras seis meses de trabajo de campo, esa participación ampliada sufrió un revés. El Jefe T de la GI es enviado como director a la Escuela de Cadetes de Policía. Allí le indago sobre la posibilidad de continuar mi trabajo en la GI y me asegura que quien lo reemplazaría, Jefe T2 estaría de acuerdo con que yo siguiese haciendo mi trabajo. A pesar de ello tuve que tener una audiencia con el nuevo Jefe T2. Con el Jefe T en la Escuela de Cadetes, decidí ir a estudiar la formación inicial, para compararla con la formación especial en la GI. En la Escuela el Jefe T me dio un amplio acceso a todos los espacios y actividades de la institución. Tras un año de observaciones en la GI y la Escuela, me retiré a escribir mi tesis a finales de 2003, y volví a hacer observaciones intermitentes hasta mediados de 2004.

Habiendo estado ausente por casi un año, regresé en 2005, por tres meses y medio, a hacer trabajo de campo en la GI y en una nueva unidad, el "Comando de Acción Preventiva" (CAP). Me entrevisté con el jefe del CAP, que era el antiguo Jefe C, pero para mi sorpresa ésta vez no me dio permiso para hacer entrevistas, ni siquiera para permanecer en su cuartel y mucho menos para ir en los coches.[4]

---

[4]   El Comando de Acción Preventiva, CAP, era una unidad de patrullaje que cubría toda la ciudad, pero que tenía la particularidad que llevaba a cuatro policías por coches –en lugar de dos-, con coches todo terreno, y que estaban pensados para que con dos de ellos se pudiese formar un grupo de combate antidisturbios para controlar saqueos y manifestaciones o cortes de rutas. Los miembros estaban entrenados en vigilancia preventiva y trabajo de control de multitudes. Al comienzo

Decidí entonces concentrarme en la GI. Allí volví a hablar con el Jefe T2 que ya me conocía y me volvió a autorizar, aunque esta vez con restricciones. Me autorizó a quedarme solamente en la base sin participar directamente de ninguna actividad. Solo podía hacer observaciones y entrevistas. En ese tiempo empezaba a darse otro curso de ingreso a la GI, en el cual fui sólo autorizado a observar los ejercicios en el patio de armas, desde el bar. Antes de finalizar el curso, y tras haber estado una mañana hablando con oficiales y suboficiales, al mediodía me convocó el jefe y me pidió que por un buen tiempo no fuera más a la institución, en otras palabras, que no me quería ver más por allí. De modo abrupto, por la tarde mi trabajo de terreno en la Policía de Córdoba se había terminado.

-*Chile 2009*. Para el trabajo de campo de mi tesis doctoral acerca de las transformaciones del estado penal en Argentina y Chile, durante mediados de 2009 pedí autorización para hacer entrevistas y buscar documentos sobre transformaciones institucionales de Carabineros de Chile desde la vuelta a la democracia. Quería conocer los cambios en la definición de la función, en aspectos operativos y también organizacionales, como administración, logística, personal y educación, y más generalmente políticas institucionales de mediano y largo plazo. En este caso, para buscar los datos hablé con un conocido académico de Chile que venía estudiando e intentando reformar la policía y la justicia por mucho tiempo, un académico-activista de una muy prestigiosa universidad, pero éste me dijo que no tenía modo de lograr que yo fuese atendido por los oficiales de Carabineros. Su asistente me confirmó la enorme

---

tenían como base a la misma GI (ver Hathazy, 2006) Este nuevo cuerpo estaba a cargo del mismo Jefe C, que había sido sacado de GI por el grupo de viejos oficiales de los "Tradicionales" y suboficiales aliados, descritos más adelante.

refracción de Carabineros, donde a pesar de que reciben los pedidos de su equipo, nunca los contestan ni dan información. Intenté, de todos modos, con una carta formal a la Secretaría del Director General, donde explicaba mi investigación y contaba con el solo aval de mi universidad. Según me informaron al presentarla, la contestación iba a llevar muchas semanas. Mientras esperaba, otro académico y experto en materia de policía de otra universidad me logró acordar una entrevista personal con el tercero en jerarquía de Carabineros, el inspector general de Carabineros, tercero tras el director y subdirector general. Efectuada la entrevista me indicó que debía hablar con directores y oficiales de Dirección Nacional Planificación y Desarrollo, con los directores de la Escuela Superior de Policía y de la Escuela de Oficiales, y que lo mencionara cuando pidiera esas entrevistas.

Con su aval realicé todas estas entrevistas y consulté los materiales en el Museo de la Policía, en la Revista de Carabineros y en la biblioteca de la Academia Superior de Policía, con la cordial ayuda de sus bibliotecarios. Sin embargo, cuando quise hablar con personal de la Dirección General de Orden y Seguridad Pública –a cargo de Prefectura de Santiago– y la Dirección de Servicios Especiales –a cargo del Grupo de Operaciones Policiales Especiales–, a pesar de contar con el aval del general inspector, la recepción fue absolutamente distinta. En la Dirección General de Orden y Seguridad me pidieron que escribiera otra carta explicando detalladamente mi objeto de estudio, qué necesitaba y el uso que iba a hacer de la información. El pedido iba a ser resuelto por la Dirección General, la máxima instancia. Tras dos meses de espera, esa respuesta nunca llegó y esa autorización nunca me fue dada. Para conocer sobre los cambios en la Dirección General de Seguridad tuve que activar otras redes informales y solicité entrevistas de forma privada con oficiales y suboficiales retirados. Allí, sorpresivamente, la recepción fue nuevamente positiva y logré varias entrevistas más. Tras cuatro meses dejé el trabajo de campo con la policía; para ese entonces el primer y segundo pedido formal seguían sin respuesta.

-*Buenos Aires, 2009-2010.* A finales de 2009 llegué a la Policía Federal Argentina y el recorrido fue totalmente distinto al de Córdoba y al de Chile. El objetivo era producir los datos para el estudio comparativo con Chile acerca de las transformaciones institucionales ocurridas desde la vuelta a la democracia en la Policía Federal y entrevistar a personal directivo de Jefatura, Planeamiento y de Seguridad. Esta vez mis redes empezaban, como en Chile, por intermedio de mis contactos académicos. Sin embargo, el profesor conocido no me conectó directamente con la Policía sino con personal de la Secretaría de Seguridad Interior. Logré una entrevisté con el secretario de Seguridad de la Nación y éste decidió apoyar mi pedido mediante una carta firmada por él mismo. La carta llegó a la Jefatura de la Policía, resultó en un expediente, fechado y numerado, llevado por la Dirección de Intercambio, de la Superintendencia de Planeamiento. Según el director de Intercambio, oficina a cargo de los intercambios con otras fuerzas y de todos los pedidos de la administración pública, la autorización para hacer mi trabajo era "algo nunca visto, pero que se consensuó en el alto mando".

Esta apertura, sin embargo, iba a ser dirigida y digitada estrictamente por la institución. Debí indicarles claramente qué quería y con quién me interesaba hablar, y serían ellos quienes me gestionarían las entrevistas. Así, indicadas las dependencias y documentos requeridos, fui siendo citado, sucesivamente y de modo formal, por cada uno de los encargados de las dependencias: Superintendencia de Planificación, las divisiones de Organización y Método, de Legislación, Relaciones Públicas, Medios y Museo Policial. De la Superintendencia de Personal e Instrucción, por el director de la Academia de Estudios Policiales, de la Escuela de Cadetes, de la Escuela de Suboficiales y de la Escuela de Agentes. De la Superintendencia de Seguridad Metropolitana, por la Dirección General de Comisarías. Cada entrevista repetía la misma sorpresa y novedad de tener que cumplir con la autorización que me había sido otorgada: cada oficina recibía mi expediente y lo tenía a la vista, e informaba cuando se cumplía a la División Intercambio, remitiendo el expediente. Tras cuatro meses, el expediente ya había sumado una centena de fojas. De todas las dependencias, la única con quienes no pude realizar una entrevista ni lograr obtener documentos directamente ha sido la Superintendencia de Seguridad Metropolitana. En estos momentos sigo esperando que me llamen desde esta superintendencia.

La opacidad como prisma

Presenté los tres recorridos de modo simple para volver ahora sobre ellos pero como evidencias de ciertos procesos o dimensiones de estudio. De los variados aspectos que pueden ser analizados, me concentro en los recorridos descritos como evidencia y en tanto reveladores de (i) la distinta articulación entre la institución policial, el espacio político y el mundo académico, (ii) líneas de lucha y consenso entre grupos en la institución, (iii) redes informales personales y (iv) direcciones de indagación a partir del régimen del secreto en cada institución. Este recorrido es producido en dato desde las opciones teóricas que uno hace. Aquí la opción teórica sigue a un enfoque relacional de inspiración bourdiana. Sin embargo, las dimensiones que analizo pueden ser conceptualizadas desde diversas tradiciones teóricas y recortes. A efectos de mostrar la diversa utilidad del recorrido como dato me enfoco tanto en cuestiones más abarcativas y macro, como la relación campo político-policía, y campo académico-policía, y cuestiones meso y micro, discutiendo los problemas de luchas de grupos y la cuestión de la cultura policial del secreto. El análisis que presento es simple y al fin indicativo, puesto que lo que importa aquí es mostrar el valor metodológico del recorrido como dato más que arbitrar entre diversas interpretaciones de ese dato o probar tesis discutidas por la literatura sobre estas dimensiones.

Acceso a la policía, campo político y campo académico

De los relatos surge que los accesos a las distintas instituciones presentan similitudes y diferencias. En todos los casos el acceso ha sido condicionado por miembros de la institución, mostrándose sistemáticamente refractarios, en el sentido de condicionar de diversos modos ese acceso inicial. Pero a partir de esta primera refracción, las condiciones y/u oposiciones han sido disímiles, diferencias que propongo tratar como prismas a través de los cuales se revelan factores intervinientes aunque no evidentes a primera vista.

La diversidad descrita en cuanto a los medios, forma, duración, extensión y condiciones del acceso llevan a cuestionar por insuficiente la tesis general de Sozzo (2005), quien describe a las policías argentinas y latinoamericanas como refractarias a su estudio en virtud de estar estructuradas por su autoritarismo como racionalidad política. Las tres instituciones analizadas han tenido como modelo la institución militar –intensificada durante las experiencias de dictaduras militares–. Este militarismo está presente en su organización y cultura, y todas han sido influenciadas por el positivismo criminológico, elemento también que caracteriza a las policías, según el autor. Esta tesis, sin embargo, no puede explicar ni las diferencias en el modo de acceso, en general, ni el diferencial acceso a distintos ámbitos, y menos la variedad observada en la misma unidad, como la GI, en distintos períodos. En apoyo a la tesis general de Sozzo, sin embargo, debe destacarse que el principio de jerarquía operó en todos los casos. Todos mis recorridos consistieron en entrar por la cúspide jerárquica de la organización –la Jefatura en Córdoba y en la Policía Federal, o la Inspección General en el caso de Chile– y desde allí "bajar", dirigirme a recolectar datos en unidades subordinadas a la instancia de autorización inicial. Pero a pesar de esta similitud, los medios y formas de acceso fueron distintos. Aquí voy a argumentar que estas diferencias estaban dadas y reflejaban diversas y cambiantes relaciones objetivas entre el poder político, el sector académico y la institución policial, las cuales condicionaron mi modo de acceso y se revelaron en él.

En todas las instancias me presenté como académico, como estudiante, manifestando querer hacer un estudio sobre el punto de vista policial sobre su uso de la fuerza en Córdoba, o "sobre los desarrollos institucionales desde la democracia" en Chile y Buenos Aires. En Córdoba bastó mi condición de estudiante, sin intervención de relaciones políticas ni académicas para lograr ese acceso. En otras, mis relaciones personales con ciertos académicos y no con otros, como en Chile. En Buenos Aires, mis contactos académicos fueron sólo relevantes por sus contactos personales con agentes del gobierno y con simpatías partidarias compartidas entre los agentes académicos y los gubernamentales. El acceso revelaba no una uniformidad autoritaria (Sozzo, 2002, 2005), o una condición de "autonomía de la institución policial" (Sain, 2008) para el caso de las policías argentinas, sino una distinta articulación entre los campos políticos, académicos y policiales en los cuales yo me movía o enfrentaba en mi camino hacia la institución policial.

En Córdoba, la facilidad en el acceso a la institución desde mi condición de estudiante de la Universidad de

Córdoba reflejaba por un lado el respeto y legitimidad de la Universidad, pero más aún el de la Facultad de Derecho local. Muchos profesores de la Facultad de Derecho enseñan en la Escuela de Cadetes y en la Escuela Superior de Policía, además del valor y legitimidad que la disciplina jurídica tiene dentro de la policía local, con una gran cantidad de oficiales con títulos de abogado. De hecho, mi pedido concreto recibió el visto bueno inicial de la Dirección de Relaciones Públicas y de la Asesoría Jurídica, siendo el dictamen favorable de estos últimos lo que más pesó en mi autorización inicial. A esta tradicional vinculación se sumaba un estado de las relaciones policía-política muy puntual. En 2001, un año antes, la oficialidad de la policía había rechazado exitosamente un intento del gobernador de reformar el sistema de formación y unificar el escalafón mediante una contrarreforma que reinstalaba los contenidos y volvía a dividir el escalafón en oficiales y suboficiales. En el proceso de esta contrarreforma habían desplazado a un grupo de oficiales reformistas que había colaborado con los agentes políticos. Así habían quedado en el poder dos grupos: uno que llamaré los "Tradicionalistas", instalados en las áreas de la Dirección General de Operaciones y los cuerpos más militarizados (Infantería, Caballería, Canes y Equipos Tácticos), y otro grupo de oficiales, con base en las comisarías, que llamaré los "Comisarios". De hecho, yo había hecho contactos iniciales con grupos de académicos-activistas, y mi primera entrevista preparatoria fue con uno de esos oficiales reformistas que había sido separado de la fuerza en 2001. Pero hacia 2002 los lazos entre los activistas académicos y los grupos de oficiales al mando de la institución ya eran muy pocos. En ese momento, para los dos grupos en el poder un estudiante de la Facultad de Derecho no era un lugar de crítica y sospecha, y hasta quizás convenía que alguien de la Facultad, que no se presentaba como un aliado de los desplazados reformistas, pudiese ser útil a los "Tradicionalistas" para mostrar lo que hacían al frente de la institución. Es verdad que la relación con el poder político se correspondía a la descrita por Sain como de "autonomía operativa" y "delegación política" de la policía, aunque reflejaba un entramado de relaciones mucho más complejo.

En el caso de Chile, mi condición de académico se integraba en otro tipo de entramado de relaciones y, en particular, en otro tipo de relación entre la institución y el campo académico. Sin saberlo entonces, mi primer contacto académico fue con un académico-activista que pronosticó mi acceso como imposible. Era un académico que se encontraba aliado al gobierno, estando ambos enfrentados con Carabineros desde al menos una década. Frente a ellos, Carabineros había neutralizado las demandas del gobierno y de estos activistas de una reforma que contemple los derechos humanos y una visión de seguridad ciudadana mediante un activo proceso de modernización auto-dirigida (Hathazy, 2009). En ese contexto, mi segundo contacto académico, un académico-experto, tenía una estrecha relación con un grupo de oficiales modernizadores que tenían como base de poder la Dirección de Planificación, las escuelas y la Inspectoría General. Este académico experto me puso en contacto con personal de Planificación y ellos aceptaron hablar conmigo. Estos oficiales tenían extensos vínculos con expertos, con quienes habían colaborado en coloquios, congresos sobre seguridad y en comisiones de expertos convocadas por el gobierno. Carabineros, desde 1995, venía sosteniendo una puja por la dirección política y operativa con el Gobierno de la Concertación. La relación entre el gobierno y Carabineros en 2009 era de autonomía operativa y autonomía política, distinta a la situación de delegación política observada en Córdoba. Esta autonomía operativa y política me fue puesta en evidencia muy tempranamente en una entrevista con un saliente secretario del Interior

–cargo político que gobierna formalmente a Carabineros–, quien me dijo que a pesar de quererlo, no podía ayudarme a entrar a Carabineros. Lo que sí pudo hacer fue, más tarde, facilitarme contactos con oficiales retirados de la Dirección General de Seguridad, retirados tempranamente según surge de las entrevistas, por sus alianzas con el gobierno. Aquí el modo de acceso se correspondía con una institución policial fuertemente corporativa, política y operativamente autónoma, distante del poder político, pero con relaciones selectivas con expertos del campo académico, convocados por los oficiales modernizadores de la institución misma a colaborar en sus proyectos de cambio.

El caso de la Policía Federal reveló a la vez otra modalidad de relación entre el poder político, el académico y la policía. En esta ocasión, el contacto académico fue eficaz porque me permitió llegar al agente político, al secretario de Seguridad de la Nación. El académico tenía contactos con las autoridades del Ministerio de Justicia, de su pasado de militancia política, y con personal de la Secretaría del Interior que provenían de una reconocida ONG de lucha por los DD.HH. que venía teniendo un gran acercamiento al gobierno. El secretario del Interior apoyó mi entrada inicial y desde la cúpula policial aceptaron ese pedido como un pedido más del gobierno. Este acceso refleja el modo de vinculación entre el poder político y las cúpulas policiales. Es coherente con la tradición institucional de que la PFA dependa directamente del Poder Ejecutivo, pero, más aún, con el creciente control del poder político sobre la Policía Federal, control que ha aumentado en las dos últimas administraciones presidenciales (2003-2007 y 2007-hasta la actualidad). Este control suma a lo anterior –en el nombramiento y remoción de las jefaturas– un mayor control administrativo y presupuestario y una reorientación de las tácticas de control de grandes concentraciones, entre otras dimensiones. Mi aparición era parte de la creciente injerencia del Ministerio en la institución policial. Frente a este pedido, el Comando Superior había tenido que obedecer la orden, pero la cumplirían del modo que más les conviniese, en particular mostrándome lo que a ellos les parecía apropiado y manteniéndome distante de lo considerado inapropiado.

Como vemos, las fuerzas que estructuran el espacio de relaciones entre los ámbitos académico, policial y político determinan el diferencial peso o valor que tiene el capital académico que desplegué en cada espacio de relaciones y que esgrimí para introducirme dentro de ellas. En todos los casos era similar: mi condición de abogado y sociólogo, haciendo una tesis para mis estudios de grado o postgrado. Pero esta condición operó de diferente modo en los distintos entramados de relaciones, revelando en los recorridos de acceso diversas relaciones objetivas entre el poder político, el sector académico y la institución policial, las cuales no eran evidentes al momento de transitar mis primeros pasos en la investigación. Pero el entramado policía-política-academia no es la única dimensión que se revela en el recorrido.

Recorridos internos como reveladores de luchas de grupos y posiciones de poder

La ruta en los recorridos dentro de las distintas policías, en tanto estructura de resistencias y aperturas a la investigación, es iluminadora respecto de similitudes y es informativa respecto de diferencias dentro de estas notas comunes. Revela por un lado la específica preocupación por la imagen pública, pero también las estructuras internas que neutralizan la política institucional de comunicaciones con el exterior.

Así, por un lado, todos los recorridos revelan el punto común de preocupación de los agentes estatales por preservar su imagen de servidores públicos y sus beneficios

-correspondiente a casi todos los espacios estatales, donde el control de poderes públicos es correlativo de la génesis histórica de una orientación, al menos formal, hacia el servicio público y el desinterés (Bourdieu, 1984), que justifica y legitima el control de los capitales públicos-. Esa disposición genérica de toda burocracia pública se especifica en los casos observados por la institucionalización, desde hace al menos cuatro décadas, de los saberes de las relaciones públicas y, últimamente, de los expertos en imagen. Estos saberes se montan sobre regulaciones internas sobre comunicación con el público y la prensa, desarrolladas especialmente durante las últimas dictaduras. Esta preocupación sobre las relaciones públicas se condice además con el creciente rol de la prensa y las encuestas en la determinación de la imagen de las instituciones, imagen que es más o menos relevante por el valor que esa imagen tiene en las luchas entre los agentes del campo político y burocrático. Así, en Chile, los jefes de Carabineros estaban absolutamente pendientes de su "ranking" en las encuestas de satisfacción ciudadana con instituciones de gobierno. Esta preocupación era menor en las entrevistas con oficiales de Argentina, a pesar de que todos tuvieron enormes reticencias frente al grabador, asimilándome a un periodista. Es dentro de este contexto institucional que las aperturas que se producen se presentan aún más reveladoras, puesto que significan una ruptura con estos intereses colectivos y políticas oficiales de la institución.

El origen de estas rupturas o especificaciones de la apertura se debe buscar en los intereses y poder de ciertos grupos internos y en las tensiones y luchas internas de esos grupos. En un espacio como el policial, donde el ingreso es tan estrictamente regulado, los accesos concretos a información sobre aspectos institucionales son realizaciones de los intereses de esos agentes por mostrar aspectos concretos de la institución. A la vez, las variaciones en la

extensión de ese acceso revelan las variaciones en el poder concreto de los oficiales que promueven o permiten
esa apertura. Así, en el caso de Córdoba, la autorización
inicial tenía que ser luego confirmada por el jefe de la GI,
revelando por un lado la relativa autonomía de poder de la
GI en relación a la Jefatura, pues a pesar de la autorización
de Jefatura, el jefe de la GI podía negarla. Por el otro, las
tres modalidades de apertura -mínima al inicio con el Jefe
C, amplísima con el Jefe T y reducida con el Jefe T2 y que
terminó en expulsión- revelaban los distintos intereses y
grados de poder de esos jefes de la GI y sus redes o grupos
de aliados, y los distintos estados de las relaciones entre
grupos de oficiales de la fuerza

La histórica posición de poder del jefe de la GI, mayor
que la de muchos jefes de comisarías periféricas, e incluso
mayor que la de algunos superintendentes como los de
Administración y Personal, varió durante mi período de
investigación de acuerdo a las cambiantes relaciones de
fuerza entre los dos grupos de oficiales en puja por las
posiciones de mando de la institución. Tras un incremento
del poder de la GI por su lealtad al gobernador durante
los eventos de diciembre de 2001,[5] la GI estaba siendo
progresivamente sometida al control del grupo de los jefes
que llamé los "Comisarios". Hacia mediados de 2002, la
Jefatura estaba utilizando cada vez más a la GI, coman-
dada por el Jefe C, para labores de vigilancia y seguridad
en las calles, asimilándola a las labores de patrullaje. Al
momento de mi primera llegada existía un malestar en la
fuerza, en particular una puja entre el Jefe C -proveniente
de las comisarías y aliado de la Jefatura-, por un lado, y los

---

[5]   A fines de diciembre de 2001 movilizaciones y protestas masivas de
      sectores medios y bajos, en todo el país, movilizados por organizaciones
      de base y partidarias opositoras, produjeron la renuncia del presidente
      Fernando de la Rua y su gabinete. El gobernador de Córdoba estaba en
      la oposición (ver Auyero, 2007).

oficiales de segundo nivel de la GI, los "Tradicionalistas", interesados en preservar las funciones tradicionales de la GI, especializada en control de grandes concentraciones y represión, otro modo de acumular favores con el Gobierno para llegar a la Jefatura. De hecho, el jefe de Policía, a pesar de que provenía de este mismo grupo de tradicionalistas, desde su llegada a la Jefatura, sometido a las demandas del gobierno de mayor presencia en las calles, intentaba modificar a la GI.

Es en estas condiciones que mi acceso inicial es sumamente limitado. Mi presencia era un problema más para el Jefe C, quien me limitó el acceso a los oficiales de segundo orden con quienes mantenía una relación muy tensa. Quienes más se acercaron a mí en esa primera oportunidad fueron los oficiales y suboficiales jóvenes menos involucrados y preocupados por estos cambios y pujas. Durante mi ausencia de la GI para escribir mi informe de avance se produjo un motín, aparentemente orquestado por los oficiales "Tradicionalistas" en alianza con los viejos suboficiales. Para cuando volví a principios de 2003, el Jefe C, del grupo de los "Comisarios", había sido removido, y un antiguo jefe de la GI había sido puesto al frente, el Jefe T. Con ese nuevo jefe, los oficiales de la GI lograban recuperar su autonomía operativa y preservaban su identidad funcional. En estas condiciones, el Jefe T pareció ver en mí alguien que podía testimoniar esa identidad de la unidad. Puede pensarse que esa apertura tuvo un sentido orientado a que yo registrase lo que me quería mostrar: cómo trabajaba esa unidad, los modos en que se entrenaba, celebraba y las formas en que se diferenciaba de las comisarías y del trabajo de los policías de comisarías. Así, fui llevado a observar todo lo relacionado con lo que, según su definición, hacía a la "esencia" de la Guardia de Infantería. A mediados de 2003, ese mismo Jefe T es removido por la Jefatura, controlada por los "Comisarios" de un puesto "operativo", y pasado a un lugar "pasivo": primero es enviado a la Jefatura a coordinar un ambiguo Departamento de Operaciones Generales, con control nominal sobre los cuerpos especiales, y un mes después es nombrado en la Dirección de la Escuela de Cadetes. La Escuela es un espacio con mucho prestigio, pero con casi nulo poder efectivo o relevante para conseguir publicidad y favores políticos, vitales para lograr el ascenso hacia la Jefatura. Por su parte, la presencia de este jefe en la Escuela de Oficiales significaba un retorno de los tradicionales a la escuela, la que había sido controlada por los oficiales "reformistas" que habían colaborado con el intento de transformación curricular durante la Jefatura anterior. También interesaba a este jefe mostrarme su reconquista de la escuela.

Así, mirando retrospectivamente, mis observaciones en 2003-2004 fueron realizadas en estos dos bastiones de los "tradicionalistas": la Escuela y la Guardia, autorizadas y promovidas por un grupo de oficiales interesados en que yo pudiese conocer al menos su versión de la policía y de la GI (Hathazy, 2004). En 2005, en mi segundo regreso al campo, ese grupo de "Tradicionalistas" ya había perdido gran parte de su poder y su posición era mucho más vulnerable frente al avance de los "Comisarios". Esa nueva relación de poder determinó la disminución en el grado de apertura de entonces. En ese entonces, los "Comisarios" ya habían creado el Comando de Acción Preventiva y ocupaban la Subjefatura de la GI. El CAP estaba a cargo del mismo Jefe C, a quien yo conocía de mi primer acceso a la GI. Sin embargo, este Jefe C no tenía ningún interés ahora en que yo observase su nueva unidad y no me autorizó a hacerlo. De hecho, este grupo de los comisarios estaba bajo enorme presión de todos los frentes: los viejos comisarios que controlaban las comisarías, la GI, la lupa de la prensa, la oposición política y organismos de Derechos Humanos. Como dije, mi tercer período de observaciones en la GI estuvo a su vez marcado por la vulnerabilidad del Jefe T2. Con la segunda línea de oficiales, empezando por el subjefe, del grupo de los "Comisarios", el curso de incorporación que yo quería presenciar significaba más que una mera instrucción, significaba la preservación de las tradiciones de la unidad. El Jefe T2 primero me autorizó a que los visite, pero no como lo había hecho el Jefe T, sino sólo desde la cafetería y el patio. Unas semanas más tarde, cuando empezó el Curso de Instrucción, los instructores le manifestaron su oposición a mi presencia, sospechoso de ser de Asuntos Internos o de la prensa. Mi presencia, además, era quizás peligrosa para el jefe, pues los comisarios estaban tras la menor excusa para removerlo. Una tarde me citó a su oficina y me pidió cortésmente que no apareciera por un tiempo, para evitarse cualquier problema. Muy sugestivamente me aclaró que no era algo personal, pero que las cosas estaban muy complejas últimamente.

En Chile, las pujas que facilitaron y orientaron mi recorrido enfrentaban a un grupo de oficiales en la lucha por la dirección de Carabineros. Por un lado, un grupo identificado con las tradiciones de la dictadura, orientados hacia una distancia con el público y ubicados en las comisarías y unidades de seguridad. Por otro lado, los "reformistas", a cargo de la modernización de la fuerza, localizados en la Dirección de Planificación. En esta tensión, mi acceso a través del jefe de los reformistas y posterior recorrido se condice con el interés del grupo de los reformistas en mostrar los logros de su nueva posición, como la modernización en el área de personal, logística, formación, diseño de carrera, y su plan de seguridad preventiva, obra de estos reformistas. En oposición, y en competencia por el liderazgo de la institución, estaban aquellos que bajo el control de las Prefecturas en Santiago y los grupos antidisturbios, fueron sistemáticamente más reacios a mi estudio y se plegaron al discurso oficial de cierre a los esfuerzos de investigación.

Sólo pude acceder a testimonios de agentes de las áreas de seguridad mediante canales informales, más liberados del control institucional, entrevistando a oficiales retirados.

En la Policía Federal el recorrido fue distinto, revelando una oficialidad dirigente unificada que obedeció a regañadientes al pedido hecho por el representante del poder político que me habilitó el acceso, el secretario de Seguridad de la Nación. Este comando superior digitó mi recorrido de cerca, atado al expediente, con la mayor formalidad posible, cumpliendo la autorización que era interpretada como una orden, aunque cumplida de modo tal que yo obtuviese la menor información posible sobre datos que pusiesen en cuestión la imagen profesional de la fuerza. Mi presencia en cada entrevista era la presencia del Ministro, frente al cual se posicionaba el comando superior –con una gran cohesión interna– ante lo que veían como una avanzada del poder político sobre la fuerza. En este caso, el comando superior –la Jefatura, más los superintendentes– consensuaron mi entrada, pero también la regularon administrativamente. De este modo, se me mostró desde la institución lo que ellos querían que yo viera, una fuerza profesional y moderna. Por un lado, me enviaron a hablar con directores que yo no había pedido, pero que hacen a esa imagen que se quiere presentar. Por sugerencia de la División de Intercambio me enviaron a la Superintendencia de Planificación, pero a la División Medios de Comunicación, en lugar de a la Dirección General de Planificación. También, sin haberlo pedido, me enviaron a entrevistarme con la Superintendencia de Policía Científica, a la vez que me negaron entrevistas y documentos relacionados con la Superintendencia de Seguridad Metropolitana, y en particular la Dirección General de Comisarías.

Como vemos, las "refracciones" y aperturas de la fuerza presentan una clave de lectura de las tensiones internas en la fuerza, en particular de quienes tienen el poder fáctico de autorizar o negar la apertura a la misma. Estas tensiones y aperturas funcionan dentro de un esquema de defensa corporativo compartido por todas las fuerzas estudiadas y mediado por consideraciones e intereses de imagen y legitimidad, fundados en la condición de agentes públicos y políticas administrativas de regulación de comunicación con el exterior. Pero este principio corporativo presenta quiebres y fisuras, determinadas por corrientes internas y por la estructura de poder, y tensiones que impiden, promueven o lo arrastran a uno durante el transcurso de la investigación. Desde esta perspectiva, las invitaciones, las aperturas, los cierres y las terminaciones son indicios y evidencias de esas estructuras internas de poder.

Es más, si bien comúnmente la empresa de conocer es limitada prácticamente al intentar acercarse a la institución policial, a veces esa misma autoridad científica atrae a los bandos en pugna, quienes colaboran con la empresa científica interesados en proporcionar la versión que más interesa a su posición, asumiendo que lo que cada grupo muestre va a contribuir a la representación pública de la institución. En este sentido, disiento con la tesis general de Monjardet de que la opacidad policial se fundaría en las divisiones de una configuración social global y compleja donde es imposible realizar los diversos principios que se afirman en ella (ver Sozzo, 2005). Aquí, la opacidad es iluminadora justo en el punto donde ciertas divisiones concretas se producen. Pero estas divisiones no son las de la sociedad total, sino las que se estructuran en el espacio de relaciones de la institución policial y, como vimos, en el entramado conformado por la policía, la política y la academia, espacio de relaciones en el cual se dan constantes luchas por la representación pública de la institución policial.[6]

---

[6]   Sobre las pujas por la definición de la verdadera identidad policial al interior de la organización, ver Frederic (2009), y sobre la lucha por la

Los recorridos y la cultura institucional: las redes informales, el secreto y la burocratización

En esta tercera parte me enfoco en aspectos relacionados con dimensiones micro, conectadas con la cultura policial descrita generalmente como el sistema de representaciones y prácticas que coexisten con el conjunto de pautas codificadas en la institución policial. Por un lado, el modo del recorrido no sólo refleja las tensiones y distribuciones de poder, sino también ciertos rasgos de esa cultura, tanto los puntos de coherencia y diversidad como su grado de eficacia en la institución.

En primer lugar, y siguiendo las observaciones de Eilbaum y Sirimarco (2006), los modos del recorrido reflejan los tipos de conexiones que son vigentes en el quehacer diario. Refiriéndose a su experiencia, Sirimarco destaca la importancia de las redes informales en la circulación por la institución. Aquí argumento que el anverso de esta observación es que el recorrido revela esa estructura de relaciones. Ello porque estas redes no surgen sólo del recorrido del investigador. Estas redes tienen una existencia anterior y cumplen funciones importantes en la carrera policial. Operando como más o menos extensas redes de intercambios de favores, entre iguales y entre agentes de distinta jerarquía, son un capital de relaciones esencial. De éste dependen en muchas ocasiones los destinos, la posibilidad de estudiar, de tener otro trabajo, el ascenso y la explotación ilegal de las posiciones de distintos agentes.

Estas redes informales estaban presentes en todos los casos y de algún modo fueron encauzando mi recorrido.[7] En el caso de Córdoba, el sistema de lealtades y

---

representación del oficio policial en una policía argentina que involucra a burócratas policiales, académicos y políticos, ver Frederic (2010).

[7] Este recorrido específico también determina el modo de construir las caracterizaciones de la cultura policial. La atención a la localización concreta del trabajo, determinada por estas aperturas y redes, es im-

favores existentes entre el Jefe T, de los "Tradicionales", y su sucesor, de su línea, hizo que yo pudiese continuar en la Guardia de Infantería una vez que el Jefe T fue enviado a la Escuela de Cadetes. Con su apoyo también pude hacer observaciones en la Escuela de Cadetes y de Suboficiales y visitar brevemente la Sección Canes y Caballería, comandadas por oficiales que se conocían, habían compartido destinos o su educación, y cultivaban esas redes a partir de constantes invitaciones y favores. El director general de Operaciones era invitado todas las semanas a jugar el partido de fútbol de la Guardia, por ejemplo, mientras que el director de Seguridad, al frente de las comisarías, nunca. En Chile, el inspector general pertenecía al menos a una red de favores y alianzas con los jefes de la Dirección General de Planificación, de Logística y de Personal. A ellos me "refirió" en lugar de indicarme que recurra al Gabinete de la Dirección General que, directamente dependiente del director general de Carabineros, cuenta con una enorme cantidad de documentos que también me habrían podido ayudar a iluminar los procesos que quería conocer. Mi recorrido estaba montado sobre esas redes informales de relaciones, que se expresaban a través del recorrido. Por supuesto que la sola atención a la referencias personales obtenidas es insuficiente para lograr una reconstrucción acabada de las redes, pero es un dato inicial de importancia que debe ser completado con otras fuentes.

---

portante para controlar la intención de generalización respecto de la cultura policial observada en ciertos lugares como correspondientes a los de todos los espacios institucionales y prácticas institucionales. Así, no es la misma cultura pública institucional en las jefaturas, las escuelas, las comisarías y los grupos especiales, como tampoco es la misma la relación entre los agentes policiales y esas culturas. Pero esta discusión corresponde a un tema sustancial que no corresponde a la intención de este trabajo.

Otro dato revelador de la circulación es el relacionado con la posibilidad de utilizar positivamente el régimen local del secreto. La opacidad, según Sozzo, resulta en parte de una "cultura policial que valora positivamente el secreto, el silencio y la simulación", resultando en la "denegación de información estadística y documentos institucionales y la prohibición de hablar sin autorización de los superiores jerárquicos" (2005:11). Esto se corresponde cercanamente con la vieja tesis de Weber, quien sostiene que "todas las burocracias intentan asegurar la superioridad de los burócratas profesionales manteniendo sus intenciones y conocimientos secretos" (1993:744). Si hacemos un uso positivo de esta constante es posible descubrir que esta cultura del secreto varía de una institución a otra, observar que este secreto tiene una conformación específica al interior de la institución misma y, más importante aún, que a través de la atención al secreto podemos conocer importantes facetas de la institución.

Por un lado, podemos comenzar a conocer las relaciones objetivas con otros espacios. Para Weber (1993), el secreto se relaciona con intereses de poder; y parece una buena opción detectar estos lugares de interés en el secreto para seguir indagando. En muchos casos, y para muchas indagaciones, la existencia misma de la tendencia al secreto es el dato relevante. Por ejemplo, la reticencia de la Policía de Córdoba a acceder a los legajos de personal refleja el interés en ocultar la fuerte presencia de hijos y parientes de policías entre los ingresantes a la fuerza, en particular en el cuerpo de oficiales, lo cual destruye su ideología del mérito. La reticencia de Carabineros a compartir estadísticas criminales con el gobierno revela un aspecto de una relación de lucha con el gobierno por el gobierno de la seguridad y el control político de la misma y de la institución. La resistencia de la organización a informar sobre sumarios internos destaca la eterna puja por el poder de controlar la disciplina del personal, disputa que enfrenta a superiores jerárquicos, en particular oficiales, interesados en controlar esas atribuciones y agentes políticos o judiciales, interesados en expandir su poder o saberes sobre las fuerzas policiales.

El secreto revela relaciones no sólo con respecto al exterior. También lo hace respecto de relaciones entre miembros de la organización a la vez que refleja y destaca ciertos intereses de poder. Así como los burócratas mantienen secretos para competir con agencias externas, también lo hacen grupos de burócratas para asegurar unos el poder sobre otros. Así existe todo un régimen de delimitación del acceso a información referido a aspectos que sólo conocen y controlan los miembros del Comando Superior o el Estado Mayor, a la vez que esta información difiere en el grado de publicidad al interior de la fuerza. Por ejemplo, toda la información referida a planificaciones anuales en la Policía Federal queda en Jefatura, a ella sólo acceden los oficiales a cargo de superintendencias y direcciones generales y direcciones. Los contenidos de las órdenes reservadas son sólo distribuidos en ciertos niveles. La formación en Política Institucional es dada sólo a aquellos que ascienden a Comisarios Mayores. El resto del personal es mantenido en una especie de limbo respecto a esa información. En los Carabineros de Chile, en cambio, la información sobre planificación es de conocimiento de los grupos de los oficiales medios. Como contracara de esta limitación jerárquica de información, es revelador el tipo de información que es pública dentro de la institución. Mientras que en Carabineros se completan memorias anuales que están en las bibliotecas, en la Policía Federal no existen memorias anuales desde 1975. Las memorias anuales que existen desde entonces están dispersas y controladas por el personal de Museo Policial, repitiendo una tendencia general a la acumulación personal de información que queda en pocas manos. Como vemos, el régimen de lo secreto en la institución que se estudia se puede convertir en una vía de conocimiento, indicando un sistema de tensiones y luchas, internas y externas, además de reflejar el grado de institucionalización o personalización de esa información y del grado de personalización de la institución en general.

A modo de conclusión: de la opacidad del objeto a la opacidad del investigador

En este trabajo he revisado, en primer lugar, los modos en que las recurrentes resistencias de las instituciones policiales a ser conocidas son tratadas por autores de diversas disciplinas. En segundo lugar, he mostrado cómo estas resistencias pueden ser positivamente utilizadas como datos en los trabajos de investigación empíricos.

La revisión demostró que la reflexión sobre la opacidad policial es muy escasa en los trabajos empíricos. En los pocos trabajos donde aparece, se observa que es muy poca la reflexión en los trabajos empíricos de ciencias políticas, se introduce como dato general pero también como límite en los trabajos de corte sociológico, y se convierte en una fuente positiva de datos concretos en los trabajos etnográficos. Para mostrar el modo en que estas refracciones pueden ser fuentes de datos describí mis accesos y recorridos realizados de modo simple, analizando luego dichos recorridos. Este procedimiento relacionó el acceso y el recorrido con (i) las relaciones objetivas entre la institución policial, el espacio político y el mundo académico, (ii) las líneas de lucha y consenso entre grupos en la institución, (iii) las redes informales, y (iv) las direcciones de indagación a partir del régimen del secreto en cada institución.

El análisis presentado se beneficia de la retrospección, la reflexión de un conjunto de datos con los cuales he construido ese recorrido. El principal objetivo, sin embargo, no es producir una teoría explicativa de mis recorridos en el campo, sino mostrar cómo esos recorridos, con sus limitaciones, obstáculos y aperturas, están conectados con dimensiones concretas del espacio bajo estudio y que éstas se revelan, en parte, en la determinación de los recorridos actuales. Esta visión de los obstáculos y aperturas como "indicio de algo más", y no como simple realización de una tendencia general de las burocracias policiales, propone que ese recorrido rico en obstáculos sirva como una fuente y oportunidad de datos, y como una oportunidad de reflexionar incluso sobre uno mismo como investigador. Que el recorrido sirva como dato depende, por supuesto, de otros datos, pero fundamentalmente de las teorías que les dan sentido. El mensaje aquí es no perderse este dato, en particular cuando la experiencia de rechazo y limitación parece ser una parte importante del trabajo de investigación de la policía. En esta orientación positiva, los a veces numerosos intentos de acceso y búsqueda de información no son un fracaso, sino oportunidades para comenzar a descifrar el espacio bajo estudio.

Por último, el acceso y el recorrido no hablan sólo de las propiedades del espacio de relaciones estudiado sino también de las posiciones y disposiciones de los académicos estudiándolos. Como mostré, los casos comparativos muestran diversos tipos de articulaciones entre el ámbito académico, el político y el policial. El obligarse a reflexionar sobre la vía de recorrido ayuda a pensar sobre las condiciones y determinaciones que produce la posición del académico respecto del ámbito policial. En primer lugar, refuerza el control de los efectos del alejamiento y la distancia (Sirimarco, 2009), en particular la proyección de prenociones, la simplificación empírica, las

generalizaciones o la reconstrucción selectiva no controlada. La reflexión sobre el recorrido ayuda también tanto
a controlar el teoreticismo que promueve esa distancia –y
que muchas veces confunde teorización con crítica política
(Frederic, 2010)– como también aporta a una reflexión más
acabada sobre los efectos de la intención política en la construcción teórica. La atención al recorrido es siempre una
reflexión sobre la posición del académico, su disposición
en relación a la policía, y lo es también sobre la posición
del académico-político, o académico-experto en relación
a la policía. La propuesta aquí ha sido proveer elementos
para reconvertir la opacidad policial en una fuente de
iluminación sobre las instituciones policiales y, a la vez,
sobre el sujeto involucrado en la empresa de conocerlas.

Bibliografía citada

Auyero, Javier, 2007, *Routine politics and violence in
    Argentina*. New York: Cambridge Universiy Press.
Bourdieu, Pierre, 1994, "Rethinking the state: genesis and
    structure of the bureaucratic field". En: *Sociological
    Theory*, vol.12, n.1.
Eaton, Kent, 2008, "Paradoxes of police reform: federalism,
    parties and civil society in Argentina's public security
    crisis". En: *Latin American Research Review*, vol.43, n.3.
Eilbaum, Lucía, 2009, *Los 'casos' de policía en la Justicia
    Federal en Buenos Aires*. Buenos Aires: Editorial de
    Antropología IDES.
Eilbaum, Lucía y Sirimarco, Mariana, 2006, "Una discusión
    sobre los procesos de investigación etnográfica en el
    campo policial y judicial". En: Guillermo Wilde y Pablo
    Schamber (eds.), *Culturas, Comunidades y Procesos
    Urbanos Contemporáneos*. Buenos Aires: SB.

Fox, James y Lundman, Richard, 1974, "Problems and strategies in gaining research access in police organizations".
En: *Criminology*, vol.12, n.1.

Frederic, Sabina, 2009, *Los usos de la fuerza pública: Debates
sobre militares y policías en las ciencias sociales de
la democracia*. Buenos Aires: Biblioteca Nacional
Univesidad Nacional de General Sarmiento.

——, 2010, "Oficio policial y usos de la fuerza pública:
aproximaciones al estudio de la policía de la Provincia
de Buenos Aires". En: Ernesto Bohoslavsky y German
Soprano (eds.), *Un Estado con rostro humano:
Funcionarios e instituciones estatales en Argentina
(desde 1880a la actualidad)*. Buenos Aires: Prometeo.

Frühling, Hugo, 2003, "Police reform and the process of
democratization". En: Hugo Frühling, Joseph S. Tulchin
y Heather A. Golding (eds.), *Crime and violence in
Latin America: citizen security, democracy, and the
state*. Washington, D.C.: Woodrow Wilson Center Press.

Hathazy, Paul, 2004, "Cosmologías del desorden: el sacrificio de los agentes antidisturbios y el sentido de
su violencia". Ponencia presentada en: *VII Congreso
Argentino de Antropología Social*, Córdoba.

——, 2006, "Políticas de seguridad en Córdoba (2000-
2005): incremento del estado penal y re-militariza-
ción policial". En: *Documentos de trabajo, Violencia y
Cultura*, Agencia Nacional de Promoción Científica y
Tecnológica. Buenos Aires.

——, 2009, "Burocracias, política y expertos en la transformación de Carabineros de Chile". Ponencia presentada en: *27 Congreso Asociación Latinoamericana de
Sociología*, Buenos Aires.

Hinton, Mercedes S., 2006, *The state on the streets: police
and politics in Argentina and Brazil*. Boulder, Colo.:
Lynne Rienner Publishers.

Kalmanowiecki, Laura, 2000, "Police, politics and repression in modern Argentina". En: Carlos Aguirre y Robert Buffington (eds.), *Reconstructing criminality in Latin America*. Willmington DE: Jaguar Books.

Lundman, Richard J. y Fox, James C., 1978, "Maintining research access in police organizations". En: *Criminology*, vol.16, n.1.

Sain, Marcelo Fabián, 2002, *Seguridad, democracia y reforma del sistema policial en la Argentina*. Buenos Aires: Fondo de Cultura Económica.

——, 2008, *El Leviatán azul. Policía y política en la Argentina*. Buenos Aires: Siglo XXI.

Sirimarco, Mariana, 2009, "El abordaje del campo policial. Algunas consideraciones en torno a la formación inicial: entre la praxis y las reformas". En: *Revista Jurídicas*, vol.6, n.2.

Sozzo, Máximo, 2002, "Usos de la violencia y construcción de la actividad policial en la Argentina". En: Sandra Gayol y Gabriel Kessler (eds.), *Violencias, delitos y justicias en la Argentina*. Buenos Aires: Universidad Nacional de General Sarmiento.

——, 2005, *Policía, violencia, democracia: ensayos sociológicos*. Santa Fe: Universidad Nacional de Litoral.

Tiscornia, Sofía, 2004, *Burocracias y violencia. Estudios de Antropología Jurídica*. Buenos Aires: Antropofagia.

Van Maanen, John, 1982, "The informant game: selected aspects of ethnographic research in police organizations". En: *Journal of Contemporary Ethnography*, vol.9, n.4.

Weber, Max, 1993, *Economía y sociedad: esbozo de sociología comprensiva*. Buenos Aires: Fondo de Cultura Económica.

7. DE ESPÍA A BUEN TIPO: CONFIANZA Y VALIDEZ EN EL TRABAJO DE CAMPO CON LA POLICÍA[1]

Steve Herbert
(Universidad de Washington)

De los varios sargentos en el Departamento de Policía de Los Ángeles (LAPD, según sus siglas en inglés) que acompañé durante ocho meses de trabajo de campo en 1993 y 1994, uno era un aspirante a escritor de novelas policiales. De modo no sorprendente, situaba sus historias en una división de patrulla policial. Luego de acompañarlo un par de veces, introdujo un personaje basado en mí en la novela que estaba escribiendo. Dijo que mi personaje jugaba una función narrativa útil: las conversaciones entre los policías y el etnógrafo le permitían introducir en la historia las cuestiones esenciales del trabajo policial. La relación entre el observador y los observados de la ficción fue de gran interés para mí. Inicialmente, los policías se mostraban desconfiados. Como el etnógrafo había recibido permiso del jefe de policía para llevar a cabo la investigación, "todos piensan que es un espía", me dijo el escritor-policía. Sin embargo, con el tiempo, el etnógrafo se ganó la confianza de los policías. Para mediados de la historia, de acuerdo con el sargento, "todos piensan que es un buen tipo".

[1] Herbert, Steve: "From spy to okay guy: trust and validity in fieldwork with the police", *Geographical Review*, vol.91, n.1/2, 2001, pp. 304-310, por permiso de American Geographical Society ©. Traducción de Mariana Sirimarco.

Llegué a creer que mi transformación en la ficción de "espía" a "buen tipo" reflejaba la realidad. Inicialmente cautelosos y escépticos respecto a mi presencia, la mayoría de los policías se volvieron amistosos y serviciales conmigo. Esta transformación plantea varias preguntas interesantes e importantes: ¿por qué los policías eran inicialmente cautelosos?; ¿actuaban de manera diferente ante mi presencia? y si era así, ¿cómo?; ¿por qué ocurrió la transformación?; ¿qué dicen estas dinámicas, que conciernen al terreno cambiante en que se establecen las relaciones etnográficas, sobre el tipo de información que reuní y sobre cómo la reuní? Estas preguntas son importantes, en gran medida porque apuntan a una de las cuestiones críticas en etnografía: la adquisición de información válida. ¿Cómo *puede* el etnógrafo alguna vez estar seguro de que el comportamiento presenciado es, de hecho, natural en ese entorno? ¿Cómo dar cuenta del efecto de la presencia del etnógrafo sobre el comportamiento de aquellos bajo estudio? Y si su comportamiento se ve afectado, ¿deben ser sospechadas la información y las conclusiones del etnógrafo?

Exploro aquí la validez, en el contexto de mi experiencia de trabajo de campo. Para ello es conveniente primero dar un paso atrás y evaluar cómo estaban las cosas cuando entré al campo. En el verano de 1993 el LAPD era una organización vilipendiada y rigurosamente inspeccionada. La golpiza del conductor Rodney King en 1991 había magnificado las inquietudes de larga data sobre la brutalidad policial, particularmente en comunidades minoritarias. Tales preocupaciones fueron legitimadas por la así llamada Comisión Christopher, que revió exhaustivamente los usos de la fuerza del LAPD (Comisión Independiente, 1991). La Comisión, nombrada a partir de su presidente, Warren Christopher, descubrió que los policías violentos habían sido sancionados de manera insuficiente, al estar en concordancia con una cultura organizacional que enfatizaba la lucha agresiva contra el crimen. El debate público sobre el LAPD fue posteriormente alimentado por los dos bien publicitados juicios de los oficiales implicados en el incidente King y por el masivo descontento civil que siguió a las absoluciones de los oficiales en el primer juicio.

Los mediados de los noventa fueron para mí, en otras palabras, un tiempo propicio para comenzar a hacer trabajo de campo con el LAPD. Debido a que el LAPD era objeto de tal escrutinio, pensé que mi trabajo podía atraer interés. Pero estaba al mismo tiempo temeroso de que los policías pudieran estar renuentes a confiar en mí y pudieran modificar sus comportamientos ante mi presencia. Si lo hacían, dudaba de que mi información pudiera ser válida.

Déjenme explicar por qué mi preocupación sobre la validez disminuyó con el tiempo, focalizándome en dos puntos principales. El primero tiene que ver con cómo reaccionaron ante mí los policías. De hecho, las reacciones fueron a menudo bastante fuertes y expresaron una gama de desconcierto y preocupación. Los policías del LAPD no estaban acostumbrados a tener gente, especialmente académicos, en sus rondas de patrullaje. Mientras estaba con ellos en el campo, los policías estaban forzados a decidir cómo responder a mi presencia –dónde llevarme, qué decirme, y cómo posicionarme (literal y figurativamente)–. Pero llegué a ver el hecho de cómo reaccionaban ante mí no como obstáculo a la información sino como información misma. Estas reacciones me dijeron mucho acerca de cómo la policía se entendía a sí misma y a sus relaciones con el público. Las reacciones de los policías ante mí, en otras palabras, ayudaron no a debilitar sino a fortificar la validez de mi análisis.

Dicho esto, considero que el comportamiento del etnógrafo afecta la calidad de la información reunida. Esto se relaciona con mi segundo punto, acerca de la interacción con los sujetos en el campo. Tenía que comprender la situación política del departamento y aproximarme a los policías con esto en mente. Esto significaba que necesitaba ser paciente y evitar las preguntas directas sobre temáticas potencialmente delicadas, tales como la golpiza de King. Fue también importante para mí suspender mis propios juicios (potencialmente críticos) acerca de la policía, para intentar seriamente ver el mundo a través de los ojos de los policías. No compartía muchos de los recelos extremos de los policías sobre la supervisión pública, pero busqué poner entre paréntesis mis opiniones para poder así entender su perspectiva. Esto, por supuesto, requirió una empatía que resulta central en la etnografía; esa empatía es algo que un investigador debe poseer y expresar para adquirir información válida.

Mis puntos se extienden a otras situaciones de campo. Los etnógrafos siempre hacen bien en analizar cuidadosamente las reacciones de sus sujetos a su presencia y en actuar con paciencia y empatía en el campo. Estas estrategias llevan a una mayor confianza en la validez de la información etnográfica.

Reaccionando a las rondas de patrullaje

Mi trabajo de campo con el LAPD consistió mayormente en patrullajes, además de varias entrevistas. Estaba interesado en ver cómo los policías definían y controlaban los territorios que patrullaban (para el análisis completo, ver Herbert, 1997). Las rondas se revelaron más instructivas que las entrevistas, por varias razones. En primer lugar, las rondas proveyeron una oportunidad para presenciar el trabajo real de las geopolíticas de la policía. Dado que muchos policías eran expertos en hipérboles, era importante evaluar sus acciones, en contraposición a sus palabras. En segundo lugar, las rondas suministraron un foco de atención para nuestras interacciones. Aprendí, sobre todo, acerca de la práctica policial y de la auto-justificación a través de conversaciones sobre eventos específicos que presencié. Finalmente, las rondas me suministraron tiempo para desarrollar la relación de comunicación con los policías, un proceso ayudado por el haber hecho múltiples rondas con la mayoría de ellos.

Esta relación raramente se dio de manera fácil. La mayoría de los oficiales parecían renuentes a tenerme pegado a ellos. Algunos expresaron esta renuencia de manera pasiva. A menudo soporté largas esperas –hasta de dos horas y media– entre la hora en que arribaba a la estación de patrulla y la hora en que un policía me llevaba con él. Otros expresaron su renuencia haciendo numerosas preguntas sobre quién era yo, qué quería aprender, y cómo pensaba publicar mi análisis. Pero otros fueron más directos. Un sargento me dijo, en voz alta, mientras lo esperaba: "Si crees que me demoro en llevarte conmigo, es una buena observación". Todos los otros policías que se encontraban cerca se rieron. En otra oportunidad, dos policías conspiraron para sacarme el cuaderno que usaba para anotar impresiones: uno vino desde atrás e inmovilizó mis brazos mientras el otro me arrebataba el cuaderno de mis manos.

Estas expresiones de ambivalencia respecto a mi presencia, como sugerí anteriormente, deben ser vistas no como obstáculos a la información sino como información en sí misma. Me dijeron mucho sobre cómo la secuela política que acompañó a la golpiza de King afectó la percepción que tenía el departamento sobre sí mismo y sobre el público. Claramente, muchos policías tenían miedo de lo que pudiera pasarle a ellos o al departamento si yo divulgaba algo poco favorecedor en una publicación ampliamente leída. Una agente, luego de contestar varias preguntas sobre su trabajo como policía encubierta de prostituta, se detuvo y me preguntó: "¿Con quién estoy hablando?". Confesó, en ese momento, que tenía miedo de que yo fuese un periodista. No colaboró el hecho de que muchos policías sabían que el permiso para mis rondas había venido del jefe de policía. Y no cualquier jefe de policía, sino uno, Willie Williams, que había sido traído desde fuera del departamento como un agente de reforma y que era, por lo tanto, visto de manera cautelosa por los policías. Muchos en el LAPD sentían, de manera clara, los efectos de la desafección pública y expresaban eso en su aproximación a mí.

Sin embargo, todos los policías que encontraba, a la larga, hablaron conmigo muy abiertamente. Muchos suministraron una defensa vigorosa de los policías que habían golpeado a King. Otros discutieron la geografía cultural de la división de patrullas (una de las más demográficamente diversas de la ciudad) en términos que bordearon lo racista. Todavía otros fueron abiertamente despectivos acerca del personal de mando, incluido el jefe. En general, una mayoría significativa de los policías que acompañé contestaron mis preguntas de manera expansiva, describieron sus opiniones honestamente y buscaron ayudarme cuanto pudieron. Realmente, ¡uno de los más locuaces y serviciales fue el sargento que había proclamado, en voz alta, su antipatía hacia mi presencia!

¿Cómo entender, entonces, esta disyunción entre cómo reaccionaron los policías inicialmente y cómo se comportaron con posterioridad? Parte de la respuesta supone tener en cuenta cómo interactué yo con ellos. Pero la mayor parte de dicha respuesta reposa en la estructuración social de la policía. Explicar esta disyunción fue, en otras palabras, uno de los enigmas intelectuales cuya resolución estimula el querer llegar a comprender la policía.

Leyendo las reacciones

Para comprender mejor las reacciones de los policías hacía mí como datos, necesité analizar dichas reacciones a la luz de otras impresiones que reunía. Uno de los componentes más palpables de la cultura policial, uno que noté casi inmediatamente, era el fuerte sentido de fraternidad que caracteriza a la subcultura. Esta fuerte auto-definición ha sido evidenciada por muchos investigadores de la policía. Arthur Niederhoffer, por ejemplo, describió el fuerte conflicto "nosotros contra ellos" que los oficiales construyen entre ellos mismos y el público (1967). Peter Manning analizó el elaborado fausto que acompaña rituales policiales tales como los funerales (1977). Como resultado, cualquier persona ajena a ellos, sobre todo una equipada con lápiz y papel, tiene muchas probabilidades de ser examinada. Pero compartir tiempo con policías es compartir aquellas experiencias diarias que explican la intensidad de la identidad policial. Dos componentes principales de la cultura policial son particularmente pertinentes aquí: un constante énfasis en la seguridad del policía y un pronunciado sentido de la moralidad.

El énfasis subcultural acerca de la seguridad es fácil de entender, y sus manifestaciones regulares son imposibles de ignorar. Los policías se aproximan continuamente a situaciones con la seguridad de ellos mismos y de otros especialmente en mente. Esto, obviamente, incluye a cualquier etnógrafo que diera la casualidad que estuviera con ellos. En varias ocasiones me instruyeron para actuar garantizando mi seguridad –permanecer en el auto, moverme de un lado a otro de la calle, permanecer aislado en un portal, mantener un ojo en un sospechoso particular, estar listo para esconderme si fuera necesario–. En cada caso, discutí luego estas instrucciones para aprender cómo la seguridad estructuraba los pensamientos y acciones de los policías. Al compartir tiempo con los policías, compartí la posibilidad de peligro que es central a su experiencia de trabajo y así, gradualmente, fui cada vez más fácilmente bienvenido en su comunidad. Realmente, mis acciones en una situación en particular –me propuse para volver a asegurar el auto de un sargento en una calle que los policías consideraban muy peligrosa– fueron el tema de varias conversaciones posteriores con los policías a lo largo de la división. Los policías parecían entender dicha situación como un rito de pasaje que había sorteado de manera exitosa. Menos conversado, pero en retrospectiva tal vez más significativo, fue el hecho de que mi familiaridad geográfica con la división a menudo excedía la de los sargentos con los que hacía las rondas. En varias ocasiones suministré indicaciones correctas para llegar a un destino,[2] más de una vez cuando la llamada implicaba un posible peligro. La clave de la habilidad de los policías para permanecer a salvo es llegar a las escenas prontamente y de manera correcta, y mi asistencia les permitía lograr esto. Podía serles útil, en vez de ser "sólo" un acompañante.

Mi presencia continuada permitía así a los policías compartir su preocupación cotidiana con seguridad. También podían expresar el potente sentido de moralidad con el que envuelven su trabajo. Las expresiones de esta moralidad son numerosas y sirven para construir el trabajo policial como una lucha casi mítica entre las fuerzas del bien y las del mal (Herbert, 1996). Es central el "sacrificio supremo" que los oficiales están listos para llevar a cabo –entregar sus vidas para asegurar el bienestar de otros–.

---

[2] La mayoría de los sargentos sabían que vivía dentro de los límites de la división de la patrulla y que había hecho otras rondas. Por ello, a menudo me pedían indicaciones. Aunque me encontraba renuente a influenciar en el comportamiento de los oficiales de cualqueir manera abierta, éstos eran pedidos a los que me parecía mejor acceder, especialmente en situaciones de emergencia.

Los policías expresaban invariablemente esta disposición cuando me dirigía con ellos hacia una situación potencialmente peligrosa; me explicaban la necesidad de considerar sólo mi propia seguridad si algo, en las palabras de un sargento, se llegaba a "pasar de la raya". Yo debía ignorar la difícil situación del policía y hacer lo que fuera necesario para salir de la situación lo antes posible. De esta manera, me acercaron al mundo, y a la visión del mundo, de los policías en cuestión, como cualquier otro ciudadano cuya protección ellos consideraran primordial.

Así, el escepticismo entendible que caracterizó mis encuentros iniciales con los policías fue, como de costumbre, marchitándose con la exposición continuada a las realidades cotidianas de la actuación policial urbana y al mundo social que la policía construye para aprehender y administrar esas realidades. Tanto el escepticismo como su deterioro fueron información provechosa, cuyo análisis profundizó mi comprensión respecto de cómo ven los policías su cultura ocupacional. En particular, llegué a captar cómo importan la seguridad y la moralidad a la policía y cómo la expresión de estas preocupaciones hizo posible que mi presencia fuera más fácilmente aceptada; compartí su sentido del peligro, emergí como un objeto posible para su proyecto moralmente virtuoso de institución protectora. En resumen, mi presencia se articuló con facetas centrales de la cultura policial, de modo que me ayudaron en *mi* proyecto como analista cultural. No obstruí la información; ayudé a crearla.

Reaccionando a las reacciones

Una respuesta a la preocupación acerca de la validez en etnografía es, por lo tanto, tratar las reacciones que se suscitan ante el trabajador de campo como información tan importante como cualquier otra información. Dicho esto, es tan simplista como inadecuado sugerir que el comportamiento del etnógrafo no modela la naturaleza de las interacciones que él o ella experimenta en el campo. Un trabajador en el campo adopta estrategias para asegurar la mayor probabilidad de desarrollar relaciones de confianza. Finalmente, éstas no son nada en especial: son las mismas estrategias que adopatamos en cualquier situación en que esperamos construir confianza. En resumen, uno debe ser solícito, paciente, honesto y empático. Sin demostrar constantemente estas cualidades, es poco probable que el etnógrafo llegue más allá de un nivel de superficialidad con los informantes.

Para mí, ser solícito fue sencillo. Yo estaba genuinamente interesado en el trabajo policial y encontré fácil transmitir ese interés. Halagados por tal atención, la mayoría de los policías respondió locuazmente. Con aquellos que eran más renuentes, me ayudó ser paciente. Con algunos oficiales, tomó dos o inclusive tres rondas hacer que se sintieran lo suficientemente cómodos como para hablar de modo más expansivo. Encontré que la mejor estrategia era esperar y focalizar la conversación en los incidentes que aparecían; con el tiempo, la mayoría de los policías extenderían tales conversaciones hacia otras cuestiones relacionadas. Pero aun cuando encontraba un informante renuente, consideraba imperativo jamás falsear quién era o qué pretendía hacer con la información, un punto enfatizado por Richard Leo (1995). Esto fue una defensa de honestidad por principio y también una estrategia etnográfica: si mis informantes desarrollaban cualquier sensación de que yo no era íntegro, probablemente se volvieran más reticentes. Comprendí que ser deshonesto podía ser tanto abusador como infructuoso.

Sin embargo, mi deseo de ser honesto algunas veces entró en conflicto con otro objetivo mío: manifestar empatía.

Esta empatía vino relativamente fácil. Yo estaba interesado en entender las visiones de los oficiales, y en la medida en que transmitía ese interés, se incrementaba su confianza en mí. Sin embargo, algunos policías dijeron cosas que sabía que no eran ciertas o que encontraba desagradables. Un policía, por ejemplo, elaboró una defensa del oficial que golpeó a Rodney King que estaba plagada de inexactitudes acerca de la real amenza que King representaba esa noche. Yo había estudiado el caso King de modo lo suficientemente exhaustivo como para conocer bastante bien el informe fáctico, y creía firmemente que la golpiza había sido injustificada. Para ser honesto en esta situación, no pude mostrar aprobación acerca de la historia del policía. Pero sabía que desacordar de manera abierta podía amenazar su sensación de que yo pudiera ser empático. Finalmente, decidí que conocía lo suficientemente bien a este policía como para gentilmente desafiarlo a que se rindiera ante los hechos, un gesto que no pareció distubarlo. Y, de hecho, llegué a creer que mi respuesta había sido la correcta; tenía el beneficio añadido de señalarle que estaba acostumbrado a la hipérbole y que no la sufriría fácilmente. Seguí la misma estrategia en otras instancias, transmitiendo con mi silencio o con una amable refutación mi falta de voluntad para aceptar, de manera acrítica, cualquier cosa que los policías decían.

La empatía es una espada de doble filo en la etnografía, necesaria para asegurar la confianza, aunque también capaz de inducir al trabajador de campo a "volverse nativo" y perder la conciencia crítica. Pero la reflexividad crítica es también una parte de la empresa etnográfica, como lo es el entendimiento empático. Es imperativo que el etnógrafo cultive un sentido de distancia analítica respecto al campo. Yo encontré util, por ejemplo, tomarme ocasionalmente algunos días libres del trabajo de campo. Algunas veces usaba el descanso para clarificar mi mente del campo. En otras ocasiones releía mis notas y reflexionaba sobre ellas. Cualquiera de estas estrategias funcionaba para recapturar mis capacidades críticas y para refocalizar mi atención cuando reentraba al campo.

En resumen, el comportamiento del etnógrafo sí afecta a la cantidad y calidad de la información que reune. Los informantes son personas como cualquier otra, y las estrategias para construir la confianza son las mismas en el campo que en cualquier otro lugar. Pero, al mismo tiempo, la posición del etnógrafo es, perentoriamente, una posición crítica. Un empujón deseable hacia la empatía tiene que ser balanceado contra la necesidad de una evaluación más objetiva. Con atención y auto-reflexividad, el etnógrafo puede desarrollar conversaciones externas e internas de modo de asegurar que se reuna información válida y que sea posible una evaluación crítica.

Conclusión

Mitchell Duneier, un antiguo estudiante de Howard Becker, alega en su reciente etnografía urbana, *Sidewalk*, que Becker tenía una rápida respuesta para aquellos que sugieren que la presencia del etnógrafo distorsiona de tal modo la realidad estudiada que la información que se reúne resulta inválida (1999). De acuerdo con Duneier, el "principio Becker" sostiene que las realidades sociales de una situación dada son lo suficientemente fuertes como para hacerse valer aun en presencia de extraños. Los informantes pueden inicialmente actuar de modos no naturales debido a la presencia del observador, pero caerán, total o parcialmente, y tarde o temprano, bajo el dominio de los patrones conductuales y cognitivos de su mundo social. Es entonces desafío del etnógrafo descubrir, describir e interpretar esos patrones.

Mi análisis aquí es congruente con el principio de Becker, pero añade algunos corolarios. El primero es que el modo en que los informantes responden al observador se comprende mejor como parte de la información a ser analizada. En mi caso, fue útil considerar tanto las respuestas iniciales a mi presencia como el modo en que esas respuestas cambiaron con el tiempo. Mi segundo corolario es un recordatorio: el etnógrafo sí tiene influencia en algunas partes de la realidad de la situación, más notablemente en las interacciones con los informantes. Por lo tanto, el trabajador de campo debe adoptar conscientemente estrategias que le ayuden a conseguir la confianza, aunque nunca a costa de la integridad personal o de la conciencia crítica. Los informantes, como cualquier otra persona, responden con interés genuino a un oyente que les pide que describan y expliquen su mundo.

La preocupación acerca de la validez de la información etnográfica es tan comprensible como ampliamente compartida. Pero, como otras críticas que se le hacen a la etnografía, es necesario que esto no frene a los trabajadores de campo en su camino (Herbert, 2000). Mi sugerencia aquí es que los aparentes obstáculos a la información necesitan ser entendidos como tales y que existen estrategias razonables que pueden asegurar interacciones de alta calidad en el campo. Los desafíos analíticos y personales son ciertamente significativos, pero también lo son las recompensas analíticas y personales. Nunca es fácil entender y evaluar una perspectiva del mundo alternativa, pero ese desafío descansa en el centro de la empresa de la geografía humana; amplía la disciplina como nos amplia a nosotros mismos. Es una empresa válida, en mucho más de un único aspecto.

Bibliografía citada

Duneier, Mitchell, 1999, *Sidewalk*. New York: Farrar, Straus and Giroux.

Herbert, Steve, 1996, "Morality in law enforcement: chasing "bad guys" with the Los Angeles Police Department". En: *Law and Society Review*, vol.30, n.4.

——, 1997, *Policing space: territoriality and the Los Angeles Police Department*. Minneapolis: University of Minnesota Press.

——, 2000, "For ethnography". En: *Progress in Human Geography*, vol.24, n.4.

Independent Commission, 1991, *Report for the Independent Commission on the Los Angeles Police Department*. Los Angeles: City of Los Angeles.

Leo, Richard, 1995, "Trials and tribulations: courts, ethnography and the need for an evidentiary privilege for academic researchers". En: *American Sociologist*, vol.26, n.1.

Manning, Peter, 1977, *Police work: the social organization of policing*. Cambridge, Mass.: MIT Press.

Niederhoffer, Arthur, 1967, *Behind the shield: the police in urban society*. Garden City, N.Y.: Doubleday.

8. Investigando la transformación de la policía. El imperativo etnográfico[1]

Monique Marks
(Universidad de KwaZulu-Natal-
Universidad de Cape Town)

Al resumir las actas del congreso en un reciente Seminario Internacional Sobre Estudios de Policía en la Universidad de Eastern Kentucky (junio de 2003), Maurice Punch hizo una petición para que los investigadores de la policía se implicaran en la investigación etnográfica. Él considera que las etnografías policiales han perdido la popularidad que una vez tuvieron y que se requiere un resurgimiento de las mismas:

> El campo [policial] fue construido sobre un conjunto de etnografías de los años sesenta y setenta, que no sólo han perdido actualidad, sino que además enfatizan, de modo predominante, el trabajo de patrulla en las áreas peligrosas de las grandes ciudades. Es necesaria una nueva generación de etnógrafos que inspeccionen el trabajo de los detectives y las unidades especiales, el control policial rural, el control policial en pequeños pueblos y el control policial en sociedades transitorias tales como Sudáfrica, las antiguas repúblicas soviéticas, Irlanda del Norte y demás. Puede haber grupos, en la actual vida académica, que sean enemigos de los estudios de campo, pero necesitamos algunas caras nuevas... con nuevos lentes conceptuales... el nuevo policía de las etnografías debe informarnos de lo que está

---

[1]   Marks, Monique: "Researching police transformation. The ethnographic imperative", *British Journal of Criminology*, vol.44, n.62, 2004, pp. 866-888, por permiso de Oxford University Press ©. Traducción de Mariana Sirimarco.

sucediendo en la "línea de combate" en diversos escenarios (Punch, 2003:4).

Aunque la popularidad de la investigación etnográfica en la arena policial puede haber decrecido, hay una cantidad de etnografías policiales significativas que han sido realizadas en los últimos quince años. Me gustaría referirme sólo a cuatro de ellas que, creo, tienen un hilo conductor. El libro de Steve Herbert, *Policing Space* (1997), suministra un fascinante informe de primera mano sobre los intentos del Departamento de Policía de los Ángeles (LAPD) por controlar el territorio en que éste opera. Participando en las actividades del LAPD y entablando conversaciones con policías, Herbert fue capaz de acceder a la cuestión de cómo las órdenes normativas que enmarcan la acción y el pensamiento (o cultura) policial impactan sobre los procesos de reforma de la policía. Argumenta que si los reformadores policiales fracasan en dar cuenta de –y trabajar con– las existentes órdenes normativas policiales, entonces se encontrarán con una "resistencia significativa y tal vez agobiante" (1997:172). Habiendo pasado ocho meses observando al LAPD (División Wilshire) y participando de sus operaciones cotidianas, le ofrece a sus lectores relatos apasionantes sobre las "prácticas diarias de los oficiales y los procesos por medio de los cuales ellos representan las órdenes [normativas] a través de controlar el espacio" (1997:5). Desafortunadamente, aunque Herbert se refiere a su trabajo como etnográfico y describe *qué* hizo durante el tiempo que pasó con el LAPD (en dos páginas), casi no dedica espacio a discutir sus elecciones metodológicas o los dilemas que las etnografías pueden plantearle a los investigadores y a los sujetos de la investigación.

Janet Foster también considera "etnográfico" su trabajo; el título de éste –*Two stations: an ethnographic study of policing in the Inner City* (1989)– es una clara indicación de esto. La etnografía de Foster está basada en un periodo de observación participante aun más breve que el de Herbert. Ella pasó ocho semanas en dos servicios de policía diferentes de la zona urbana de bajos recursos de Londres. Lo que Foster intenta determinar es si el contexto geográfico inmediato (el vecindario) en que trabajan los policías afecta sus "actitudes, estilos y aproximaciones a su trabajo" (1989:128). Foster también se aplica en descubrir si es posible el cambio en las organizaciones policiales. Concluye que "el cambio es a la vez posible y conveniente... Las exigencias fuerzan cambios en las tácticas policiales" (1989:150), y el ritmo y la naturaleza de esos cambios varían entre las dos estaciones de policía que ella observó. Al igual que Herbert, no presta atención (al menos en el trabajo citado aquí) a lo que implica hacer una etnografía y a lo que significa llevar a cabo un trabajo etnográfico en instituciones que son típicamente exclusivas y cuyos miembros trabajan en (ciertas veces) circunstancias precarias.

La tercera etnógrafa de la policía a la que me gustaría referirme es Joan Wardrop, una antropóloga australiana. Wardrop eligió pasar una extensa cantidad de tiempo en Sudáfrica, llevando a cabo una investigación etnográfica con la Brigada Móvil de Soweto entre 1994 y 1999. La Brigada Móvil de Soweto es una unidad de respuesta a emergencias de 260 hombres y mujeres, que trabaja en una de las áreas más violentas de Sudáfrica. La autora ha pasado 250 turnos (cada uno de aproximadamente 14 horas de duración) observando el lenguaje corporal de la Brigada Móvil. Wardrop estaba interesada en ver cómo había cambiado con el tiempo el comportamiento en la unidad, y si las construcciones convencionales de masculinidad eran introducidas dentro de la unidad. Al escribir su investigación, Wardrop presenta una narrativa de los diferentes tipos de textos que construyen los miembros de la policía en la Brigada Móvil de Soweto al tiempo que significan sus vidas laborales. Wardrop, a través de un recuerdo detallado de sus patrullajes, hace uso de lo que Van Maanen llama "relatos impresionistas". Tales relatos "sobresaltan a la audiencia" (Van Maanen, 1995:102) a través de una reconstrucción de eventos que hacen memorable la experiencia de trabajo de campo. Ella hace uso de largos y continuos textos narrativos, que arrastran al lector a un "mundo de relatos desconocidos y le permite, tanto como es posible, ver, oír y sentir al igual que el trabajador de campo vio, oyó y sintió" (1995:103).

A través de sus muchas horas pasadas en la unidad, Wardrop fue capaz de observar e involucrarse con miembros de la policía cuando estaban controlando situaciones, vulnerables a los peligros y al estrés emocional (como cuando fueron testigos de la muerte de un niño) y cuando estaban "en descanso". Ella también pudo observar reiterados puntos de interacción entre la policía y el público, al igual que interacciones entre miembros de la unidad, permitiéndole esto entretejer un autorizado tapiz de identidades y comportamientos. Wardrop (1999) ha reflexionado con cierto detenimiento sobre su rol como una antropóloga australiana blanca investigando a una vigorosa unidad policial, operando en municipios negros y saturados de crímenes de Sudáfrica. Su trabajo, sin embargo, es en gran parte descriptivo y adolece del costado analítico tan evidente en el trabajo de Herbert.

Más recientemente, Janet Chan, Chris Dewey y Sally Doran (2003) han llevado a cabo un estudio acerca de la Policía de Nueva Gales del Sur, que contiene un gran componente etnográfico. Chan *et ál.* siguieron a 150 nuevos reclutas a través de dos años de entrenamiento y aprendizaje. Chan *et ál.* reflexionan sobre la complejidad de la socialización policial durante períodos de cambio organizacional. A través de observaciones, entrevistas y encuestas, son capaces de mostrar que hay poca validez en la a menudo aceptada creencia de que la socialización policial (a través del entrenamiento y, luego, a través del trabajo en el campo) crea una cultura organizacional homogénea y estable. Sugieren que los caminos de desarrollo de los reclutas son diferentes y que hay una gran cantidad de complejos procesos por los cuales se adaptan, redefinen, sobrellevan y significan sus experiencias de entrenamiento y formación policial. Chan *et ál.* no se refieren a su trabajo como etnográfico; ellos hablan, en cambio, de hacer uso del método de la observación participante. Sin embargo, a pesar de su falta de auto-identificación como etnógrafos, su inmersión en el campo organizacional sobre un extenso período de tiempo, su uso de las conversaciones, entrevistas y observaciones como métodos clave para recolectar información, su análisis de las notas de campo y su interés por comprender la cultura, todo apunta a definir este trabajo como una etnografía.

Mi propio trabajo, observando la transformación de una unidad de policía especializada en Sudáfrica, es aun otro ejemplo de una etnografía policial. Este estudio etnográfico estuvo situado en la unidad de la Policía de Orden Público de Durban (POP) durante el período que va de marzo de 1998 a febrero de 2002. Quería descubrir si y cómo una de las unidades más brutales del apartheid del Estado[2] había sido capaz de transformarse en un cuerpo de policía representativo, orientado hacia la comunidad y centralizado en el respeto a los derechos humanos. Aunque yo estaba interesada en mapear los cambios estructurales que habían tenido lugar en la unidad (tales como cambios en la representatividad de género y raza), estaba aun más

---

[2]   Previamente conocida como Unidad Antidisturbios, y luego como División de Estabilidad Interna, fue la unidad responsable de actuar en relación a toda protesta, demostración y situación que el gobierno del apartheid consideraba un desorden público (N. de la T.).

interesada en descubrir si las suposiciones, actitudes y valores profundamente sostenidos –o la cultura, tal como es definida por Edgar Schein (1996)– se habían transformado en modos significativos y, si no lo habían hecho, por qué. Para descubrir esto, observé y participé en los eventos de la unidad mientras se entrenaba, durante su trabajo operativo, en reuniones formales y también durante desfiles y ceremonias. También pasé muchas horas "dando vueltas" por la unidad, observando a los miembros y charlando con ellos informalmente en la cantina y en los pasillos de sus oficinas.

A través de mis observaciones, conversaciones y entrevistas, aprendí que un cambio de comportamiento significativo había tenido lugar en la unidad. Sin embargo, a pesar de los cambios reales y evidentes en el comportamiento de los miembros de la unidad, hubo momentos en que volvieron a métodos viejos y, tal vez, más familiares de actuación policial. Me parecía que, si bien había un número de importantes razones para esto, era el cambio deficiente en el conocimiento cultural de la policía lo que parecía ser el factor principal que daba cuenta del comportamiento policial regresivo. Las historias que los miembros contaban, los comentarios informales que hacían durante las operaciones y los modos en que describían al público, todo indicaba que los miembros de la unidad habían retenido viejas maneras de pensar y que el cambio de comportamiento y actitudes no había sido afectado por la introducción de nuevas políticas y entrenamiento.[3]

¿Por qué menciono estas cuatro etnografías? Hay dos motivos centrales. En primer lugar, quiero contestar la petición de Maurice Punch indicando que *se está* llevando

---

[3]   Algunos de los resultados sustantivos de esta investigación son explorados en un artículo reciente publicado en *Policing and Society*. Ver Marks (2003).

a cabo un estudio etnográfico en el campo de los estudios policiales, aunque él tiene razón en afirmar, sin dudas, que el campo de la actuación policial ya no está "edificado sobre" tales estudios. Punch convoca a nuevas etnografías que nos ayuden a llegar a entender lo que está sucediendo "en la línea de combate" de la actuación policial, particularmente durante períodos de transformación (tanto social como organizacional). Él nos advierte correcta y directamente que los cambios en organizaciones policiales se comprenden mejor a través de etnografías. Esto me lleva a la segunda razón que he tenido para seleccionar las cuatro etnografías citadas anteriormente. Los estudios pueden parecen muy diferentes, pero todos tienen preocupaciones comunes subyacentes. Todos están preocupados por comprender qué clases de "culturas" policiales existen, cómo son construidas y hasta qué punto estas culturas (como quiera que se definan) pueden cambiar y de hecho cambian. Creo que estas cuestiones no pueden ser respondidas sin que el investigador se involucre en el escenario natural de la actividad policial, "haciendo etnografía".

En este trabajo quiero llevar más allá la reciente petición de Punch y argumentar que el cambio organizacional de la policía se comprende mejor cuando se utilizan métodos etnográficos. El trabajo explorará entonces algunos de los desafíos metodológicos que confronté al realizar una investigación etnográfica en un ambiente que está dominado por hombres, algunas veces peligroso y, por momentos, moralmente comprometedor. Al hacerlo, el trabajo intenta suministrar algunas ideas acerca de hacer investigación en la policía. Reflexiona sobre lo que significa estar "en la policía" como alguien ajeno. El trabajo explicita algunos de los dilemas y desafíos que los investigadores confrontan en este ambiente y tengo la esperanza de que resulte en debates sobre la investigación etnográfica y estimule posteriores discusiones metodológicas.

¿Cómo podemos comprender el cambio organizacional de la policía? ¿Por qué usar etnografías?

Generalmente se ve al cambio organizacional de la policía como extremadamente difícil (Bayley, 1994). La misma naturaleza de estas organizaciones, tanto a nivel formal como informal, es vista como un obstáculo al cambio (Rippy, 1990). Sin embargo, es el nivel informal –aquel de la cultura policial– el que los especialistas de la policía creen que representa el obstáculo más grande a la reforma organizacional de esta institución. Goldstein, por ejemplo, sostiene que los esfuerzos de cambio en las organizaciones policiales son a menudo poco satisfactorios porque se le presta muy poca atención a la cultura policial, que tiene la capacidad de "subvertir la reforma" (en Matrofski y Uchida, 1993:331). El argumento de Goldstein es que el colaborador más grande en el deceso de los proyectos de reforma policial es que "los arquitectos del cambio han fracasado en reconocer el poder de la subcultura policial, el efecto que tiene sobre el cambio y la necesidad, por lo tanto, de manejar algunos de los factores que contribuyen a su fuerza" (Goldstein, 1990:29).

Considero que Janet Chan ofrece el informe más útil sobre el rol de la cultura policial en proyectos de cambio organizacional de la policía. Sin embargo, exhorta a los investigadores de la policía a tener cuidado con el hecho de que la cultura policial no es monolítica y puede cambiar (Chan, 1999, 2003). Basándose en el trabajo de Edgar Schein, Chan sugiere que debe entenderse que el conocimiento policial comparte el conocimiento cultural, modelado por un orden social y político determinado. El conocimiento cultural, argumenta, "contiene suposiciones básicas sobre descripciones, operaciones, percepciones y explicaciones sobre el mundo social y físico" (1999:105).

Este conocimiento cultural informa las razones de la gente, su comprensión de las acciones, su manera de ver a las personas con las que interactúa y también su uso de estrategias. El conocimiento cultural es fundamental para el modo en que la policía se ocupa de hacer su trabajo y para las elecciones que toma. Éstas perduran porque emergen como modos de lidiar con –y de entender– el ambiente exterior, y son reforzadas una y otra vez, ya sea porque suministran buenas soluciones a problemas desconcertantes o porque ayudan a reducir la ansiedad en circunstancias inciertas.

Para que ocurra el cambio organizacional de la policía debe ocurrir un cambio "a un nivel profundo" o cultural. Esto demanda cambios en el conocimiento cultural de la policía y (por implicación) un cambio en las suposiciones y creencias más básicas sostenidas por los miembros policiales. Sin embargo, Chan nos recuerda que "los miembros de un grupo operan en un contexto social y político particular, que consiste en ciertos arreglos estructurales de poder, interés y autoridad" (1999:105). Estos arreglos estructurales constituyen lo que Chan, basándose en Pierre Bourdieu, refiere como el "campo" de la actuación policial. Es la interacción entre este campo y el conocimiento cultural compartido por la policía lo que da lugar a la práctica policial o "habitus". Los cambios en el conocimiento cultural necesitan ser apoyados por cambios en el campo, para que el verdadero cambio de comportamiento tenga lugar. Los cambios en el campo y el habitus se refuerzan el uno al otro.

¿Cómo, entonces, podemos entender el cambio en la cultura policial, tomando en consideración la aproximación de Chan? Si la cultura significa "suposiciones a un nivel profundo", entonces no pueden leerse los arreglos estructurales o las cuantificaciones de las actitudes policiales. En cambio, los investigadores necesitan asumir una aproximación etnográfica, por medio de la cual priorizar al actor social y su orientación subjetiva (Van Maanen, 1995; Thomas y Marquart, 1987) y sumergirse ellos mismos en una sociedad receptora para intentar, lo más que se pueda, ver, sentir e incluso actuar como miembros de esa "sociedad" (Walker, 1985). Esto implica un proceso de "inherencia" –de suspender las propias maneras de ver el mundo para comprender el mundo de otros (Maykut y Morehouse, 1994)–.

Las organizaciones policiales son arenas para la acción que son confeccionadas con una multiplicidad de racionalidades que, a su vez, generan motivaciones para que la policía entienda e interprete sus propias acciones e intenciones, al igual que aquellas de otros. A menudo estas motivaciones no están expresadas explícitamente, o sólo se les da rienda suelta cuando los miembros de la policía interactúan entre ellos en el campo o "en la cantina" (Waddington, 1999). Young (1991) considera que la investigación policial es crucial para explorar la "agenda tácita" que determina muchos aspectos de la práctica policial y para comprender los modos de la cultura policial (suposiciones y creencias profundamente arraigadas[4]).

---

[4]   El término "cultura" es altamente controvertido y a menudo no se encuentra bien definido. Reiner suministra una definición ampliamente aceptada de cultura policial. En su perspectiva, la cultura policial remite a los valores, normas, perspectivas y reglas del oficio que comunican la conducta de la policía (Reiner, 1992:109). He elegido adoptar la definición más precisa de cultura suministrada por el antropólogo de organizaciones Edgar Schein. Él argumenta que existen tres niveles de cultura, a saber: artefactos, valores y suposiciones básicas. Sin embargo, insiste en que "el término cultura debería reservarse para el nivel más profundo de las suposiciones y creencias básicas que son compartidas por todos los miembros de una organización" (Schein, 1985:6). Estas suposiciones básicas, de acuerdo con Schein, ayudan a un grupo de miembros de una organización a lidiar con la adaptación al ambiente y con la integración dentro de la organización. Para una discusión exhaustiva de la conceptualización de Schein acerca de la cultura en relación con organizaciones de policía, ver Chan (1997).

Las entrevistas solas pueden no suministrar una herramienta adecuada para comprender la cultura organizacional a un nivel profundo. A menudo, las suposiciones no se encuentran fácilmente disponibles al pensamiento consciente de uno y, como resultado, una entrevista excepcional puede fracasar en aprovechar niveles más profundos de cognición. Por supuesto, es crucial para los investigadores comprender mejor las actitudes fácilmente disponibles, las percepciones y opiniones, y las entrevistas y encuestas son excelentes herramientas para reunir tal información. Sin embargo, obtener una comprensión de la cultura a un nivel más profundo requiere un compromiso más intensivo y continuo con los entrevistados y su ambiente. Este tipo de compromiso –típico de la investigación etnográfica– permite al investigador establecer "una relación de comunicación con los entrevistados a lo largo del tiempo, y permite a los investigadores participar en la gama completa de las experiencias implicadas en la temática" (Brewer, 1991:18).[5] A través del compromiso a largo plazo con entrevistados en su "escenario natural", los investigadores pueden observar patrones en los modos en que se comportan y responden los entrevistados. Los patrones en la conducta resultan de modos establecidos en que la gente comprende su ambiente, su trabajo y aquellos (tanto los grupos como los individuos) a los que responden.

---

[5]   Utilizar metodologías etnográficas no significa que deban excluirse los métodos cuantitativos. Estos permiten al investigador descubrir interesante información "de encuadre", particularmente con respecto a las actitudes de los miembros de la organización, las dinámicas internas dentro de una organización y las percepciones de cambio que han tenido lugar desde la democratización del Estado. La información cuantitativa también puede suministrar importante información básica sobre quiénes son los miembros de la organización, en términos de duración del servicio, razones para unirse a éste y sus suposiciones básicas sobre su trabajo y su ambiente. Las encuestas son también útiles para establecer información demográfica básica.

Cuando tienen lugar eventos inusuales o menos esperados, es importante ser capaz de observar y hablar con los entrevistados acerca de por qué tuvieron lugar esos eventos y cómo estos refuerzan o contradicen los esquemas de trabajo normativos establecidos.

El estar ya en contacto con miembros de la policía es a menudo un prerrequisito para lograr el acceso a estas racionalidades. Los miembros de la policía a menudo desconfían de los extraños (Reiner, 1992). La información que pueden recibir los investigadores que no están familiarizados con los trabajos internos de la organización policial puede ser, de algún modo, poco menos que confiable, dado que los miembros de la policía disimulan lo que creen que debe ser un conocimiento interno. La posibilidad de tal ocultamiento es aun más probable durante los períodos de cambio organizacional, cuando los miembros de la policía pueden sentirse vulnerables y a la defensiva (Rippy, 1990). Maureen Cain (1973) ha argumentado que una aproximación etnográfica (o de observación participante, como ella la llama) puede ser la única forma en que el investigador asegure otros métodos para hacer investigación en organizaciones policiales. En su experiencia, sólo a través del proceso de observación participante fue ella capaz de establecer una relación de comunicación con la policía, al tiempo que los policías se sentían más familiarizados y cómodos con ella en su ambiente. Como resultado de su compromiso de participación, los policías estaban más deseosos de participar en entrevistas y Cain fue capaz de comprender mejor el significado que estaba por detrás de lo que se hablaba en las entrevistas. La observación también le suministró conocimiento respecto de las preguntas adecuadas a formular, la dirección que debía seguir la investigación, quiénes eran los actores clave, y así sucesivamente. De modo semejante, Ericson afirma que la franqueza con la policía sólo se logró después de "haber pasado interminables horas en la privacidad del coche de patrulla sin nada que hacer" (1982:50).

Comprender el cambio organizacional de la policía requiere que demos cuenta del campo de la actuación policial –los arreglos estructurales de poder, interés y autoridad–. El campo puede incluir una multiplicidad de instituciones y procesos, incluyendo a la misma organización policial, su estructura, políticas y procedimientos, instituciones de gobierno, relaciones económicas y sociales operando dentro de la sociedad en que opera la policía, y aun fuerzas globales. Algunas áreas del campo de la actuación policial son más difíciles de entender a través de métodos etnográficos. Sin embargo, las interacciones continuas y las observaciones de la policía en sus escenarios naturales suministran al investigador una información invaluable acerca de las relaciones de poder que existen entre los miembros de la organización policial; la efectividad de nuevas políticas, las prácticas de entrenamiento y reclutamiento para lograr un cambio de comportamiento y valores; el grado en que las relaciones de los miembros policiales dentro de la organización y entre la policía y el público reflejan la estructura social y económica más amplia de la sociedad; y el grado en que se cree que el campo dificulta o facilita el cambio organizacional. Ninguna de estas comprensiones puede ser vista como separada de una comprensión del cambio cultural dentro de las organizaciones de policía.

El único modo de llegar a comprender las dificultades que los miembros de la policía experimentan y las cuestiones contra las que luchan es a través de la interacción directa con ellos. Por consiguiente, Ericson (1982) considera que los investigadores de instituciones como la policía deben someterse a la compañía de miembros de esas instituciones, para comprender el significado y los procesos por los cuales son construidos. Y el mejor modo de llegar a una comprensión tal es observar la actuación policial de cada día y, al hacerlo, "ensuciarse la parte de atrás del pantalón en una investigación real" (Park, en Holdaway, 1983:3), aun cuando esto fuera incómodo y comprometedor.

Hubo ocasiones, en mi propia investigación, en que me sentí tanto incómoda como en peligro. Esas instancias son discutidas más adelante en este trabajo. Sin embargo, si no hubiera participado en las actividades cotidianas, las discusiones y los eventos de la unidad de la POP de Durban, nunca hubiera comprendido las interacciones formales ni informales que tenían lugar. Sólo hubiera desarrollado relaciones superficiales con los policías, que hubieran vuelto las entrevistas deslucidas y posiblemente inválidas. En cambio, a través de mi observación y mi participación, fui capaz de entrar al espacio de vida de la unidad y de desarrollar relaciones sustantivas con miembros de la POP de todos los rangos.

En las primeras etapas de mi investigación, me denominaba a mí misma una observadora participante. Dudaba en denominarme una etnógrafa, dada mi falta de entrenamiento formal en el oficio. He tomado coraje, desde entonces, para usar esta etiqueta, después de darme cuenta de que mi falta de entrenamiento formal es probablemente la norma. Van Maanen enfatiza que la mayoría de los etnógrafos no han sido entrenados formalmente. Hablando por sí mismo, y por muchos otros etnógrafos, sostiene que "nuestra apreciación y comprensión de la etnografía viene como una bruma que se desliza lentamente sobre nosotros mientras estamos en la biblioteca y persiste con nosotros mientras estamos en el campo" (1995:ix).[6]

---

[6]   Los estudios etnográficos de la policía tienen una tradición larga y establecida. Brewer argumenta que "una gran cantidad de la mejor investigación sobre la policía está basada en métodos etnográficos de observación participante y entrevistas en profundidad" (1991:18). Fielding ha sugerido que este interés en la investigación etnográfica resultó de una preocupación, por parte de los criminólogos (en particular, de

No puedo decir cuántas horas pasé en la unidad llevando a cabo una "observación participante". El proceso de
investigación fue continuo a lo largo de tres años, y se puso
en marcha cuando me pidieron realizar una evaluación del
programa de entrenamiento de la POP de Durban. Comencé
observando clases y sesiones de entrenamiento en el instituto policial, donde debía inspeccionar y tomar notas sobre
el contenido de lo enseñado y las interacciones entre los
"estudiantes" y entre los "estudiantes" y los entrenadores.
Me sumé a las secciones que estaban estudiando en el
colegio cuando éstas fueron llamadas al campo. Durante
estos eventos, observé la interacción entre la unidad y las
comunidades que estaban controlando. También observé
las relaciones entre aquellos que estaban al mando y los
miembros de la tropa. Observé qué procedimientos se
seguían y en qué medida los miembros estaban aplican-
do lo que habían aprendido en el entrenamiento cuando
estaban "en el campo".

Mientras llevaba adelante la investigación en el instituto fui invitada a desfiles de graduación, a ejercicios de
simulación y a eventos sociales que tuvieron lugar fuera de
las horas laborales. Durante estos momentos fui capaz de
observar y registrar las relaciones informales que existían;
por ejemplo, cómo los miembros de distinta raza y grupos
religiosos se relacionaban entre sí, cómo se representaban
la unidad y hablaban informalmente sobre ella, y sus tipos
preferidos de entretenimientos. Al principio me sentí como
alguien del que tenían que tener cuidado, pero luego de
un tiempo me volví casi invisible para los entrenadores en
el instituto, a la vez que me volvía cada vez más familiar
para ellos. Había, sin embargo, algunos entrenadores en

---

aquellos estudiando la desviación), acerca del sentido y el consecuente
rechazo de "concepciones estériles de la motivación encontrada en la
criminología positivista" (1981:2).

el instituto que se sentían cohibidos al ser observados y, como resultado, intenté no importunar en sus clases.

Mi observación participante se profundizó mientras me deslizaba del foco en el instituto a una preocupación más amplia sobre la unidad. Establecí un acuerdo con el jefe de Relaciones Públicas, capitán Dada, en relación a mi participación en las operaciones cotidianas. Llamaría al capitán Dada en la mañana y revisaría qué operaciones se estaban realizando y si podían hacerse arreglos para que me uniera a la unidad en cualquier actividad en que estuviera implicada. El capitán Dada también me llamaría si se estuviera desarrollando una operación que él creyera que podía interesarme y si el oficial en mando se sintiera cómodo con mi "presencia". Usualmente llegaría a la base antes de que la sección fuera instruida por el oficial a cargo. Luego de la instrucción, viajaría en uno de los vehículos policiales al lugar del hecho. Intenté ser tan discreta como era posible; la mayoría de las veces jugué el rol de observadora-como-participante. Sin embargo, hubo momentos en que fui más una participante que una observadora, como este trabajo demuestra más adelante.

Luego de cualquier operación, asistiría a la rendición de informes (si tenía lugar). Esto también me daría la oportunidad de conversar informalmente con los oficiales a cargo y con los miembros de la tropa, en relación a cómo se habían sentido respecto de la operación, si había habido algo que ellos sentían que había podido realizarse de otro modo, y demás. En ciertos momentos, los oficiales me pedían que comentara mi parecer sobre la operación y si había habido algún problema que yo hubiera notado en sus conductas. Al principio me sentí incómoda con el hecho de que me interrogaran sobre estas cuestiones evaluativas, pero pronto me di cuenta de que estos oficiales no se sentían amenazados por mis observaciones y sentí que tenía perspectivas útiles.

¿Cuán fácil fue acceder a la Unidad de Policía de Orden Público de Durban?

Es a menudo intimidante para los sociólogos entrar al "mundo de la policía" por primera vez. Recuerdo haber querido dar marcha atrás mi auto y alejarme al entrar a la base en Durban de la unidad de la POP en mi primera visita de presentación. Registré estos sentimientos en mi diario de investigación:

05/04/1997
Mientras conducía hacia la base, sentí mi estómago retorcerse. ¿Qué estaba haciendo en un lugar que parecía una prisión con líneas de vehículos fuertemente armados (Nyalas y Casspirs) todo alrededor? Donde quiera que mirara veía grupos de hombres fuertes con revólveres y bastones sujetos a sus cuerpos. Cuando salí del auto sentí como si todos se estuvieran preguntando, entre ellos, qué estaba haciendo una pequeña mujer desconocida en un lugar como ese. Pasé entre los grupos de hombres en uniforme y tímidamente saludé a todos. Me devolvieron el saludo y continuaron sus actividades como si yo no estuviera ahí. Una sonrisa apareció en mi rostro mientras entraba al edificio principal para presentarme al Comandante de la Unidad. Esto va a ser duro, pensé para mí misma, pero va a ser un desafío y voy a disfrutarlo.

No es inusual que los etnógrafos se sientan separados del escenario de investigación. Van Maanen ha ido tan lejos como para sugerir que "aparentemente, hacer trabajo de campo requiere algunos de los instintos de un exiliado, dado que el trabajador de campo llega al lugar de estudio con casi ninguna presentación y conociendo a poca gente, si acaso a alguna. Los trabajadores de campo, parece, aprenden a moverse alrededor de extraños manteniéndose preparados para episodios de vergüenza, afecto, mala suerte, revelaciones parciales o vagas, engaño, confusión, aislamiento, calidez, aventura, miedo, ocultamiento, placer, sorpresa, insulto y siempre la posible deportación" (1995:2).

Mi ingreso en la unidad, sin embargo, había sido suavizado por las relaciones previas que tenía con varios miembros de la policía. Los dos años anteriores a entrar al escenario de investigación de la POP había estado trabajando junto con miembros del Servicio de Policía Sudafricano (SAPS, según sus siglas en inglés) y organizaciones no gubernamentales en un foro que se ocupaba de facilitar y construir la actuación policial comunitaria en la provincia en que vivía. Aunque este trabajo no había implicado para nada a la POP, al menos yo tenía cierta familiaridad con el cuerpo policial en general.

En segundo lugar, y tal vez más importante, anteriormente en el año había invitado a dos miembros de la POP de Durban a asistir y dar una charla a mi clase de graduación sobre actuación policial paramilitar. Luego me pidieron evaluar el nuevo programa de entrenamiento en la unidad. A pesar de la falta de recursos y mi completa falta de conocimiento acerca de la unidad, estuve de acuerdo en llevar adelante la investigación. He aprendido desde entonces que volver disponibles tus propias habilidades de investigación (gratis, si es necesario) a la policía e implicarlos en tu propia producción de conocimiento es esencial para mantener relaciones de respeto mutuas y para legitimar y autenticar tus resultados de investigación.

La relativa facilidad con que entré a la unidad fue también debida a los cambios políticos y organizacionales que estaban teniendo lugar en el momento. Siguiendo la transición al gobierno democrático en Sudáfrica en 1994, las instituciones estatales que habían estado previamente cerradas y protegidas del escrutinio público fueron instruidas, por el gobierno, para operar de un modo que es a la vez transparente y responsable ante el público (Brogden y Shearing, 1993). Esto abrió nuevos espacios para investigadores y cuerpos de observadores que querían "investigar" las organizaciones previamente protegidas. Aun más, los cambios que eran esperados por las organizaciones públicas tendieron a volver inseguros e inciertos a sus miembros y, como resultado, acogedores de los así llamados expertos que podían ofrecer consejo y dirección.

Aunque el acceso formal había sido asegurado por el oficial de más alto rango en el Instituto Policial, esto no se tradujo inmediatamente en una aceptación y un apoyo garantizado por parte de los otros miembros. De hecho, el acceso a la policía requiere una negociación constante con diferentes sub-grupos, tanto como con miembros individuales de la policía, quienes varían en su receptividad al proceso de investigación. Los investigadores tienen que negociar el acceso a diferentes niveles y a diferentes escenarios policiales. Extrañamente, fueron los de los rangos más bajos los que a menudo se resistieron a ser observados e "interrogados", probablemente porque, como sugiere Ericson (1992), los miembros de la policía pueden sentir que se les *ordena* cooperar voluntariamente. En su mayoría, sin embargo, los miembros estaban deseosos de participar y compartir sus perspectivas, sentimientos y experiencias. De hecho, muchos estaban felices de tener a alguien interesado en lo que tenían que decir. Pero a lo largo de la investigación tuve que encontrar modos de garantizarles, a esos policías de tropa, que no estaba trabajando del lado de la dirección de policía. Tuve que reafirmar esto una y otra vez cuando salía con los policías en las operaciones, cuando llevaba adelante entrevistas y aun cuando administraba encuestas. También alenté a los policías a hacer cualquier pregunta que pudieran tener acerca de mi rol y mi propósito.[7]

---

[7] Ericson (1992) afirma que, en su experiencia de hacer trabajo de campo en organizaciones policiales, había a menudo confusión sobre su identidad

El tiempo que pasé en el instituto me suministró un invaluable avance a la unidad POP. Sin embargo, cuando decidí extender mi investigación más allá del instituto (hacia actividades operacionales) y a cuestiones más amplias que aquellas del entrenamiento y la transformación, fui conciente de que debía tener lugar toda una nueva fase de negociación. Para comenzar, tuve que obtener un permiso oficial de parte de altos oficiales en la unidad para llevar a cabo la investigación. En la policía es vital obtener "credibilidad y cooperación de aquellos cuyo trabajo está bajo investigación o que están, de algún modo, sujetos a algún inconveniente real o potencial a causa de la investigación" (Greenhill, 1981:105). También fui conciente de que la apertura de la policía a un investigador ajeno era extremadamente nueva, y que los oficiales de policía de alto rango se mostrarían desconfiados de cualquier iniciativa de investigación. Tuve que dar, por lo tanto, una información extensiva sobre los objetivos de la investigación, el modo en que la investigación sería desarrollada y qué pretendía hacer con los resultados de la misma.

Luego de una reunión de cinco horas con el comandante de la Unidad, me permitieron el ingreso para observar y participar en las actividades de la misma. El comandante prometió facilitar mi investigación en todo lo que fuera posible. Sin embargo, expresó algunas de sus preocupaciones en relación a que extraños como yo llevaran a cabo una investigación en la unidad. En primer lugar, estaba

---

como trabajador de campo. Algunos miembros de la policía creían que él era un evaluador oficial de la policía. En mi propia experiencia, los miembros me percibían como un agente de cambio, como una experta policial que estaba contribuyendo con el desarrollo de nuevas estrategias, o como una consultora de la dirección. Probablemente también había miembros (particularmente de la tropa) que pueden haber creído que mi rol era descubrir prácticas y problemas existentes para los directivos policiales u otros cuerpos de supervisión.

preocupado por el hecho de que pudiera publicar los resultados negativos de la investigación acerca de la unidad. Tuve que asegurarle que ésta no era mi intención y que mi investigación iba a ser usada puramente para propósitos académicos. También le aseguré que le suministraría regularmente mis críticas a él y a otros miembros de la policía interesados en los resultados de la investigación. Aunque esto no significaba que yo alteraría mis resultados o análisis, entendí su necesidad de chequear la exactitud de mis informes e interpretaciones. Tuve que prometerle que, bajo ningún punto de vista, divulgaría información discutida de modo confidencial a miembros de la prensa o a cualquiera que pudiera dañar a la unidad. Esto significó que mis observaciones y conversaciones con miembros de la tropa no serían reportadas a las autoridades de la unidad. Por momentos, este arreglo comprometió tanto mi ética personal como profesional, como discutiré más adelante.

Aunque pueda parecer que, dadas las relaciones generalmente positivas que desarrollé con oficiales de alto rango en la unidad, el acceso fue simple y poco complicado, éste no fue enteramente el caso. Hubo ocasiones en que miembros en los rangos más bajos se mostraron resistentes a mis esfuerzos de investigación y volvieron difícil el acceso al nivel de las bases, aunque nunca imposible. Esto era tal vez porque ellos sentían que divulgar información que era vista por los oficiales de alto rango como sensible o potencialmente perjudicial para la unidad podía conducir, eventualmente, a alguna forma de castigo. Tuve entonces que adaptarme a las diferentes localidades de la investigación y aprender una multiplicidad de modos de asegurar el acceso y de entrar en contacto con diferentes sub-grupos dentro de la unidad. Tal vez mi experiencia más difícil en relación a esto ocurrió cuando traté de realizar una encuesta a un grupo altamente especializado (miembros blancos, en su mayoría) de la POP de Durban. No ocultaron su desconfianza e indiferencia hacia investigadores externos. Escribí lo siguiente en mi diario de investigación, luego de un encuentro difícil con miembros de la tropa:

21/08/1999

¡Qué escena! Fui a realizar la largamente esperada encuesta con la sección RDP.[8] Sabía que era algo importante pero duro de hacer. La mayoría de los miembros en esta sección son blancos y de la vieja escuela de actuación policial paramilitar. Entré al aula del seminario y me vi confrontada a 30 policías vestidos de civil, grandes, repelentes y fumando. Tenían sus revólveres en la mesa frente a ellos y se veían intimidantes. Cuando el Capitán Padyachee, Jefe de Relaciones de Trabajo, me presentó a la sección y explicó qué había venido a hacer, los miembros dijeron que se negaban a contestar cualquier pregunta o a completar cualquier encuesta. Sólo se rieron y siguieron fumando a pesar de los ruegos del Capitán Padyachee para que cooperaran. No sé de dónde me vino el coraje, pero pensé, "puedo manejarme con estos tipos, déjemelo a mí". Sentí que había aprendido a hablar el lenguaje policial y a adaptarme a los diferentes tipos de respuestas que recibía. También me di cuenta de que como mujer (blanca) ajena a la institución policial, sería recibida, levemente, de manera más abierta que alguien de dentro de la policía, o que un hombre, que podía ser visto como más amenazante. Decidí bromear con ellos por un rato y dejarlos divertirse. Luego expliqué qué estaba haciendo, fui firme pero comprensiva, y rápidamente tuve a todos contestando. Para el final de la sesión, doce de los miembros presentes se ofrecieron para tener entrevistas individuales conmigo más adelante. Tengo que decir, sin embargo, que por un momento sólo quise salir de allí y abandonar el ejercicio.

---

[8]   La sección RDP era una sección especializada dentro de la POP de Durban. Esta sección era básicamente responsable de proteger a gente implicada en programas de reconstrucción y desarrollo, mayormente en los municipios de África. La mayoría de los miembros de esta sección eran blancos y la sección era vista como una elite y era objeto de mucha controversia en la unidad más amplia.

El antagonismo abierto hacia mí no se suscitó a menudo, pero hubo otros puntos de acceso que tuvieron que ser negociados, y algunas veces abandonados. Mientras que la mayoría de los miembros de la unidad se acostumbraron a mi presencia frecuente y a mi participación (u observación) durante las operaciones en el campo, algunos de los comandantes no se sintieron cómodos con el hecho de que yo estuviera presente mientras estaban al mando. Unos pocos se sintieron comprometidos con cuestiones relativas a mi seguridad, y otros se sintieron incómodos siendo observados por mí. Cuando sentía esa vacilación e incertidumbre, desechaba la idea de participar en tales operaciones. Encontré, sin embargo, que una vez que los comandantes se sentían más familiarizados conmigo y con el trabajo que estaba haciendo, me invitaban a sumarme a ellos en el campo; algunos hasta requirieron mi presencia durante operaciones que creían que yo podía encontrar interesantes.

Confrontando el peligro y renunciando a la "moralidad"

De vez en cuando me pedían que fuera más participante que observadora y colaborara con algunas de las operaciones que tenían lugar. En una ocasión, cuando me sumé a la unidad en una incursión a una escuela secundaria (para buscar armas y drogas), me pidieron que revisara qué aulas no habían sido revisadas y que le alertara a la unidad sobre ellas. En momentos como esos, era vista por el público como un miembro de la policía vestido de civil.

Hubo momentos en que mi rol como participante (más que como observadora) se volvió comprometedor para mí misma y también para la integridad de la unidad.

En una oportunidad, la administración de una universidad solicitó a la POP de Durban que entrara al campus para que intentara disipar índices de "malestar". Los estudiantes en la universidad estaban implicados en un boicot de clase y se habían reportado incidentes menores de violencia. Las tensiones entre estudiantes y administrativos eran altas y la administración de la universidad estaba preocupada por que pudiera haber un estallido de conflicto en el campus. La POP de Durban fue llamada para monitorear la situación y estar alerta para manejar a las multitudes (si se materializaban) y, de ser necesario, efectuar arrestos. Se convocaron una serie de reuniones entre la administración y la policía para decidir el mejor enfoque para lidiar con el problema. Los comandantes a cargo de la operación me invitaron a asistir a estas reuniones. Cuando expresé mi vacilación, dado que no era un miembro de la unidad y por lo tanto no debería ser parte de las discusiones, el comandante a cargo replicó que apreciaría que estuviera presente y que él no creía que fuera un problema. Una vez en la reunión (y para mi gran sorpresa) me presentó como un agente encubierto operando en la unidad. Yo estaba completamente impactada, dado que esto no se había acordado o discutido. A partir de ese momento, la administración de la universidad me invitó para dar consejo e información sobre la actuación policial. Incluso me invitaron a asistir a una ceremonia de graduación como agente encubierto en caso de que surgiera algún problema de orden público en la reunión. Hablé con el comandante a cargo y le informé sobre la naturaleza problemática de mi presentación. A partir de ahí, tuve que evitar todo contacto con la administración de la universidad.

Hubo también momentos en que no me sentí muy segura, a pesar de los acercamientos protectores de la mayoría de los policías hacia mí. Un ejemplo de esto fue cuando fui a una residencia[9] con la unidad en uno de los municipios. Había habido un ataque a miembros de la unidad en la residencia, la noche anterior. Yo era muy conciente de que muchos de los alojados estaban fuertemente armados, y de que había una constante tensión subyacente entre grupos de moradores de la residencia que apoyaban a determinados partidos políticos. Sabía que la policía (con la que era asociada claramente en ese momento) podía ser fácilmente emboscada y atacada de nuevo. Había un claro sentimiento de antagonismo entre la policía y los habitantes de la residencia y estar en ella no era seguro. Mientras llevábamos a cabo una búsqueda en las habitaciones de la residencia, podíamos oír disparos dentro del precinto. No sabía de dónde venían los disparos, o si la unidad era el blanco intencional de ellos, dada la animosidad entre algunos de los moradores de la residencia y la unidad en ese momento. Yo estaba petrificada, pero intentaba no demostrarlo. Me sentí ampliamente aliviada cuando la operación terminó y nos replegamos hacia los vehículos blindados en los que habíamos arribado.

Durante uno de mis encuentros de participación me sentí tan atemorizada que cuestioné mi sabiduría (y mi cordura) al implicarme tan profundamente con la unidad. El siguiente extracto de mi diario de investigación describe este suceso. Me había sumado a una de las secciones en un turno de toda la noche en KwaMashu, un municipio de Durban imprevisible y con problemas de criminalidad:

---

[9] Las residencias fueron inicialmente establecidas por la industria en los años veinte. Fueron construidas como viviendas para los hombres africanos que estaban empleados en la ciudad. Aquellos que vivían en las residencias lo hacían en condiciones terribles y, de varias maneras, éstas eran modos en que los empleadores se aseguraban el valor más bajo posible del poder laboral. En los sesenta y setenta, los Consejos de Administración del gobierno construyeron residencias para los empleados municipales en el área. Éstas fueron usadas como lugares de control social y son crueles recordatorios de la época del apartheid en Sudáfrica.

16/05/2000

Los muchachos de la Sección RDP llegaron a mi casa a las 6pm a buscarme para el turno nocturno. Había dos inspectores blancos y un sargento blanco en el vehículo... Estaban armados con rifles, ametralladoras y armas colgadas del cinturón, y sabía que tenía por delante una noche agitada. Uno de los inspectores me informó que vería varias cosas en el curso del turno que podían molestarme y que probablemente sentiría que su conducta estaba "fuera de lugar". Me dijeron que lo que viera y oyera no "debía abandonar el vehículo"; no debía hablar con nadie de la Universidad sobre mis observaciones, ni con la prensa. También me dijeron que me deshiciera de cualquier cámara o grabador, si los tenía. Dije que no tenía ninguno de estos.

Sabía que esta sección particular tenía una reputación de ser implacable y temeraria... El conductor estaba conduciendo a una velocidad de 200k/h. Me sentí completamente insegura. Llegamos a un espacio cercado, vacío (garaje), para esperar ahí al resto de la sección. Los miembros bajaron del auto y me explicaron cómo podía llegar a desenvolverse la noche por delante.

Inspector Botha: Monique, tengo que ser honesto contigo. Las mujeres blancas son un blanco en esta área.

Monique: ¿Qué quieres decir?

IB: Te verán y creerán que eres policía. Saben que es fácil reducir a una mujer y robarle su arma. También eres una candidata a la violación.

Sentí mi corazón latir muy rápido. Sinceramente quería irme a casa en ese momento, pero sabía que no podía volverme atrás. Tenía un turno de 12 horas por delante.

M: ¿Qué información podrías darme para protegerme a mí misma?

IB: Primero, quiero que te pongas este chaleco anti-balas. Será incómodo. No fue hecho pensando en el busto femenino.

M: ¿Cuán efectivas son estas chaquetas anti-balas? Obviamente no protegen tu cabeza, a la que pueden disparar.

IB: Para ser honesto, Monique, son un poco inútiles. Una bala puede penetrar a una distancia cercana. La mayoría de los policías que han sido matados en el área llevaban chalecos anti-balas. Pero es todo lo que tenemos para tu protección. También quiero enseñarte a manejar una ametralladora Uzi, en caso de que la necesites. Si alguien trata de dispararte, sólo responde el disparo. Es un arma muy fácil de usar.

Me mostraron entonces cómo usar la Uzi. Me sentía cada vez más aterrada mientras pasaban los minutos. No tenía ganas de usar un arma, y sabía que iba a sentirme petrificada por tener que dispararle a alguien, aun si estaba siendo atacada. Les dije esto.

IB: Bueno, tú quisiste ver cómo era estar acá afuera. No es broma, estar en el campo. Intentaremos protegerte lo mejor que podamos. Sólo permanece al lado mío en todo momento. Si hay una balacera, ve a esconderte detrás de un arbusto o de una choza. El informante estará con nosotros. Sólo ve con él. Él sabrá qué lugar es seguro.

Llegó el resto de la sección y me presentaron a todos los miembros. Casi que esperé que algo sucediera y que tuviéramos que irnos a casa. Pero no había forma de que estos muchachos fueran a abandonar una noche de acción. Respiré profundamente, fumé un cigarrillo y me preparé para la noche que tenía por delante... Volvimos al vehículo y "fuimos a buscar la acción"... La radio del sistema policial estaba reportando que había un vehículo robado en el área que había sido usado para varios secuestros. El conductor aumentó la velocidad y dijo "vayamos a buscarlos". Avanzamos a través de la oscuridad de los municipios con las luces del vehículo apagadas (para sorprender a los criminales, me dijeron). Los dos policías al frente del vehículo tenían sus armas apuntando por las ventanillas abiertas... Llegó otro reporte por la radio. Estaba teniendo lugar un juicio ilegal en una de las áreas de asentamiento informal. Nos apresuramos a través de un laberinto de casas y callejones. No hay nombres de calles en estas áreas, pero aun así estos policías sabían exactamente a dónde estábamos yendo... Mientras patrullábamos la ruta, la policía divisó a cuatro chicos en el pavimento. Pararon la camioneta a un lado y saltaron de ella. Revisaron a los cuatro chicos y encontraron nueve pas-

tillas de Mandrax.[10] Los golpearon y les preguntaron dónde
habían obtenido las pastillas. Los chicos no dijeron nada.
Los volvieron a golpear. Los chicos señalaron una casa que
estaba detrás, en la completa oscuridad. La policía observó
la casa y debatió por algunos segundos si irrumpir o no en
ella. Decidieron seguir adelante. Rompieron la cerca y se
arrastraron a través del agujero. Me dijeron que los siguie-
ra... Encontraron a un hombre y a su novia durmiendo en
el fondo de la casa... Comenzaron a interrogar a la mujer.
Le preguntaron por las drogas. La mujer dijo que ella no
sabía nada. Se volvieron hacia mí y gritaron:
IB: Monique, revisa a esta mujer y ve si no tiene nada entre
sus piernas.
¿Qué podía hacer? Llevé a la mujer a un cuarto aparte y la
revisé, con poco entusiasmo. No pude soportar humillarla
buscando entre sus piernas. Le dije que estaba bien y la alenté
a volver afuera... Condujimos a través de un área no ilumi-
nada donde un informante había acordado encontrarnos.
Rogué en silencio que el informante se hubiera ido y nosotros
no tuviéramos que entrar en el área. No tuve tal suerte. Allí
estaba, escondiéndose detrás de una pared. Subió al auto y
entonces fuimos a buscar a los otros miembros de la sección
que nos habían seguido en sus autos. El informante nos dijo
que sabía de dos casas donde había armas. Nos llevaría a
ellas. Guió a la policía y aterrizamos en un camino sucio en
medio de un asentamiento informal. Tomamos algunas otras
calles con curvas y nos vimos envueltos en la oscuridad y
en cientos de pequeñas casas y chozas. Estaba mortalmente
calmo. Las luces del vehículo estaban apagadas y las armas
apuntaban por las ventanillas abiertas. Tragué saliva intentando desembarazarme del miedo que sentía. Sabía que
no podía permanecer sola en el vehículo porque esto era
aun más peligroso que ir con los muchachos al campo. El
informante nos dijo que paráramos el auto. Estábamos en el
medio de la nada. Señaló una casa, a la distancia. No había
camino, sino un estrecho sendero con arbustos a ambos

---

[10]   Metacualona: droga sedativa, de amplio uso como droga recreacional
       (N. de la T.).

lados. Me forcé a mí misma a salir del auto y a permanecer tranquila. Me dieron a sostener una radio y una linterna. Nos arrastramos en la oscuridad a lo largo del sendero. Nos tuvimos que detener en una corriente de agua. Se escucharon dos disparos y todos nos agachamos. Pensé para mí misma, "si muero de una herida de bala, terminará pronto". Luego de unos minutos la policía nos dijo que nos levantáramos y seguimos caminando. Llegamos a la casa identificada. Nos dijeron que permaneciéramos agachados... Creí que moriría de miedo mientras caminábamos a través de este territorio desconocido, en la oscuridad. No sabíamos si había alguien en los vehículos. Cuatro policías se adelantaron y revisaron los alrededores. Saltamos dentro del vehículo y condujimos hacia la siguiente casa que el informante había identificado... Otros caminos con curvas en la oscuridad y nos detuvimos una vez más. Bajamos del vehículo y, siguiendo nuestras corazonadas, caminamos por otro sendero. Esta vez no había tantas matas y éramos altamente visibles para quien quisiera dispararnos. Me aferré a la linterna y a la radio... Finalmente nos arrastramos nuevamente volviendo por el sendero hacia nuestros vehículos. Descubrimos que a uno de los policías del otro vehículo le habían disparado en su mano y había sido llevado a un hospital cercano. Los policías en mi vehículo encontraban esto divertido.

IB: Ahora puede unirse al equipo. Ahora todos hemos sido heridos.

Sargento Marais: Sí, pero él sólo fue herido en su mano y eso no cuenta. Lo único que va a pasar es que no va a poder hurgarse la nariz.

Todos estallaron de risa. Era ahora alrededor de las 3am y todavía teníamos tres horas por delante.

No me arrepiento de tales acontecimientos. Me di cuenta de que fueron un componente importante del trabajo y de la experiencia de los miembros en la unidad, y que tales experiencias y contextos impactaron profundamente en el modo en que vieron su trabajo, dados los peligros que enfrentan diariamente. Sin embargo, hay momentos en que encuentro esta participación extremadamente agotadora, y hubiera preferido quedarme en mi oficina, escribiendo o hablando con colegas. En tales momentos, tenía realmente que motivarme a mí misma para conducir hasta la unidad y abandonar otras actividades por el resto del día.

Había varias cosas que me preocupaban sobre esa noche en KwaMashu (registrada anteriormente), más allá del peligro que había encontrado. En primer lugar, me sentí moralmente comprometida al saber que muchas de las respuestas de la sección eran brutales y completamente irrespetuosas del marco de protección a los derechos humanos que se supone que guía el comportamiento policial.[11] En segundo lugar, el solo pensamiento de sostener un arma, aun cuando no pudiera imaginar usarla, hizo surgir muchas cuestiones acerca de la ética de la investigación. No estaba segura sobre cómo hubiera respondido si realmente hubiese estado en una situación en que mi vida fuera amenazada. Como investigadora, no estaba segura de dónde estaban los límites del compromiso, dadas las posibles consecuencias de colocarme a mí misma en un ambiente tan peligroso.

Como la mayoría de los investigadores, generalmente elegiría evitar el implicarme en campos peligrosos (Lee, 1995). Sin embargo, esto no siempre era posible, particularmente desde que había elegido estudiar una unidad policial paramilitar cuya responsabilidad era crear o imponer "orden" en situaciones definidas como "revoltosas". En segundo lugar, al igual que Rodgers (2001), que se insertó completamente en las pandillas en Nicaragua, considero que los observadores-participantes no pueden siempre desvincularse de actos de violencia, aun cuando esos actos

---

[11]   Rodgers (2001) señala un punto interesante: que los antropólogos tienden a entender los actos de violencia desde el punto de vista de las víctimas de la violencia. Raramente se estudia a los perpetradores de violencia a través de métodos de participación.

son considerados injustificables, y aun injustos. Los mismos miembros que se implican en actos de violencia (un hecho no inusual en organizaciones policiales) eran las mismas personas que estaban luchando con procesos de transformación personal y organizacional. Eran también las mismas personas que me habían permitido participar en las actividades diarias (algunas veces excepcionales) de la unidad. Estar en el campo, observar (e indirectamente participar en) actos de violencia, me dio una oportunidad única de comprender una faceta importante de la cultura organizacional de la POP de Durban, que no puede ser capturada adecuadamente a través de las herramientas más indirectas de la entrevista o las encuestas.[12] A una conclusión similar llegaron Winlow *et ál.* en su estudio etnográfico de los custodios en pubs, clubes y bares. El investigador a cargo observó –y hasta participó de– actos de violencia, lo que, asegura, fue necesario para que él pudiera desarrollar la investigación como un etnógrafo encubierto. Winlow *et ál.* señalan que "detestábamos la violencia que observábamos, y que, aunque eran momentos de mucha adrenalina, con mucho gusto los hubiéramos intercambiado por una noche frente al televisor y el prospecto de analizar algunos cuestionarios la mañana siguiente. Los etnógrafos de la violencia, sin embargo, no se permiten tales lujos, dado que la reflexividad que subyace en el centro del proceso

---

[12] Por suerte, yo no tuve que involucrarme personalmente en actos de violencia. Sin embargo, hay etnógrafos (pocos como puedan ser) que han tenido que hacerlo. Rodgers se unió a una pandilla (una banda juvenil criminal) y "participó activa y directamente en un número de actividades violentas e ilegales tales como guerras de pandillas, robos, peleas, golpizas y conflictos con la policía" (2001:12). Rodgers creyó que esta implicación fue necesaria para que él pudiera consolidar su relación con miembros de pandillas en Nicaragua y para mostrar que él se identificaba con el barrio y estaba deseoso de "exponerse al peligro para defenderlo" (2001:11).

produce magulladuras que ni valoriza ni ennoblece a los participantes" (2001:537).

Winlow *et ál.* argumentan que tal implicación les representó, por supuesto, interrogantes morales. Argumentan que éstos no fueron ignorados, sino que "fueron colocados en un plano secundario a la pragmática de obtener un trabajo como custodio y mantenerlo" (2001:543). Investigar a "grupos violentos", plantean, es a menudo impredecible y los etnógrafos están forzados a cambiar sus roles y a renegociar las interacciones, en general bajo los términos del grupo estudiado. No todos los etnógrafos, sin embargo, acordarán con su decisión de colocar la pragmática de la investigación por sobre las consideraciones éticas y morales.

La observación participante, aun en contextos excitantes como las unidades policiales paramilitares, no es siempre estimulante o glamorosa. Para mantener las relaciones existentes y desarrollar nuevas, tuve que pasar un montón de tiempo simplemente "dando vueltas" por la unidad. Esto significa interminables horas en las oficinas de los oficiales de policía, hablando de cualquier cosa, desde cómo estaba funcionando la unidad, hasta de crisis familiares, política, o nuevas operaciones personales de negocios. Estas interacciones informales fueron cruciales no sólo para construir confianza y familiaridad, sino también para aprender el proceso de pensamiento cotidiano y más mundano de la policía, al igual que las interacciones cotidianas entre ellos. Fue también a través de la actividad más "protegida" de asistencia y participación en encuentros formales y talleres que me volví una observadora participante. Aquí me impliqué, casi como un par, con la administración policial de alto rango con la presente naturaleza de la unidad, sus planes y objetivos futuros, y los mecanismos para lograr estos objetivos. Tal participación me permitió mantenerme más ampliamente al día respecto del proceso formal que estaba teniendo lugar en la unidad en relación a las iniciativas policiales, el planeamiento futuro y la evolución general. Esto me suministró un criterio con el que medir cuán lejos había llegado la unidad en su proceso de cambio y cuánto más tendría que avanzar para alcanzar los objetivos de actuación policial "democrática" del orden público.

Blanca, y una mujer

El proceso de hacer etnografía, tanto como los resultados de la investigación etnográfica, son, en muchos modos, dependientes de los "identificadores" personales (a falta de una palabra mejor) del investigador. Tales identificadores incluyen la raza, el género, la clase y la nacionalidad, entre otros. Cómo el investigador construye personalmente su identidad, y la construcción social que enmarcan tales identificadores en cualquier sociedad dada, probablemente den forma a las relaciones que son entabladas en el campo y a los tipos de información que se vuelven disponibles como resultado de esto. La personalidad del investigador es también clave para entender las historias que se cuentan o se ocultan y la exposición que se permitirá al investigador en las vidas cotidianas de aquellos que él o ella está estudiando. Me gustaría reflexionar acerca de lo que significó ser una mujer blanca en una organización dominada por hombres negros. Pero quisiera que el lector notara que, en muchos modos, fue la "personalidad" que proyectaba la que creó mi experiencia de investigación en la unidad POP de Durban.

En mi trabajo de campo con esta unidad encontré que ser una mujer era más ventajoso que desfavorable. Aunque la unidad estaba dominada por hombres (había sólo siete mujeres en operación en una unidad de 816 miembros), siempre fui tratada con el mayor de los respetos. Hubo pocas situaciones en que experimenté alguna forma de acoso sexual o donde los miembros hombres intentaron involucrarse conmigo íntimamente.[13] Hubo, sin embargo, trasfondos insinuantes en algunas de las relaciones que establecí con miembros hombres de la unidad. Para ser honesta, creo que esos trasfondos pudieron haber jugado un rol menor en el hecho de facilitar la investigación con miembros hombres, quienes podrían, de otro modo, haberse mostrado más resistentes a "ser observados e interrogados". En escenarios de investigación complejos y cerrados se requiere una variedad de técnicas para construir relaciones y para facilitar el acceso a la información, y el coqueteo fue, por momentos, un camino a interacciones tanto estrechas como despreocupadas. Mi coqueteo y mi implicación con miembros de la unidad, sin embargo, fue "auténtico". Yo, la mayor parte del tiempo, disfruté el tiempo que pasé con ellos y encontré fascinantes sus visiones del mundo, sus experiencias y sus perspectivas.

Sin lugar a dudas, mi "éxito" como etnógrafa fue debido en parte al carácter que proyecté mientras participé en la unidad. Fui práctica y audaz, pero también comprometida e interesada. Participé de casi todo, pero fui alguien segura con quien involucrarse, dado que era una extraña y no tenía intereses creados en las políticas internas de la unidad. Además, ser una mujer pareció significar "de manera innata" que era confiable y comprensiva. Los miembros podían hablar conmigo tanto de su trabajo como de sus dilemas personales, con muy poca vacilación. Yo escuchaba, compartía mis propias experiencias con toda la franqueza

---

[13] No todas las investigadoras mujeres en las organizaciones policiales son tan afortunadas como yo lo fui. Marie-Luise Glebbeek, que hizo un estudio etnográfico en la Fuerza Civil Policial de Guatemala, documenta que mientras más familiar se volvía el trato con los miembros hombres de la unidad, más avances sexuales desarrollaban hacia ella (Huggins y Glebeek, 2003).

que creía necesaria, y nunca revelaba las confidencias. Los miembros de la unidad sabían que no estaba casada pero que convivía con mi pareja. A menudo me buscaban en mi casa y me llevaban con ellos en sus operaciones o para observar sesiones de entrenamiento o desfiles. Cuando di a luz a mi primer hijo en marzo de 2001, algunos de los miembros de la unidad vinieron a casa a verlo. También, por supuesto, tenía un pasado. No hablé de mi historia como activista anti-*apartheid*, pero, si me preguntaban sobre mi historia, también estaba abierta a contarla. Aunque esta información puede haber sido inquietante para algunos miembros de la unidad, esto nunca se expresó abiertamente. En cambio, mi propia historia suscitó interés, particularmente de parte de los miembros negros.

Las mujeres en la policía a menudo tienen que demostrar, una y otra vez, que son agentes competentes e intrépidos, a la vez que deben probar que aun mantienen una disposición femenina (Brown, 1997, 2000; Martin, 1996). Este es un acto de balance extremadamente difícil. Hubo unas pocas ocasiones en que fui "testeada" por miembros hombres, que querían ver si tenía o no "agallas" para estar afuera en el campo con ellos. En una ocasión, cuando me uní a los miembros en una operación de prevención del crimen en uno de los municipios de Durban, informé a los hombres con los que estaba en el vehículo blindado que tenía que ir al baño. Se miraron entre ellos y rieron. Uno de ellos dijo que sólo tenía que golpear la puerta de los residentes del municipio y pedir usar su excusado exterior. Bajé del vehículo (en medio de la noche) y golpee la puerta de la casa más cercana. Pregunté cortésmente si podía usar el baño. Éste estaba fuera, al fondo de la casa, y un perro estaba encadenado a un poste cercano. Sintiéndome un poco inquieta, fui al baño, agradecí a los miembros de la casa y me trepé nuevamente al vehículo. Los hombres dentro estaban de lo más impresionados. Me informaron que ni las mujeres policía que ocasionalmente se unían a su sección en operaciones en el municipio usarían baños externos durante la noche. Preferirían esperar a que terminara el turno y luego ir al baño en la estación de policía o en un centro comercial cercano. El simple acto de ir al baño bajo "circunstancias difíciles" demostró a los miembros de la sección que yo era "uno de los muchachos". Su comportamiento hacia mí cambió un poco luego de este incidente y me acerqué un poco más a ser considerada un miembro integrado del equipo.

Ser "blanca"[14] fue más complicado, en cierta manera, que ser una mujer. El hecho de que soy identificada como blanca (por supuestas características físicas, un acceso a posibilidades de vida históricamente privilegiadas en Sudáfrica, modos de habla, clasificación de raza del *apartheid* y, sin duda, otros factores) probablemente hizo que mi acceso a los oficiales de alto rango de la unidad fuera mucho más fácil de lo que hubiera sido si yo hubiese sido clasificada o identificada de otro modo. Martha Huggins llega a una conclusión similar, habiendo realizado entrevistas con policías brasileños que habían sido torturadores o asesinos durante los veintiún años de la dictadura militar

---

[14]   Me siento algo incómoda usando estas categorizaciones raciales. Esta categorización es imprecisa y absurda, particularmente si uno acepta (como yo lo hago) que la raza es una construcción social que divide artificialmente a la gente en grupos distintos basados en características tales como la apariencia física, la herencia ancestral, la afiliación cultural, la historia cultural, la afiliación étnica y las necesidades sociales, económicas y políticas de una sociedad en cualquier tiempo determinado (Wijeyesinghe y Jackson, 2001). Aunque se han hecho intentos por disminuir el rol de la raza y el papel que ésta juega en organizar la sociedad sudafricana, los legados raciales del apartheid permanecen potentes en las normas del pensamiento y la experiencia cotidiana (Posel, 2001; Maré, 1999). Dado el uso de sentido común de estos términos y su continua utilización como categorías de organización y construcción de identidad, hago uso de ellos. ¿Tal vez, al hacerlo, también haya caído en una trampa irreflexiva?

en Brasil. Ella asegura que ser una investigadora "caucásica" "en un sistema socio-cultural que valora la piel clara y sus características físicas asociadas por sobre las más oscuras puede haber reforzado su status presumiblemente más elevado en relación al de los entrevistados" (Huggins y Glebeek, 2003:373).

Cuando comencé mi investigación, los oficiales de más alto rango (a niveles locales, provinciales y nacionales de la unidad) eran todos blancos. Aunque estaban curiosos por mi investigación y probablemente escépticos sobre sus resultados, desplegaron poca preocupación sobre mis intenciones y mi integridad. Sólo puedo suponer que, dado el carácter históricamente racista de (el Servicio de) la Policía de Sudáfrica, mi entrada a este nivel hubiera sido mucho más difícil si hubiese sido una persona negra. En los niveles más bajos, ser blanca me dio algún tipo de punto de identificación para los miembros blancos de la unidad, quienes, creo, de otro modo hubieran rehusado cualquier acceso a su existencia sub-cultural en la unidad. Estos miembros se identificaban a sí mismos como blancos y eran los miembros más resistentes de la unidad en relación a mis esfuerzos de investigación. De haber sido una mujer negra, mi acceso a este grupo hubiera sido más limitado.

Los miembros "indios" respondieron de manera positiva a mi presencia en la unidad. Reflexionando sobre esto, creo que fue debido a que mi punto de acceso original a la unidad fue a través de un miembro indio. El capitán Mohamed, la persona que realmente me presentó en la unidad, era indio. Pasé una gran cantidad de tiempo con el capitán Mohamed y, a través de él, me familiaricé con otros miembros indios en la unidad. Casi todos los directivos medios de la unidad eran indios y casi no demostraron resistencia a mi participación en las actividades de su sección y en mi realización de entrevistas. De hecho, sentí, por momentos, que tendía a pasar más tiempo con miembros indios que con otros grupos raciales en la unidad. Me preocupaba que los miembros africanos hubieran notado esto y que esto tal vez limitara su compromiso conmigo. Aunque experimenté poca resistencia de parte de miembros africanos de la unidad cuando me encontraba acompañando a las secciones en sus operaciones, sentí que en las entrevistas formales se relacionaban conmigo menos abiertamente que lo que lo hacían miembros de otros grupos raciales. Tal vez, sin embargo, esto era un resultado de sus experiencias históricas de ser silenciados en la fuerza policial y, posiblemente, habían aprendido a ser cautos sobre lo que hablaban y a quién. Nunca sabré si los silencios que sin dudas existían eran un resultado de circunstancias históricas o de mi propia presentación personal.

Pasar en limpio y compartir información: la investigación democratizada

Si, como sugieren Greenhill (1981) y Holdaway (1983), el acceso apropiado y "la investigación justa" en la policía requiere el estar dispuesta a devolver algo (especialmente conocimiento), entonces parecería que la investigación participante es un camino importante a seguir. Un componente vital del proceso de la investigación fue compartir los descubrimientos de la investigación con la policía a intervalos regulares y permitirles comentar sobre ellos y suministrar sus propios entendimientos, interpretaciones y críticas sobre la investigación. La mayoría de las veces suministraba informes y artículos que había escrito a oficiales de policía con los que estaba en contacto regular y tenía relaciones cordiales. Ellos leían lo que había escrito y luego nos hacíamos un tiempo para discutir mis descubrimientos y sus comentarios. Al hacerlo, estaba en condiciones de clarificar algunos aspectos de mi investigación. Estas interacciones también me suministraron otro camino para entender el punto de vista de los mismos policías. Este acto de validación de los miembros también me ayudó a establecer relaciones mutuas y sinceras entre la policía y yo, lo que a su vez, creo, incrementó la legitimidad y validez de la investigación.

En el pasado, la policía en Sudáfrica era a menudo excluida de tales procesos, especialmente por parte de investigadores y académicos más de centro-izquierda. Esto los marginalizó de la producción de conocimiento sobre la policía (Muller y Cloete, 1987). Como resultado, consideré a la policía como una comunidad "desempoderada", particularmente la tropa, y sentí que democratizar la investigación debía ser una parte importante del proceso de investigación. Aunque la mayoría de las veces compartí los descubrimientos de la investigación y recibí reacciones por parte de los oficiales de policía de alto rango, también puse mis escritos e informes a disposición de los miembros de la tropa en la unidad. Les hice saber a los miembros que las fotocopias de mis informes y artículos estaban disponibles a partir de los directivos. Incluso envié artículos que había escrito a algunos de los policías que había entrevistado, cuando solicitaron leer mi trabajo. La mayoría de los policías apreciaron que los hubiera incluido en el proceso de investigación, y pasé horas discutiendo sus puntos de vista una vez que hubieron leído mi trabajo. No siempre estuvimos de acuerdo acerca de la "verdad de los hechos" o sobre mis interpretaciones de los sucesos. Aunque sus puntos de vista siempre fueron tomados en cuenta, hice valer mi "derecho" académico a tener diferentes interpretaciones y puntos de vista.

A pesar de mi intento de "democratizar" mi investigación, hubo algunas pocas ocasiones en que la policía expresó malestar hacia mi trabajo. Me viene un incidente a la mente. En los tardíos 1999, se sostuvo una reunión entre un equipo de asesores internacionales, miembros de la POP de todas las unidades en KwaZulu Natal y la Oficina Central, y fui invitada a participar en el encuentro. Me solicitaron que evaluara un nuevo programa que estaba siendo establecido en la unidad. La sugerencia, en realidad, vino de la Central Nacional de Entrenamiento. Uno de los directores comentó, sólo a medias en broma: "¿No creen que Monique ya nos ha criticado lo suficiente?". El comisionado nacional Cronje respondió: "Sí, pero hemos aprendido mucho de su investigación. Necesitamos personas de afuera como ella para mostrarnos las cosas que no vemos. Creo que es una buena idea que ella esté implicada en este proyecto".

Arriesgarse: la publicación de la investigación

Tal vez la mayor dificultad en la investigación de la policía sea hacer públicos los propios descubrimientos (Holdaway, 1983). Habiendo desarrollado relaciones con miembros de la policía en un ambiente difícil, los investigadores pueden sentirse inseguros por la posibilidad de quebrar niveles de confianza al exponer puntos negativos o perjudiciales sobre la organización policial. A este respecto, Young (1991) argumenta que el publicar una investigación sobre la policía tiene implicaciones morales y políticas. Pueden emerger lealtades hacia la policía y escribir siquiera alguna cosa puede ser extremadamente difícil.

No hay dudas de que debe negociarse un camino difícil cuando se publican o informan los descubrimientos de la investigación sobre la policía. Los investigadores de la policía tienen que hacer uso de información significativa y posiblemente comprometedora, a la vez que deben ser concientes de no revelar confidencias o causar ningún daño o descrédito al policía individual y a la organización misma. Como resultado, hay observaciones hechas y conversaciones registradas que no forman parte de la redacción final de la investigación. Revelar esas confidencias y ser indiferente respecto de las consecuencias de publicar la investigación puede tener consecuencias destructivas: puede destrozar las relaciones establecidas y deslegitimar la investigación a los ojos de la policía.

Las etnografías de la policía que implican pasar una cantidad extensa de tiempo con ella en una variedad de circunstancias pueden dar lugar a una cantidad de dilemas éticos por parte del investigador. Este es particularmente el caso cuando los investigadores, como me ha sucedido, observan a miembros de la policía envueltos en actos que pueden ser definidos como excesivamente enérgicos, abusivos de los derechos humanos, o aun ilegales (Westmarland, 2001). Tal información (donde los participantes comenten serias transgresiones) es llamada por Thomas y Marquart "información sucia" (1987:81). Decidir si "delatar" o no a la policía es una decisión difícil de tomar. Como ha notado Westmarland, "potencialmente, los etnógrafos pisan una delgada línea, entre secundar el comportamiento policial –conspirando a partir de la inacción cuando se usa fuerza innecesaria– y 'delatar'" (2001:527). Revelar "información sucia" puede tener una gran cantidad de serias repercusiones, que incluyen el descrédito profesional, el estigma social, pleitos legales, cargos criminales e incluso la muerte de informantes (Thomas y Marquart, 1987:81). Los códigos éticos no siempre suministran las respuestas a situaciones moralmente comprometedoras (Punch, 1986).

Al igual que Reiner (2000) y Van Maanen (1988), sentí que mis preocupaciones principales eran salvaguardar el acceso a la organización policial (para mí en el futuro y para otros investigadores) y proteger la confidencialidad de los oficiales de policía individuales que me suministraron información crucial, ya fuera a través de conversaciones con ellos o a través de observar sus interacciones cotidianas. En ningún momento, por lo tanto, reporté a las autoridades en la policía el comportamiento "díscolo" de los oficiales de policía individuales. Aunque algunas de mis observaciones de tal comportamiento están documentadas en este artículo, el objetivo al hacer esto es reflexionar acerca de las motivaciones de los oficiales de policía y los contextos en que este comportamiento penoso ocurrió. No es mi intención desacreditar a la organización o a sus miembros.

Al divulgar esta investigación, he intentado asegurar la confidencialidad y anonimato de todos los miembros de la unidad POP, así como la de otros encuestados. Todos los nombres usados son ficticios y algunas fechas controvertidas y comprometedoras han sido cambiadas en el reporte de las observaciones.

Conclusión

La petición de Maurice Punch por "algunas caras nuevas" para llevar a cabo etnografías es muy pertinente. Llega en un momento en que las organizaciones policiales a lo largo del mundo están experimentando inmensos cambios. En primer lugar, en muchos países en que los gobiernos se han obsesionado por la "amenaza del terrorismo", se ha pedido a las organizaciones policiales cambiar sus prioridades y se han formado nuevas unidades especializadas (Deflem, 2003). En segundo lugar, se espera que los cuerpos policiales del Estado desarrollen ahora, más que nunca, redes policiales internacionales (Sheptycki, 2000; Barak, 2000). En tercer lugar, las organizaciones policiales del Estado ya no tienen el monopolio en el gobierno o la previsión de la seguridad. La policía pública es ahora una de las muchas organizaciones cuyos recursos están siendo movilizados para suministrar seguridad (Shaw y Shearing, 1998). Los cuerpos policiales del Estado, por lo tanto, han tenido que rever sus funciones, reconsiderar sus jurisdicciones y adaptarse a nuevas asociaciones. Al mismo tiempo, sin embargo, aún se espera que provean un servicio profesional óptimo como cuerpos policiales nacionales. En este sentido, los procesos de reforma policial insisten en que la policía se vuelva más "democrática", más sensible a las (diversas) necesidades de la comunidad y más impulsada por los resultados (Bayley, 1994).

Una cantidad de preguntas clave surge de estos cambios, los cuales, creo, pueden ser mejor respondidos por la inmersión de los investigadores en los ambientes en cambio, volviéndose intensamente familiarizados con los agentes en el campo *de la actuación policial*, y lidiando con asuntos de la cultura. Mencionaré unas pocas preguntas que me vienen directamente a la mente, aunque estoy segura de que hay más y mejores: ¿Ha tenido la policía que desarrollar un nuevo equipo de asunciones para mantener el sentido del cambio en la política de seguridad? ¿En qué modo ha cambiado el comportamiento de la policía respecto al público como resultado de nuevas amenazas y miedos? ¿Existen aspectos de unión en la cultura policial entre las diferentes agencias policiales nacionales que se espera que trabajen juntas? ¿Está experimentando la policía una falta de "encuentro cultural" en los nuevos acuerdos de trabajo? ¿Cómo experimenta la policía su pérdida del monopolio en el suministro del servicio de seguridad? ¿Qué mecanismos está desarrollando la policía para hacer frente a los múltiples ambientes de cambio a los que se espera que se adapte? ¿En qué modo han impactado los procesos de cambio organizacional en la moral, la motivación y el compromiso de la policía?

Cada una de estas preguntas demanda averiguaciones en la conciencia, las experiencias y los sistemas de valores de los miembros de la policía. Requieren una apreciación, de parte de los investigadores, de las complejidades y contradicciones que inevitablemente resultan de los procesos de cambio que son típicamente burocráticos, jerárquicos y atados a las reglas. Lidiar con este despliegue de experiencias bizantinas requiere una aproximación de investigación que facilite las relaciones de confianza entre los investigadores y los miembros de la policía, y que permita al investigador observar (y aun participar en) una diversidad de circunstancias. La aproximación etnográfica suministra a los investigadores una manera de examinar el conocimiento cultural y el comportamiento que comparten los participantes y que usan para interpretar sus experiencias. Permite a los investigadores comprender sistemas de valores complejos que son creados o transmitidos por el folklore organizacional, las historias y memorias, que sólo pueden ser aprehendidos a través de la implicación continua con los miembros de la policía y su entorno (Schwartzman, 1993).

Mi propia investigación con la unidad POP en Durban me reveló el valor crítico de las perspectivas etnográficas en la comprensión del cambio organizacional de la policía. A través de mi continua inmersión en la unidad, fui capaz de notar la frecuente incongruencia entre las respuestas de comportamiento y las afirmaciones formales de cambio. Escuchando las historias y memorias, fui capaz de recrear los compromisos de los miembros al pasado y la resistencia resultante a algunas de las nuevas demandas internacionales. A través de una implicación prolongada con la unidad, me confiaron información que me ayudó a comprender los cambios dentro de la organización, algunas veces basados en la raza, algunas veces en el género y a menudo basados en el rango –todos ellos abarcados por los requerimientos legislativos para acciones afirmativas y de equidad dentro de las organizaciones de servicio público–. Hubo, sin dudas, muchas cuestiones que me perdí o que no comprendí. A pesar de la extensión de mi participación en la unidad y mi familiaridad con miembros de la unidad, permanecí como una extraña, no siendo entrenada ni socializada como personal policial.

El rol de propio-extraño de los etnógrafos en las organizaciones policiales demanda una continua reflexividad por parte de los investigadores en relación a su impacto en el entorno de investigación y al impacto del campo en sus propias interpretaciones. Sumado a esto, puede haber momentos en que la implicación estrecha con la policía pueda ser experimentada como físicamente comprometedora. En mi caso, esto ocurrió cuando me solicitaron que me volviera más una participante que una observadora. Hay numerosos ejemplos de esto, como cuando me pidieron que ayudara en la búsqueda de drogas en sospechosos o esperaron que me arrastrara como un leopardo[15] en el piso, acarreando linternas y radios durante incursiones en busca de armas en los municipios. Una vez "en el campo", fue a menudo difícil establecer límites a los niveles de participación. La ética personal y política fue sacrificada cuando me volví conciente del comportamiento vergonzoso e ilegal por parte de las secciones de la unidad, pero decidí no actuar en relación a esta información. Puede haber múltiples dilemas y dificultades que confronten a los etnógrafos de la policía. Sin embargo, confrontarlas ensuciándote realmente las manos puede ser la única manera mediante la cual comprender las contradicciones del cambio policial.

---

[15]   *Leopard-crawl*: una forma específicamente militar de avanzar arrastrándose (N. de la T.).

Bibliografía citada

Barak, G., 2000, "Comparative criminology: a global view". En: *The Critical Criminologist*, vol.10, n.2.

Bayley, D., 1994, *Police for the future*. New York: Oxford University Press.

Bewer, J., 1991, *Inside the RUC: routine policing in a divided society*. Oxford: Clarendon Press.

Brodgen, M. y Schearing, C., 1993, *Policing for a new South Africa*. London: Routledge.

Brown, J., 1997, "Equal opportunities and the police in England and Wales: past, present and future possibilities". En: P. Francis, P. Davies y V. Jupp (eds.), *Policing futures: the police, law enforcement and the twenty-first century*. London: MacMillan Press.

——, 2000, "Discriminatory experiences of women police: a comparison of officers serving in England and Wales, Scotland, Northern Ireland y and the Republic of Ireland". En: *Journal of the Sociology of Law*, vol.28, n.2.

Cain, M., 1973, *Society and the policeman´s role*. London: Routledge and Kegan Paul.

Chan, J., 1997, *Changing police culture: policing in a multicultural society*. Melbourne: Cambridge University Press.

——, 1999, "Police culture". En: D. Dixon (ed.), *A culture of corruption: changing an Australian police force*. Sydney: Hawkins Press.

Chan, J., Devery, C. y Doran, S., 2003, *Fair cop: learning the art of policing*. Toronto: University of Toronto Press.

Deflem, M., 2003, "Europol and the policing of international terrorism". En: *Global Connections, the Newsletter of the Richard L. Walker Institute of Internal Studies*.

Ericson, R., 1982, *Reproducing order: a study of police patrol work*. Toronto: Oxford University Press.

Fielding, N., 1981, *The national front*. London: Routledge and Kegan Paul.

Foster, J., 1989, "Two stations: an ethnographic study of policing in the Inner City". En: D. Downes (ed.), *Crime and the city: essays in memory of John Barron Mays*. Basingstoke: MacMillan.

Goldstein, H., 1990, *Problem oriented policing*. New York: McGraw Hill.

Greenhill, N., 1981, "The value of sociology in policing". En: D. Pope y N. Weiner (eds.), *Modern policing*. London: Croom Held Ltd.

Herbert, S., 1997, *Policing space: territoriality and the Los Angeles Police Department*. Minneapolis: University of Minneapolis Press.

——, 1998, "Police subculture reconsidered". En: *Criminology*, vol.36, n.2.

Holdaway, S., 1983, *Inside the British police*. Oxford: Basil Blackwell.

Huggins, M. y Glebbeek, M., 2003, "Women studying violent male institutions: cross gendered dynamics in police research on secrecy and danger". En: *Theoretical criminology*, vol.7, n.3.

Lee, R., 1995, *Dangerous fieldwork*. Qualitative Research Methods Series n.43. Thousand Oaks, CA: Sage.

Maré, G., 1999, "Race thinking and thinking about race in South Africa: non-racialism in the struggle against apartheid". Ponencia presentada en: *Conference of the African Studies Association of the Australasian and the Pacific*. University of Western Australia, Perth.

Marks, M., 2003, "Shifting gears or slamming the breaks? A review of police behavioural change in a post-apartheid police unit". En: *Policing and Society*, vol.13, n.3.

Martin, C., 1996, "The impact of equal opportunities policies on the day-to-day experiences of women police constables". En: *British Journal of Criminology*, vol.36, n.4.

Mastrofski, S. y Uchida, C., 1993, "Transforming the police". En: *Journal of Research in Crime and Delinquency*, vol.30, n.3.

Maykut, P. y Morehouse, R., 1994, *Beginning qualitative research: a philosophic and practical guide*. London: The Falmer Press.

Muller, J. y Cloete, N., 1987, "The white hands: academic social scientists, engagement and struggle in South Africa". En: *Social Epistemology*, vol.1, n.2.

Posel, D., 2001, "Race as common sense: racial classification in twentieth century South Africa". En: *African Studies Review*, vol.44, n.2.

Punch, M., 1986, *The politics and ethics of fieldwork*. Hollywood: Sage.

——, 2003, "Summary remarks of the International Police Conference at Kentucky University". 12 al 14 de junio. Mimeo. Con permiso recibido del autor para usar estas notas.

Reiner, R., 1992, *The politics of the police*. London: Harvest Wheatsheaf.

——, 2000, "Police research". En: P. King y E. Wincup (eds.), *Doing research on crime and justice*. Oxford: Oxford University Press.

Rippy, K., 1990, "The ins and outs of implementing change". En: *The Police Chief*, vol.57, n.4.

Rodgers, D., 2001, "Making danger a calling: anthropology, violence and the dilemmas of participant observation". Documento de trabajo en: *Crisis States Programme at the London School of Economics and Political Science*, University of London.

Schein, E., 1985, *Organisational culture and leadership*. San Francisco: Jossey-Bass.

——, 1996, "Culture: the missing concept in organizational studies". En: *Administrative Science Quarterly*, vol.41, n.2.

Shaw, M. y Schearing, C., 1998, "Shaping security: an exa-
    mination of the governance of security in South Africa".
    En: *African Security Review*, vol.7, n.3.
Sheptycki, J., 2000, *Issues in transnational policing*. London:
    Routledge.
Schwartzman, H., 1993, *Ethnography in organizations*.
    Newbury Park, CA: Sage Publications.
Thomas, J. y Marquart, J., 1987, "Dirty information and
    clean conscience: communication problems in stu-
    dying 'bad guys'". En: C. Crouch y D. Maines (eds.),
    Communication and social structure. Springfield:
    Charles Thomas Publisher.
Van Maanen, J., 1988, *Tales of the field: on writing ethno-
    graphy*. Chicago: University of Chicago Press.
——, 1995 *Representations in ethnography*. London: Sage.
Waddington, P.A.J., 1999, "Police (canteen) culture". En:
    British Journal of Criminology, vol.39, n.2.
Walker, R. (ed.), 1985, *Applied qualitative research*.
    Aldershot, UK: Gower Publishing Company.
Wijeyesinghe, C. y Jackson, B., 2001, *New perspectives on
    racial identity development: a theoretical and practical
    anthology*. New York: New York University Press.
Wardrop, J., 1999, "Riding the whole Soweto: Soweto Flying
    Squad and the representations of the field". Ponencia
    presentada en: *History Seminar Programme*, University
    of Natal, Durban.
Westmarland, L., 2001, "Blowing the whistle on police
    violence: gender, ethnography and ethics". En: *British
    Journal of Criminology*, vol.41, n.3.
Winlow, S., Hobbs, D., Lister, S. y Hadfield, P., 2001, "Get
    ready to duck: bouncers and the realities of ethnogra-
    phic research on violent groups". En: *British Journal of
    Criminology*, vol.41, n.3.
Young, M., 1991, *Inside job: policing and police culture in
    Britain*. Oxford: Oxford University Press.

9. *Anita Anota*. El antropólogo en la aldea (penal y burocrática)[1]

Deborah Daich y Mariana Sirimarco
(Universidad de Buenos Aires-CONICET)

Sobre el escribir y el anotar

La anécdota es ampliamente conocida en el ambiente antropológico. Después de mucho ver al antropólogo tomar apuntes en su cuaderno de campo, el jefe nambiquara aparece, ante su grupo, también con lápiz y papel. No sabe escribir (el antropólogo que refiere la historia dice que no sabe), pero garabatea signos en la hoja en blanco. Luego los lee, ante la tribu y ante el propio antropólogo. Podría decirse que remeda el hacer del antropólogo, que copia lo que el otro hace. Mejor dicho: que copia lo que ve en el otro como fuente de prestigio y de poder. Que disputa, él que al fin de cuentas es el jefe, el campo de las actuaciones y las competencias (Lévi-Strauss, 1973).

Ese gesto mimético –seguramente serio– esconde, sin embargo, el bosquejo de una parodia. Lo esconde tal vez para nosotros: es difícil no ver, en el trazo de esos garabatos, una distancia crítica. Los dibujos sin sentido del jefe actúan exageradamente la norma –exageradamente porque el antropólogo nos dice que él la norma no la sabe– y la ponen, de este modo, en evidencia. Sus dibujos valen tanto como las palabras escritas del antropólogo. Ambas son formas de

---

[1] Daich, Deborah y Sirimarco, Mariana: "*Anita anota*. El antropólogo en la aldea (penal y burocrática)", *Cadernos de campo*, São Paulo, vol.18, n.18, 2009, pp. 13-28.

escritura, si entendemos que lo que el jefe hace no apunta a lo escrito sino a su acto: al ejercicio de un mecanismo. Justamente porque no le resulta necesario saber para escribir, la imitación se vuelve parodia. Anclada en un vacío de conocimiento gráfico, la repetición se instala fácilmente como inversión irónica (Hutcheon, en Nagore, 1997). El jefe escribe. O al menos desnuda una faceta clave de la escritura etnográfica: aquella que la inviste de autoridad.

Es en torno a este sentido que se desenvuelve el presente artículo. En torno a la escritura etnográfica y sus implicancias en el contexto del trabajo de campo. Ya Geertz (2000) dijo que lo que el antropólogo principalmente hace es escribir o, más precisamente, "inscribir" discursos sociales. Así, la escritura antropológica es capaz de fijar "lo dicho" de forma tal que aquellos discursos sociales recogidos en el campo adquieran, por medio de su inscripción, un carácter permanente que los hace pasibles de ser consultados una y otra vez. Y en dicha inscripción, la "descripción etnográfica" –sugiere Geertz–, la observación, el registro y el análisis/ interpretación aparecen íntimamente ligados puesto que no pueden considerarse operaciones autónomas.

Siguiendo a Geertz, Cardoso de Oliveira distingue dos etapas de la investigación: el antropólogo *estando ahí* y el antropólogo trabajando *estando aquí*. En esos términos, sugiere el autor, el mirar y oír serían parte de la primera etapa y el escribir de la segunda; el escribir *estando aquí*, fuera de la situación de campo, cumpliría su más alta función cognitiva, realizando el proceso de textualización de los fenómenos socio-culturales observados *estando ahí*. La función de escribir el texto sería más que una simple exposición de un saber, se trataría de una forma de pensar o, para decirlo de otro modo, el acto de escribir es simultáneo al acto de pensar (Cardoso de Oliveira, 2000).

Así, al preguntarse por el trabajo del antropólogo, este autor enfatiza el carácter constitutivo del mirar, el oír y el escribir en la elaboración del conocimiento antropológico. Estas tres etapas: mirar, oír, escribir, son actos cognitivos que constituyen una unidad irreductible. Nuestro mirar y oír no son ingenuos, antes bien, están disciplinados por nuestra propia disciplina –formadora de nuestra manera de ver la realidad–. Nuestra disciplina, entonces, condiciona las posibilidades de observación, de escucha y de textualización –a través de la escritura– siempre de conformidad con un horizonte que le es propio (Cardoso de Oliveira, 2000).

Al decir de este antropólogo, la escritura etnográfica alcanza su más alta función cognitiva en el *estar aquí*. Sin embargo, y si bien se trata de una escritura diferente, el escribir *estando ahí* también encierra –creemos– una importancia significativa a la hora de pensar y de pensarse –a uno mismo, a los otros– en el campo. Nos interesa entonces detenernos en esa otra instancia de escritura: aquella ligada a las instancias mismas de las situaciones en el terreno. A ese territorio, tal vez no demasiado explorado, que se configura cuando se abre la libreta de campo. Cuando se abre, sobre todo, en medio de la aldea, en medio de la ceremonia, de frente a los nativos, en el instante mismo de *estar ahí*.

Si las categorías con que aludimos a los actos no son ingenuas, entonces tal vez no se trate tanto de escribir como de *anotar*. Esto es, de fijar lo significativo. De elegir, de entre todo lo que se dice –de entre todo lo que podría escribirse–, aquello capaz de resultar revelador. En otras palabras: de saber escuchar, en medio de distintos acordes, la riqueza de un matiz. Pero no sólo se trata de una elección. También se trata, muchas veces, de un mandato. Las notas de campo a menudo cabalgan entre esa voluntad, más o menos propia, y esa suerte de sugerencia, más o menos explícita. Entre aquello que el antropólogo considera importante anotar y aquello que el otro cree importante que el antropólogo anote. Este trabajo busca reflexionar acerca de ese proceso puntual del trabajo de campo. No necesariamente para sondear en las cuestiones epistemológicas que hacen a la construcción de dichas notas, sino para ensayar algunas consideraciones sobre la relación que la acción misma de *anotar* configura entre observador y observado (donde el antropólogo no puede estancarse, *a priori*, en uno u otro término).[2]

Este trabajo se propone entonces un recorrido por nuestros ámbitos de análisis -el judicial y el policial-[3] y por lo que en ellos suscita tal actividad. Si las semejanzas entre ambos ámbitos resultan significativas, las diferencias no lo serán menos. Se trata entonces de poner en diálogo nuestros trabajos de campo y de ensayar, a partir del con-

---

[2]   La autoridad y la autoría etnográfica fueron temas ampliamente trabajados desde la antropología posmoderna, con la exploración de nuevas formas de escritura que reflejaran la polivocalidad y la relación entre autor, escritor, lector y asunto; formas de escritura experimentales que pudieran asimismo mostrar las relaciones de poder contenidas en cualquier trabajo etnográfico (Marcus y Fischer, 1986; Clifford y Marcus, 1986). Si bien desde estos lineamientos existe una amplia producción académica que no desconocemos, no es nuestra intención, en este trabajo, entablar un diálogo con las reflexiones de la antropología posmoderna.

[3]   Lo presentado en este trabajo se enmarca en nuestros respectivos proyectos de investigación. Deborah Daich ha investigado la administración judicial penal de conflictos familiares. Mariana Sirimarco ha trabajado con cuestiones ligadas a la formación policial en las escuelas de ingreso a la institución policial y con la construcción, en tales períodos formativos, de un determinado *sujeto policial*. Los extractos relativos a cada investigación se señalan diferencialmente en el texto y corresponden a trabajos de campo realizados entre los años 2004 y 2007. Hemos elegido mantener, en ellos, la narración desde la primera persona, para conservar su calidad de registros de campo. Hemos optado asimismo por no dar detalles de los lugares institucionales donde transcurren tales situaciones. Esto por entender que, si bien los eventos transcurrieron en aulas y oficinas puntuales, bien hubieran podido ocurrir en cualquier juzgado o en cualquier escuela. Para una profundización de las investigaciones mencionadas pueden consultarse: Daich (2008a, 2008b, 2009), Sirimarco (2004, 2005, 2006).

traste de distintas experiencias, el esbozo de una lectura sobre el tono que adquiere, en estos terrenos, el acto mismo de registrar en el papel.

La antropología, el anotar y la sospecha

Uno llega al lugar donde hace su trabajo de campo. Trata, los primeros momentos, de pasar desapercibido. Trata de no molestar. Mejor dicho: consciente de que "molestar" es tan seguro como inevitable, trata al menos de que su intención de no disturbar le quede a todos clara. Luego, por ejemplo, se sienta. Presencia alguna situación. Si presa de estos devaneos disciplinares se queda, los primeros tiempos, un poco lejos o un poco aparte, pronto descubre los riesgos –en términos de observación– de este prurito. Los riesgos y la inutilidad, pues ciertas presencias, sobre todo la de un antropólogo en medio de la aldea, no tienen por qué ocupar el primer plano para ser insoslayables. Y entonces, ya en el centro de la escena, ya en sus contornos, pero siempre presente, el antropólogo añade algo más a su presencia: anota.

Si los antropólogos resultamos ser, como alguien dijo, intrusos profesionales, la intromisión no se agota en esta mera presencia, en el solo estar, escuchar y observar. Hacemos algo más que estar ahí: registramos.[4] Las notas de campo nacen desde el adentro, pero se inclinan también hacia el afuera: comunican al exterior lo que sucede

---

[4] No se trata de reducir la labor antropológica al mero hecho de anotar. Tampoco de soslayar, en el trabajo de campo, otras capacidades distintivas ligadas por ejemplo al escuchar, hablar o preguntar (como mencionábamos en el apartado anterior). Sin dejar de considerar estas habilidades como una totalidad interrelacionada, se trata de focalizar el eje de este artículo en uno de los componentes de dicho trabajo de campo.

al interior de un espacio. Divulgan. Son, si se quiere, la confirmación última de saberse observado. No sólo visto u oído; también aprehendido, fijado por largo tiempo en un instante. La escritura parece añadir algo de verdad irrefutable al proceso de observación, al convertir las palabras en hechos y los hechos –escritos– en materia de prueba. Por ello, quizás no estemos erradas si sugerimos que anotar puede asemejarse, en ciertos casos, a construir un panóptico desde el papel. A cimentar la advertencia de una mirada siempre presente y siempre inquisidora, que disciplina a quienes están sometidos a observación (Rosaldo, 1991). O mejor dicho: que ratifica, a partir de su existencia, la condición misma de ser observado.

Que el anotar pueda volverse una forma silenciosa de la inquisición requiere algunas consideraciones. Sería ingenuo, en este sentido, creer que la autoridad que reposa en el anotar obedece al solo hecho de plasmar ideas en un papel o se deriva de nuestra mera presencia de individuos. Si el anotar adquiere las connotaciones que adquiere, se debe, en primera instancia, a un hecho insoslayable: somos científicos sociales. Es decir, somos, para las personas que conforman nuestro campo, científicos avalados institucionalmente (universidades, programas, agencias de investigación). Encarnamos la autoridad de la ciencia en general. De esa ciencia que instaura distancias cuasi-epistemológicas, al demarcar la existencia de un otro que se convierte en objeto, al recortarlo como universo de análisis y al elaborar, finalmente, sobre ese otro, un discurso autorizado (Tiscornia, 1992).

Pues si la ciencia da lugar a un saber asentado en conceptos, técnicas y objetos, engendra además, en ese mismo movimiento, sujetos de conocimiento y formas de verdad. Esto es, discursos de saber investidos de poder (Foucault, 1984). De aquí entonces que el proclamarse una ciencia sea, de hecho, un ejercicio de poder, ya que al reivindicar para sí la cientificidad, otros saberes resultan descalificados (Smart, 1995).

Pero no solamente. Podríamos ir más allá y sostener que la autoridad que se deriva del ejercicio de la antropología le añade, al discurso de la ciencia, otro cariz. Cariz tal vez no necesariamente propio de la antropología como de las *ciencias del hombre*, nacidas en estrecha vinculación a la temática del poder y el mantenimiento del orden. Y, por lo tanto, al estudio del otro como un objeto a indagar. En la construcción de ese otro como necesario de control y hasta de disciplinamiento, el saber de estas ciencias se instaura entonces como un espacio de intervención (Tiscornia, 1992; Pita, 1994).

Sin embargo, no escapa a nadie que, en el contexto de este surgimiento disciplinar, la antropología ha jugado un papel especial. Nacida en vinculación al interés imperialista mayormente británico y francés, nuestra disciplina ha quedado ligada a la empresa colonialista y a una expansión no sólo territorial sino ideológica, atada a una forma particular de conocimiento y de construcción de la información. Sobreimprimiendo a esta figura del antropólogo clásico la del funcionario colonial, la disciplina antropológica parece haber quedado asociada, en virtud a esta conjunción casi siempre poco sutil, al poder examinador, al escrutinio, a la auditoria y hasta al espionaje.

Algo de todo esto parece sobrevolar la sensibilidad de las personas que nos reciben en el campo:

> A los pocos días de frecuentar un juzgado penal en particular, uno de los empleados judiciales me preguntó: "¿qué es lo que sos vos?". Le respondí que era antropóloga e intenté explicarle brevemente lo que me interesaba investigar, pero ello no parecía tan importante como descubrir las "razones ocultas" de mi presencia:
> Empleado judicial: ¿Pero vos qué estás haciendo acá?

Deborah: Bueno, yo quiero ver cómo se tramitan ciertos conflictos familiares...

EJ: ¿Pero cómo hiciste para estar acá?

D: Le pedí permiso al Juez.

EJ: Ah, ¿vos lo conocés?

D: Sí, claro.

EJ: Pero ¿de dónde lo conoces?

D: No lo conocía, lo conocí ahora.

EJ: ¿Y él te dijo que vengas acá?, ¿para hacer qué?

D: No, él no me dijo, yo le pedí.

La pregunta no dicha pero sugerida –*¿quién te manda?*– parece sobrevolar los primeros contactos en el campo. Actitudes similares tuvieron lugar en el ámbito policial:

> Durante mi estadía en la Escuela, mi presencia en sus aulas era, para los ojos de los alumnos, de por sí extraña. El hecho de ser mujer y no portar uniforme ni ser profesora revestía cierto carácter inusual. Pues en el espacio de estas escuelas, lo cerrado de la institución se intensifica. Por sus pasillos sólo circulan alumnos, profesores, instructores, directivos. Todos ellos, en su amplia mayoría, policías. Los pocos "civiles"[5] son indefectiblemente docentes y guardan, generalmente, algún punto de contacto con la agencia policial. Circulan también, por estos espacios educativos, pocas mujeres. Unos y otras resultan, en estos contextos, visibles por minoritarios. Pero al extrañamiento derivado de mi condición de mujer-civil-no profesora, se le sumaba un dato que no hacía sino multiplicarlo: yo insistía en presentarme en cada clase como una antropóloga haciendo trabajo de campo para su tesis de doctorado. Lo cual no era más que otra manera –exótica– de mantener abierta la sospecha. Pues si la institución no acostumbra a tener "extraños" en su interior, menos aun acostumbra a tener académicos. ¿Qué era, en primer término, la antropología? ¿Y qué hacía, finalmente, una antropóloga, en medio de las aulas de la Policía?

---

[5] Se utiliza este término tal como es usado por el personal policial: para referirse a todo aquel que no pertenece a una fuerza de seguridad.

No queremos sostener, con todo lo dicho, que este
resabio que anuda el saber antropológico con cierto ejercicio inquisidor resulte evidente para las personas en el
campo. No se trata tanto de una cualidad atribuible a la
antropología como a las ciencias sociales en general. Lo
importante, creemos, no reposa así en la delimitación
disciplinar sino en los efectos percibidos del ejercicio de
esta ciencia: la interrogación. Y aquí tal vez el antropólogo
corra con suerte dispar, habituado como está a ser visto,
ante los ojos de sus informantes, como aquel que curiosea,
que busca información algunas veces incomprensible,[6]
que se entromete. Y que quizás por ello suela ser visto por
los otros no sólo como "intruso profesional" sino también
como aquello que, alguna vez, le endilgaron a la antropóloga
Olga Viñuales sus informantes: "vampiro de experiencias"
(2000:32).

Mucho se ha llamado la atención sobre la importancia
que revisten, a la hora de entender el papel que juega el
antropólogo en el campo, las particularidades del ingreso a
él. Sin detenernos largamente en este punto, sí nos interesa
señalar que tales sensaciones de "sospecha" no pueden ser
sino una compleja conjunción entre la presencia de alguien
ajeno al campo y, tal vez más importante, el hecho de que
tal presencia venga "habilitada" por aquel que, en la mayor
parte de los casos, reviste algún tipo de autoridad. Así, y
en lo que a nuestros ámbitos de análisis se refiere, el haber
ingresado a tales burocracias a partir de la anuencia de sus
máximas autoridades, convertía nuestras presencias en
doblemente autorizadas: la autoridad del juez o del director
de la escuela (o tal vez de alguien aún más arriba) parecía

---

[6]   Nos referimos con esto a ese tipo de información que, relevante para
        el antropólogo, el informante no termina de considerar demasiado
        importante.

no poder despegarse de nuestro deambular por aulas u oficinas. La llevábamos donde fuéramos.

De este modo, a mitad de camino entre la "sospecha" y el desconocimiento respecto de lo que hace un antropólogo, las personas con las que nos relacionábamos en el campo ensayaban para nosotras, durante los primeros tiempos, distintas identidades:

> Había concertado telefónicamente una entrevista con un Juez penal. Durante la comunicación telefónica, le expliqué que era antropóloga y le comenté sobre el problema que estaba investigando; habiéndome presentado entonces, accedió a recibirme. Una vez en su despacho y en medio de la conversación, me sorprendió una pregunta: ¿vos estás en derecho o en psicología? "Soy antropóloga", respondí. Reflexionó en silencio unos segundos y prosiguió su explicación sobre las especificidades de los delitos dependientes de instancia privada. Del mismo modo, las primeras veces que concurrí a algún juzgado penal, las personas que allí trabajaban asumían que era abogada, así, en ocasiones se dirigían a mí llamándome "Doctora". Cuando había concertado alguna entrevista y llegaba al juzgado preguntando por ese agente judicial en particular, me respondían "Por aquí, Doctora", "Pase, Doctora", "Aguarde aquí por favor, Doctora." Me llamaba la atención que se me asignara *a priori* tal identidad, puesto que si bien en los juzgados abundan los letrados, no son ellos los únicos que los frecuentan, constantemente aparecen en las mesas de entradas tanto denunciados como denunciantes, así como también asistentes sociales y otros profesionales.

En el contexto de la Escuela policial, lo "sospechoso" de la presencia del investigador se resolvía apelando a una identidad que rozaba, con absoluta literalidad, los visos del espionaje:[7]

---

[7]   Respecto de la identidad del antropólogo en relación con la sospecha de espionaje y la imagen de antropólogo-espía, ver Guber, 2001 y 2004. Para otras derivaciones de la conjunción antropología-espionaje, sobre todo en contextos políticamente complejos, ver Owens, 2003 y Wright, 2007.

Aula 7, en la hora de Psicología. De repente, mediada la clase, G. se vuelve hacia la profesora y le pregunta qué era realmente lo yo hacía, si yo hacía realmente lo que había dicho que hacía. Lo miro directamente:
M: ¿Cuál es concretamente la pregunta?
G.: ¿Cuál es su función, señorita?- me dice, en abierto tono intimidatorio.
Le contesto lo que ya les había dicho, que estaba haciendo trabajo de campo para mi tesis de Doctorado en Antropología. Vuelve con la pregunta de si los estaba investigando a ellos. Al rato me dice que había venido alguien haciendo comentarios sobre mí, diciendo que yo hacía una investigación, pero para el Ministerio. Los demás apoyaron lo que decía, adhiriendo a la existencia del rumor. Les aclaro nuevamente que eso no era cierto, que yo ya les había dicho lo que hacía y que no trabajaba para ningún Ministerio.
El clima se pone tenso. Muchos empiezan a decirme que no le hiciera caso a G., otros le sugieren que deje la botella. Otro luego me explica que G. se sentía perseguido porque era Jefe de Destacamento y le tenía miedo al Ministerio. Me confirma también que fue un rumor de pasillo, surgido tal vez de ellos mismos, de charlar y comentarse "mirá si va a ser cierto que está viniendo acá para hacer un trabajo, debe ser del Ministerio".

Así, cualquier presencia no fácilmente categorizable sólo parece poder resolverse a través de la apelación al propio ámbito. En el ámbito policial, tal vez a causa de esa separación tajante que la fuerza policial despliega entre ella y la sociedad civil, la circulación de éstos al interior de la fuerza –de aquellos que no guardan con ella ninguna relación de dependencia laboral o de parentesco– se ha consolidado como un hábito desacostumbrado. En este contexto, cualquier individuo que no porte uniforme es, cuanto menos, pasible de ser vinculado, de alguna u otra manera, a lo policial.

Así, si se declara no ser policía y se viste de "civil", lo más probable no es que no se lo sea, sino que se lo aparente.

Después de todo, ¿cuándo se ha visto que la institución
policial avale –o promueva– que alguien perteneciente a
la sociedad civil, alguien que no tiene con ella ninguna
ligazón profesional ni política, deambule por su interior? La
remisión a la "familia policial" queda entonces formulada:
lo que parece quedar de manifiesto es que, al interior de
la agencia, todo civil puede ser, en realidad, alguien que
–como el personal del Ministerio– pertenece.

  Si nos resulta interesante traer a colación estas reflexiones es porque habilitan un mejor entendimiento no sólo
del papel del antropólogo en la aldea y de la particularidad
de las vinculaciones que en ella establece, sino, finalmente, de la compleja relación que llevan a éste y a la aldea a
construirse mutuamente. Por ello, lejos de considerar que
tales actitudes de recelo y adjudicación de identidades
obedecen, en mayor o en menor medida, a una actitud de
franca paranoia o de extrema desconfianza, conviene no
olvidar que todos los sujetos –"inocentes" antropólogos
incluidos– estamos (o somos) políticamente situados. Es
decir, que en un obvio deseo de explicarse quiénes somos,
y siguiendo un propio marco de significación y entendimiento, somos continuamente posicionados por los otros.
Esto es, continuamente tanteados, contrastados y entendidos. Así, el papel del antropólogo en el campo resulta,
como sugiere Owens, "una empresa en colaboración, no
completamente bajo el control individual del etnógrafo"
(2003:124). Es decir, la figura del antropólogo es también
producto de las construcciones culturales, tanto propias
como ajenas, que se producen en el campo.

  Sin embargo, tal vez esta "duda" por quién uno es y por
lo que uno hace, siempre presente en el trabajo etnográfico,
adquiera un cariz más acentuado en el ámbito judicial y
policial en el que discurre nuestro trabajo de campo. Señala
Van Maanen que en este tipo de organizaciones la sospecha es una creencia ocupacional inducida tan fuerte, que

el "problema principal para un extraño (...) es evitar ser tomado como un espía". Tan arraigado es este sentido de sospecha –ilustra el autor– que muchas veces ha escuchado a los policías británicos decir, sólo en parte en broma, que "siempre que haya más de cinco policías juntos, puedes estar seguro de que uno de ellos es un soplón" (1978:317).

Comprender esto quizás requiera recordar que se trata principalmente de espacios estatales que combinan, de manera muy especial, una función punitiva con un alto índice burocrático. Son burocracias que ejercen, de manera legítima, la violencia y el castigo estatal. Sus operadores están, en primer lugar, habituados a la indagación. Esto es, a inquirir como herramienta de trabajo y a tomar, en base a esas inquisiciones, decisiones acerca del destino de las personas. Están también habituados a comerciar con la culpa y la sospecha, transformadas, sobre todo en el caso policial, en herramientas legitimadoras de la intervención (Eilbaum, 2004; Sirimarco, 2007).

En estos ámbitos, además, no sólo reina la indagación sino que el examen, basado en el análisis de los individuos y sus conductas antes que en la determinación de acontecimientos, está a la orden del día. Este es un saber que intenta determinar si los individuos se comportan "como se debe" –es decir, de acuerdo a las "normas"– y corregir sus comportamientos. No creemos exagerar si decimos que están habituados, por lo tanto, a *hacer* del otro un objeto de control.

Sumadas a estas características inherentes a la construcción de su función, no hay que olvidar que tales espacios se encuentran regidos, en tanto burocracias, por un alto grado de escriturización formal, signada por el uso especializado de un lenguaje técnico y normativo. No hay que olvidar, a este respecto, que fueron los procedimientos de examen los que, acompañados de un minucioso sistema de registro, hicieron entrar a la individualidad en un "campo documental", en el mundo de los archivos, las fichas y los informes. El examen colocó a las personas en un "campo de vigilancia" y al mismo tiempo en una "red de escritura", lo cual redundó en su constitución como objetos analizables, como objetos y efectos de poder y saber (Foucault, 1989).

Toda burocracia registra cada detalle de lo que hace (Tiscornia y Sarrabayrouse Oliveira, 2004).[8] Y tal vez por ello, en tales ámbitos y en determinadas circunstancias, el antropólogo mismo sea sospechado de ser un jefe nambiquara, un disputador de autoridades y competencias.

Así, si en dichos espacios el antropólogo observa y anota, es también él, a causa de este anotar, atentamente observado. En otras palabras, el anotar se vuelve una marca ineludible del trabajo del antropólogo, un rasgo que lo señala y que, en ocasiones, los otros no dudan en hacerle notar:

> Luego de un mes de circular por los tribunales y hacer trabajo de campo en los juzgados, recibí mi primer sobrenombre. Estaba tomando notas de un expediente judicial cuando un empleado me interrumpió para pedirme que cambiara de escritorio: "Anita, ¿podés sentarte allá?". Mientras asentía con la cabeza y cambiaba de ubicación, pregunté: "¿Cómo me dijiste?". "Anita, Anita anota", me respondió. A partir de entonces los empleados de ese juzgado penal comenzaron a llamarme "Anita, anota" y cuando pregunté por qué me llamaban así, me respondieron: "porque anotas y anotás".[9]

---

8   Es interesante destacar, como sugieren las autoras, que "si Michel Foucault descubrió la opresión que la 'sociedad del expediente' inflige sobre los habitantes de un estado, al espiar y registrar sus más nimias acciones, Stanley Cohen advierte, en cambio, que esos mismos registros al convertirse en documentos, pueden transformarse en la descripción y la prueba precisa de los crímenes del dominio totalitario" (2004:65). Así, si la obsesión burocrática por el registro se traduce en una arista opresiva de las sociedades, es también ella la responsable de crear las pruebas que puedan desafiarla así como los materiales de análisis disponibles para las ciencias sociales.

9   "Anita, anote" era una frase que utilizaba uno de los personajes encarnados por el cómico argentino Pepe Biondi en el programa televi-

El anotar nos posiciona como antropólogos, como representantes de un saber-poder habilitado para la indagación y el conocimiento. La libreta de campo se transforma, por esto, en un objeto que condensa recelos y curiosidades. Desde preguntas directas por aquello que anotamos hasta intentos solapados por descubrirlo, la libreta del antropólogo parece delimitar el espacio de un enigma que los involucra pero que se les niega: qué anotamos, de todo lo que vemos y todo lo que pasa, pero sobre todo: para qué. Así pues, el cuaderno de campo, con sus anotaciones varias, pareciera ser el *locus* donde se cristaliza (¿o el fetiche que representa?) la autoridad y competencia que los jefes nambiquara se disputan:

> Cierta vez un empleado judicial aprovechó mi ida al baño para tomar mi libreta de campo e intentar descifrarla. Cuando regresé a la oficina, lo encontré sosteniendo con una mano mi cuaderno y antes de que pudiera decir algo, él me preguntó:
> EJ: ¿Qué anotas acá? No te entiendo la letra.
> D: ¡Ah! ¿Me estabas leyendo el cuadernito?
> EJ: Sí, quería ver qué escribís, pero no te entiendo la letra, por ejemplo acá: ¿qué dice?
> Le expliqué que se trataban de notas sobre una audiencia que acaba de presenciar y entonces comenzó a listarme una serie de cuestiones que creía debía consignar en mi libreta.

La obligación a cierta reciprocidad parece envolver el acto de leer, sin más, las notas registradas en el cuaderno de campo. Después de todo, si uno como antropólogo tiene acceso a documentación y expedientes, por qué aquel que los facilita no podría tener acceso a la libreta del antropólogo. Vinculada a sentidos de curiosidad, competencia

---

sivo "Viendo a Biondi" emitido en los años sesenta y repetido en las décadas siguientes. Cuando una colega, María Victoria Pita, me recordó este hecho, pregunté, a los que así me apodaron, si el sobrenombre era en homenaje a ese viejo *sketch* y, mostrando cierta sorpresa, me respondieron: "No, no, es porque no parás de anotar".

y sospecha, la libreta de campo resulta, muchas veces, objeto de complicadas operaciones, que van desde espiar lo escrito por encima del hombro hasta –como ilustra el anterior extracto de campo– aprovechar ausencias para intentar descifrarlo.[10]

En aldeas tan particulares como las mencionadas, el anotar puede transformarnos –decíamos– en un jefe nambiquara. Esto es, en aquel que puede pasar de observador a observado, como en un infinito juego de espejos, que al devolver una imagen de autoridad no hace más que (re) crearla. Y como aquel que puede subvertir, gracias a la construcción de una red de interrogación y de escritura, el campo mismo de vigilancia, haciendo que los otros, cuyo *métier* es el control y la sospecha, se sientan asimismo controlados.

> Los alumnos de la Escuela, luego de una jornada de copiosas notas de campo, solían increpar a los profesores en una difusa manera de increparme a mí: "¿La chica nos va a decir después qué opina? Porque ella anota, anota". Y remataban con la suspicacia de rigor: "a ver si después es del Ministerio".

Las palabras de estos alumnos nos devuelven al tema del espionaje. Y nos permiten volver a detenernos en la manera en que se decodifica, al menos desde las agencias

---

[10] Si la libreta de campo puede volverse un objeto de recelo, lo mismo (o tal vez más) puede decirse del grabador. Si bien su utilización no es motivo de este trabajo, por entender que éste implica contextos y momentos un tanto distintos del trabajo de campo, nos gustaría contar una pequeña anécdota que ilustra claramente hasta qué punto estos elementos se entienden como *herramientas profesionales*, y delimitan, por lo tanto, complejos juegos de intimidaciones, atribuciones y competencias:

> Recreo en la Escuela. Vuelvo al aula 2, a pedir voluntarios para una charla. Luego de un silencio tan largo como incómodo, B. se ofrece. No faltan las risas y los chistes, al mejor estilo de colegio secundario. Llueven las recomendaciones para el candidato: al menos, que yo le pague el almuerzo. En medio de las bromas, le pregunto si no tiene problema en que la charla sea con grabador. Me contesta algo que suscita la carcajada general: "¿Y yo puedo ir con una pistola con silenciador?".

analizadas, la labor del antropólogo en el campo: sus interrogaciones, sus anotaciones, sus preguntas. Cierto episodio merece rescatarse en tal sentido:

> Charlaba con un par de alumnos luego de terminada una clase. Uno de ellos parecía no entender la vinculación entre la Antropología y mi trabajo de campo en la Escuela. No terminaba de entender a qué me dedicaba, qué quería ver ahí. Mis muchas –y se conoce que no muy buenas– explicaciones no contribuían demasiado a su comprensión. Entonces el compañero a su lado, que hasta ese momento había permanecido escuchando en silencio, lo ayudó a entender con una analogía: "como si fuera Inteligencia nuestra".

Tal vez la antropología –su visualización en tanto práctica en el campo– no esté tan alejada, para muchos (sobre todo informantes), de un sentido de investigación guiado por algún afán de vigilancia y de control. Pero no solamente. Muchas veces, la labor antropológica es vinculada también a otros sentidos, más cercanos a una actitud de denuncia y acusación.

En toda presentación en el campo los antropólogos solemos resaltar el hecho de que nuestras anotaciones tienen sujetos anónimos, puesto que lo que nos interesa tiene que ver con problemáticas sociales y no con personas particulares. Si bien la aclaración es importante, no sólo porque es cierta sino porque las más de las veces es la que asegura nuestra permanencia en el lugar, no siempre resulta del todo suficiente:

> Como gozaba de un "libre acceso" en los juzgados, siempre recaía en mí una cierta sospecha y, a veces, una recomendación: "si te llegás a encontrar con una "bomba", te pido que me avises". A primera vista dicha recomendación de no revelar aquello que podría poner a un juzgado en falta, podría tener más sentido, tal vez, para un colega, un auditor, un enviado del Ministerio de Justicia o un evaluador de una ONG que para un antropólogo comprometido con el anoni-

mato de sus datos y preocupado por problemáticas sociales que trascienden a sujetos particulares. Vista más de cerca, la recomendación no hacía más que poner de relieve, una vez más, la decodificación de mi presencia según la propia matriz de significación de los actores; es decir, la advertencia tenía sentido en relación con el propio ámbito del derecho.

Así pues, la sospecha que puede despertar el antropólogo en el campo (de la burocracia penal) puede que esté relacionada también con cuestiones que hacen a las distinciones entre la práctica de los antropólogos y la de sus informantes, donde unos y otros tienen diferentes miradas e intereses respecto de los hechos. Como sugiere Kandel (1992), el derecho deriva su razón de ser de la necesidad de asignar responsabilidad social, la antropología no; mientras que el propósito del derecho es determinar la responsabilidad en las disputas y dirigir la acción que corrija, castigue, cambie o recompense el daño, la antropología busca explicaciones por fuera de la responsabilidad de los individuos particulares, su propósito es proveer de una comprensión explicativa de la realidad sociocultural.

Si abogados, jueces, policías y antropólogos tenemos diferentes intereses y miradas sobre los hechos, esas diferencias, en tanto formas de hacer y actuar, juegan en la interpretación que los informantes realizan respecto de la presencia del antropólogo en el campo. Decíamos más arriba que antes de considerar las actitudes –generalmente de recelo– ocasionadas por nuestra presencia en el campo como simples respuestas paranoides o de desconfianza, ellas nos hablan de algo más, forman parte de la construcción del papel del antropólogo que, como otras formas de producción cultural de significado, es también una empresa colectiva (Owens, 2003). Estas actitudes tienen que ver entonces con el lugar que, siguiendo el propio marco de significación, nos asignan nuestros interlocutores en el campo y responden, en parte, al propio horizonte de sentido, al mundo particular del que participan; al ámbito que, a través de sus prácticas y saberes, crean y recrean.

En estos ámbitos, cuestiones relacionadas con el secreto, el silencio y el manejo de la información cobran especial importancia. Así, a la manera de un velo que esconde aquello que no se puede ver (que no se puede conocer), la existencia/presencia del *secreto* comunica la existencia de un conocimiento que no resulta universalmente disponible sino que, por el contrario, privilegia la particularización de su acceso y la exclusividad de su información. El secreto y el silencio se convierten así en la exaltación suprema de la situación de apartamiento, separando los legos de los arcanos, aislando un *adentro* recóndito e impenetrable de un *afuera* tan ignorante como ofensivo (Weber, 1964; Simmel, 1977).

Quizás por ello en estos espacios el antropólogo, y especialmente cuando anota, cuando fija los hechos a través de la escritura, despierte tantas suspicacias. No sólo porque disputa autoridad y competencia, alejándose –aunque nunca del todo– del simple "lego", sino también porque parece amenazar, por su sola presencia, el mantenimiento del secreto. Porque no pertenece y, sin embargo, está ahí, y por ello también, por no pertenecer, algunos espacios le están vedados:

> Presenciaba un juicio oral y público por un caso de incumplimiento de los deberes de asistencia familiar cuando sorpresivamente el juez dijo: "quiero hablar a solas con el fiscal y la defensa". "A solas" era sin mi presencia puesto que la única persona a la que se le requirió que se retirara fue a mí. Imputado, víctima, defensa, fiscal, juez y secretario permanecieron en el recinto. Minutos después hicieron salir al imputado, quien apenas media hora después volvió a ingresar a la sala.

Y es que tales ámbitos, el policial tanto como el judicial, no son sólo burocracias penales. Son también –como mucho se ha enfatizado– espacios cerrados sobre sí mismos, más o menos autónomos, con intereses particularizados, aglutinados en torno a metáforas de *comunidad* (la "familia judicial", el "cuerpo policial"). En ellos, sus miembros se vuelven cuerpos corporados: cuerpos atravesados y modelados por las directrices de una determinada corporación, de una determinada diagramación social de la realidad, donde la producción de cuerpos corporados resulta así indisociable de la delimitación de un "afuera". Esto es, de la demarcación de un dominio de abyección –en su sentido de rechazo– representado por personas no incorporadas, que marcan, en virtud a esta semiótica de la exclusión, los límites mismos de la auto-definición del cuerpo social (Ferguson, 2000; Butler, 2002).

El antropólogo en la aldea de la burocracia penal[11]

Decíamos que "estar ahí" despierta en los que cotidianamente están allí la curiosidad, cuando no la sospecha

---

[11]   Es hora de explicitar que el uso del término "aldea" para referirnos al campo judicial-policial no intenta ser una transposición literal de las categorías de la antropología clásica, sino más bien la utilización de sus herramientas para pensar y dar cuenta de distintas situaciones y problemáticas. En este sentido, vale la pena recordar, siguiendo a Geertz (2000), que los antropólogos no estudiamos aldeas, sino *en* aldeas. Es decir, estudiamos lo que construimos como problemas que corresponden a "campos" también construidos, donde el uso de conceptos propios de la antropología clásica puede ser útil para pensar problemas característicos de sociedades con una organización estatal y burocrática desarrollada (Eilbaum y Sirimarco, 2006). En una línea similar de aclaraciones, cabe mencionar que el término "informante" juega claramente con el uso antropológico clásico y el uso que presenta en el ámbito judicial-policial, aludiendo así a los varios sentidos con que, en el campo, se teje la construcción del otro.

y el recelo. Si ello es así en cualquier "aldea", en la penal y burocrática, acostumbrados, como están, a sospechar, el antropólogo es objeto de cercano escrutinio, despierta suspicacias y dispara el interrogante acerca del "intruso profesional": ¿quién es?, ¿qué está haciendo aquí?, ¿por qué está aquí?

Nos gustaría matizar esta afirmación. Pues si esto que decíamos puede ser válido en los primeros tiempos del trabajo de campo, no es menos cierto que cuando al investigar una determinada problemática el antropólogo permanece un tiempo más o menos prolongado en una aldea en particular, su permanencia implica, entre otras cosas, el establecimiento de distintas y cambiantes relaciones con los sujetos con los que interactúa. Así, la construcción colectiva del papel del antropólogo en una aldea determinada no es un proceso cerrado y absoluto, al igual que no lo son las relaciones que el etnógrafo va tejiendo en la construcción de su campo. Y justamente debido a ellas, dicha construcción sufre modificaciones, es puesta a prueba y adquiere nuevos matices.

> Pasada la novedad de mi práctica [en las Escuelas policiales], me convertí, para ellos, y según sus propias palabras, en "la agenda": el locus ante el cual contrastar lo dicho o no dicho por el profesor. Ya se tratara de refrescar lo visto la clase anterior, o de corroborar si el docente había hecho referencia o no a cierta temática, yo parecía ser, para ellos, una suerte de registro vivo. Pero no sólo de las cuestiones curriculares. Antes bien, de todo aquello que hacía a la cotidianeidad del curso. Bastaba que un chiste asomara, o que alguien dijera algo (que se creyera) comprometido, para que uno de los alumnos me mirara, desde su rincón del aula, y me dijera, como con un guiño: "anote, Doctora".[12]

---

[12]   El tratamiento de "Doctora" implica, es claro, una deferencia. En el ámbito policial las profesiones son debidamente jerarquizadas, y el ejercicio del derecho se convierte en la posesión de un estatus privilegiado.

Puede creerse que esta suerte de mandato implica, de manera unívoca, la confirmación más directa del lugar del antropólogo-espía. Es decir, de aquel que está allí para observar, controlar, calibrar lo dicho y lo callado y, finalmente, tomar debida nota de lo sucedido. Pero semejante apelación al registro guarda otros sentidos. Con el correr del tiempo compartido, tal requerimiento se volvía más bien el otorgamiento de un permiso. O, en el mejor de los casos, la asunción de una tarea ya revelada como "inofensiva". No era sólo el antropólogo el que anotaba: eran ellos los que, señalándole aquellos puntos salientes de discursos o actitudes, lo consentían y, por lo tanto, lo propiciaban. Lo amenazante, creemos, se había vuelto cotidiano; lo sospechoso, esperable.

Y es en este pasaje de lo amenazante a lo cotidiano –de la sospecha a la aceptación– donde se revela el tiempo transcurrido en la aldea. Donde se revela el cómo de la presencia en el terreno y de las relaciones que se tienen con unos y otros. Donde se revela, en suma, la construcción del campo. Así, tal vez no sea fortuito que tal aceptación del antropólogo en la aldea se ratifique a partir de una de sus actividades representativas: el *anotar*.

Sostiene Rapport (1991) que el acto de escribir notas de campo no debe describirse como algo que simplemente abstrae a los antropólogos del campo y los liga a una actividad en la academia (podríamos decir: a un desempeño de carrera profesional donde las notas podrían considerarse materia prima). Antes bien, las notas de campo son eso que, de manera simultánea, sumerge a los antropólogos profundamente en una comunidad y en el *self* en que ahí se transforman. Pues si el *estar ahí* no alude simplemente a una presencia física (sino a la aceptación que vuelve posible esa presencia), idéntico camino recorren las notas de campo. Es el hecho de *estar ahí*, de manera continua y

cotidiana, lo que finalmente nos posiciona *ahí*.[13] En este
sentido, las construcciones cambiantes del papel del antropólogo en el campo hablan de las distintas relaciones
que aquél establece con sus interlocutores, relaciones
que junto con el conocimiento local adquirido, creemos,
permiten una cierta "incorporación" del investigador a la
aldea en cuestión. Así, y sobre todo en ámbitos como los
que trabajamos, tal vez no sea arriesgado proponer que
cuando las notas de campo viran de intrusión a chanza,
uno está finalmente *ahí* (o por lo menos cerca):

> Luego de un cierto tiempo de trabajo de campo en un juzgado
> penal (donde me llamaban "Anita Anota") me familiaricé con
> el trabajo que allí se realizaba, con el espacio de las oficinas,
> las personas que trabajaban en ellas. Dejaba mi cuaderno
> de campo en algún escritorio mientras realizaba alguna otra
> actividad y, a diferencia de unos meses atrás, ya a nadie
> parecía importarle, ni el cuaderno, ni mis anotaciones. Sin
> embargo, importaba, aunque de una manera diferente. Un
> día encontré en mi cuaderno de apuntes una nota: "Anita,
> anotá, cuidate, te estoy vigilando. Reitero, cuidate".

Se ha dicho –afirma García Canclini– "que el antropólogo es un espía chismoso, y en este sentido se aproxima
al *hacker*, pero su conocimiento no deriva de la obtención
astuta de una clave sino de la familiarización prolongada
con redes complejas de interacciones y significados" (2006:
s/d). Incorporado a la rutina cotidiana, el antropólogo se
torna objeto de pedidos ("la agenda") y hasta de chistes
como el reseñado más arriba, en el que, en clave de amenaza, la broma viene a subvertir el lugar del antropólogo-
jefe nambiquara: el intruso profesional no parece ya ser
amenazante, ni tampoco sospechoso.

---

[13]   No se trata de afirmar, por supuesto, que la mera presencia física en el
terreno conlleva, con el tiempo, la aceptación. Se trata de señalar, por
el contrario, que éste es un proceso dependiente de la modalidad de
las relaciones en el campo.

Mencionábamos en el apartado anterior que, al comienzo de su investigación sobre identidades lésbicas, la antropóloga Olga Viñuales era tildada, por sus informantes, de "vampiro de experiencias". Sólo luego de muchos meses de participación y trabajo voluntario pasó de ser el "ojo exterior" a ser la "presunta heterosexual", "la ricitos" y, finalmente, a ser simplemente "Olga". Lo gradual de la incorporación se refleja en los apelativos. También nosotras pasamos de ser "la antropóloga" o "la doctora" a ser *Anita* o ser *la agenda*. Lo que va de uno a otro apodo es la paulatina aceptación de la presencia del antropólogo en la aldea. O mejor dicho: lo que se pierde de uno a otro apodo es esa aura de desconfianza y distancia que la figura del antropólogo suscita.

Si antes éramos un "otro", el tiempo y las relaciones nos van acercando a la conformación de un núcleo de pertenencia donde ya no somos tan ajenos. No se trata, es claro, de un "nosotros"; esto es, de una asimilación completa. Se trata, más bien, de esa cuota de inclusión que permite equilibrar la distancia. Es decir, que permite minimizar ese intervalo que nos separa de la comprensión de los otros. Que permite, en palabras de Geertz, "producir una interpretación de la forma en que vive un pueblo que no sea prisionera de sus horizontes mentales, como una etnografía de la brujería escrita por una bruja" (1994:75). En este sentido, el éxito del trabajo de campo no es volvernos nativos, sino dejar de ser extraños.

Es ahí donde se anuda la riqueza de ser *Anita*. En demostrarnos que si la comprensión del otro tal vez pueda prescindir de la afinidad, no puede lograrse desde la distancia. Pero este proceso de incorporación, común a todo campo, tiene, en las instituciones que analizamos, algunos otros ribetes que nos gustaría destacar.

Mucho se ha enfatizado, en el análisis de estas burocracias, sobre su extremo hermetismo y su resistencia a la hora de conceder información. Estos rasgos, vinculados al alcance y poder que revisten estas agencias en la sociedad, se han conjugado para hacer de ellas un *locus* de investigación casi siempre exotizado. En parte porque los campos policial y judicial son visualizados, muchas veces, como espacios de cierta "peligrosidad" (Eilbaum y Sirimarco, 2006). Llegar a ser *Anita* se vuelve, en tales casos, una empresa importante, que permite desmitificar esta aura de espacio secreto y cerrado que los rodea. Taussig (1996) nos recordaría que el fetichismo del poder esconde un vacío, pues su sacralidad no se ubica en el centro mismo sino más bien en las fantasías de los marginados sobre el secreto del centro. Tal vez porque sólo se puede reconocer al centro desde un lugar que no lo sea: no puede haber centro sin que medie la distancia. La comprensión del otro implica tanto acortar ese trayecto como esa sacralidad, pues pareciera no poder existir ese lugar inaccesible si en el proceso de entendimiento se involucra el acercarse.

Llegar a ser *Anita* implica, además, dejar de sobrevalorar, en estas instituciones, lo penal por sobre lo burocrático:

En la marcha por los treinta años pasados desde la última dictadura militar, tratábamos, un grupo de personas, de llegar a la Plaza de Mayo por una de las calles laterales. Carros blindados, patrulleros y policías descansaban, apostados, sobre la calle Bartolomé Mitre. A unos metros, a una distancia digamos que prudencial -distancia que era tanto espacial como simbólica-, varios hombres charlaban en rueda. A ninguno de los transeúntes se le escapaba que se trataba de personal de Brigadas. Escucho, mientras los pasábamos, el comentario de una mujer delante mío: "éstos deben estar fichando a todo el que pasa". Una amiga, también escuchándolo, replica: "deben estar hablando del partido de River".

Este mínimo hecho condensa lo que intentamos presentar en estas páginas: la construcción de una determinada imagen del otro mediada -y construida- desde la distancia. Al primer comentario, surcado por sospechas de permanente control y espionaje, el segundo le devuelve una imagen menos aprensiva. Si se quiere, menos claustrofóbica. Lo que se dirime, entre uno y otro, no es un simple intercambio de opiniones. Es, antes bien, el despliegue de dos modalidades distintas de mirar al otro. Lo que se dirime, mejor dicho, es la posibilidad misma de diferentes miradas –una conspirativa, una cotidiana– y la posibilidad, por ende, de distintos entendimientos.

En estas páginas hemos intentado llamar la atención respecto de la importancia de aventurarse en una mirada que, sorteando la distancia y las imágenes prototípicas, nos aproxime a ese otro y su entendimiento.

Ser aceptado e incorporado en el *ahí* es lo que permite finalmente el buen trabajo antropológico; si se quiere, la buena etnografía. De aquí entonces la importancia de preguntarnos por los sentidos y las relaciones que el *anotar* –en tanto instancia de escritura privilegiada en el *ahí*– desencadena en el campo. El rechazo que suscita, la sospecha y la curiosidad que despierta y, por último, las particularidades que conlleva la incorporación del antropólogo a esa cotidianeidad. ¿De qué nos habla todo esto? Si estos tipos de reacciones son las que la acción misma de *anotar* implica en casi cualquier campo, el presente trabajo pretende colocar una pregunta adicional: ¿qué particularidades adquiere, este *anotar*, en campos como los nuestros?

Bibliografía citada

Agar, Michael, 1980, "Stories, background knowledge and themes: problems in the analysis of life history narrative". En: *American Ethnologist*, vol.7, n.2.

Butler, Judith, 2002, *Cuerpos que importan. Sobre los límites materiales y discursivos del "sexo".* Buenos Aires: Paidós.

Cardoso de Oliveira, Roberto, 2000, *O Trabalho do antropólogo.* Brasília: Paralelo 15, São Paulo Editora UNESP.

Clifford, James y Marcus, George (Eds.), 1986, *Writing culture: The Poetics and Politics of Ethnography.* Berkeley and Los Ángeles: University of California Press.

Daich, Deborah, 2008a, "Buena Madre. El imaginario maternal en la tramitación judicial del infanticidio". En: Mónica Tarducci (org.), *Maternidades del siglo XXI.* Buenos Aires: Espacio Editorial.

——, 2008b, "Te conozco Mascarita. Prácticas de identificación en el mundo judicial penal". En: *Avá. Revista de Antropología,* n.12.

——, 2009, "De objetos y prácticas en el mundo de la Justicia. Los efectos judiciales". En: *Antropolítica,* n.23.

Eilbaum, Lucía, 2004, "La *sospecha* como fundamento de los procedimientos policiales". En: *Cuadernos de Antropología Social,* vol.20.

Eilbaum, Lucía; Sirimarco, Mariana, 2006, "Estudios sobre la burocracia policial y judicial, desde una perspectiva etnográfica". En: Guillermo Wilde y Pablo Schamberg (comps.), *Culturas, comunidades y procesos urbanos contemporáneos.* Buenos Aires: Paradigma Indicial.

Ferguson, Dean, 2000, "The body, the corporate idiom, and the police of the unincorporated worker in Early Modern Lyon". En: *French Historical Studies,* vol.23, n.4.

Foucault, Michel, 1989, *Vigilar y castigar.* Buenos Aires: Ed. Siglo XXI.

——, 1998, *La verdad y las formas jurídicas.* Barcelona: Gedisa.

García Canclini, Néstor, 2006, *¿Dónde está la caja de herramientas? Cambios culturales, jóvenes y educación.* Seminario internacional: "La formación docente en los

actuales escenarios: desafíos, debates, perspectivas".
Universidad de La Matanza.

Geertz, Clifford, 1994, *Conocimiento local. Ensayos sobre la interpretación de las culturas*. Buenos Aires: Editorial Paidós.

——, 2000, *La interpretación de las culturas*. Barcelona: Gedisa.

Guber, Rosana, 2001, *La etnografía, método, campo y reflexividad*. Bogotá: Grupo Editorial Norma.

——, 2004, *El salvaje metropolitano. Reconstrucción del conocimiento social en el trabajo de campo*. Buenos Aires: Paidós.

Herbert, Steve, 2001, "From spy to okay guy: trust and validity in fieldwork with police". En: *Geographical Review*, vol.91, n.1/2.

Kandel, Randy Frances, 1992, "How lawyers and anthropologists think differently. Six differences in assumptions and outlook between anthropologists and attorneys". En: *Napa Bulletin*, vol.11, n.1.

Nagore, Josefina, 1997, "La parodia de Ovidio. En Petronio, *Sat.*, C. 126". En: *AFC*, XV.

Lévi-Strauss, Claude, 1973, *Tristes trópicos*. Buenos Aires: Eudeba.

Marcus, George y Fisher, Michael, 1986, *Anthropology as Cultural Critique: An Experimental Moment in the Human Sciences*. Chicago and London: University of Chicago Press.

Marcus, George, 1991, "Epílogo: la escritura etnográfica y la carrera antropológica". En: James Clifford y George Marcus (eds.), *Retóricas de la Antropología*. Madrid: Júcar Universidad.

Owens, Geoffrey Ross, 2003, "What! Me a spy? Intrigue and reflexivity in Zanzíbar". En: *Ethnography*, vol.4, n.1.

Pita, María Victoria, 1994, "Horizontes artificiales. Acerca de la posibilidad de una lectura crítica desde la antropología política". En: *IV Congreso Argentino de Antropología Social*, Universidad Nacional del Centro, Facultad de Ciencias Sociales e Instituto de Investigaciones Antropológicas, Olavarría.

Rapport, Nigel, 1991, "Writing fieldnotes: the conventionalities of note-taking and taking notes in the field". En: *Anthropology Today*, vol.7, n.1.

Rosaldo, Renato, 1991, "Desde la puerta de la tienda de campaña: el investigador de campo y el inquisidor". En: James Clifford y George Marcus (eds.), *Retóricas de la Antropología*. Madrid: Júcar Universidad.

Simmel, Georg, 1977, *Sociología I: estudios sobre las formas de socialización*. Madrid: Revista de Occidente.

Sirimarco, Mariana, 2004, "Marcas de género, cuerpos de poder. Discursos de producción de masculinidad en la conformación del *sujeto policial*". En: *Cuadernos de Antropología Social*, vol.20.

——, 2005, "Milongas: pedagogía del sufrimiento. Construcción del *cuerpo legítimo* en el contexto de socialización policial". En: *Interseções*, año 7, n.2.

——, 2006, "El ingreso a la institución policial. Los *cuerpos inviables*". En: *Anuario de Estudios en Antropología Social 2006*, CAS-IDES.

——, 2007, "Indicios. Semiología policial del cuerpo de los "otros"". En: *Ultima Ratio*, año 1, vol.1.

Smart, Carol, 1995, *Feminism and the power of law*. Londres y Nueva York: Routledge.

Taussig, Michael, 1995, "Schopenhauer´s beard". En: Wallis Berger y Watson (eds.), *Constructing masculinity*. New York: Routledge.

——, 1996, *Un gigante en convulsiones*. Barcelona: Gedisa.

Tiscornia, Sofía, 1992, "Antropología política y criminología. Acerca de la construcción de dominios en el control de la 'otredad'". En: *Publicar. Antropología y Ciencias Sociales*, año 1, n.1.

Tiscornia, Sofía y Sarrabayrouse Oliveira, María José, 2004, "Sobre la banalidad del mal, la violencia vernácula y las reconstrucciones de la historia". En: Sofía Tiscornia (comp.), *Burocracias y violencia. Estudios de antropología jurídica*. Buenos Aires: Antropofagia.

Van Maanen, John, 1978, "Epilogue. On watching the watchers". En: Peter Manning y John Van Maanen (eds.), *Policing: a view from the street*. Santa Mónica: Goodyear Publishing Company.

Viñuales, Olga, 2000, *Identidades Lésbicas. Discursos y prácticas*. Barcelona: Ed. Bellaterra.

Weber, Max, 1964, *Economía y sociedad. Esbozo de sociología comprensiva*. Buenos Aires, México: Fondo de Cultura Económica.

Wright, Susan, 2007, "Spying and fieldwork. A response to Heike Schaumber". En: *Anthropology Today*, vol.23, n.1.

10. Jugando a la guerra. Masculinidad, militarismo y sus consecuencias en el mundo real[1]

Peter B. Kraska
(Universidad de Eastern Kentucky)

Introducción

La mayoría de nosotros hemos visto esos films de archivo de Adolf Hitler frente a miles de soldados y tanques arengando sobre las virtudes del poder y la superioridad militar. Es fácil concluir que la cultura alemana durante la era Nazi estaba imbuida de militarismo. Desafortunadamente, conceptos altisonantes tales como "militarismo" corren el riesgo de parecer demasiado lejanos a la sociedad americana actual. Demostrar que el militarismo permanece como una potente fuerza cultural contemporánea requiere de un poco más de trabajo.

Una de las mejores vías para mostrar su relevancia es examinar la cultura popular. Una estudiante me expuso recientemente un fascinante fragmento de cultura popular militarizada bajo el género de música rap. Ella encontró las letras de músicos de rap tales como "f Mystical" y "Master P", que estaban maceradas en militarismo –aludiendo a campamentos militares de corrección, tanques en el gueto, miembros de pandilla como soldados, la policía como un ejército de ocupación y el conflicto entre pandillas y

[1] Kraska, Peter B.: "Playing war. Masculinity, militarism and their real-world consequences". En: Peter B. Kraska (ed.), *Militarizing the American Criminal Justice System. The changing roles of the Armed Forces and the Police*. Northeastern University Press, Boston, 2001, pp. 141-157, por permiso del propio autor ©. Traducción de Mariana Sirimarco.

policía como una guerra–.[2] Este lenguaje, combinado
con el imaginario visual en sus páginas web, pulsa una
cuerda familiar. Mientras trabajaba en el caso del estallido
de la bomba en la ciudad de Oklahoma (*Timothy McVeigh
vs. Gobierno de Estados Unidos*),[3] me presentaron a una
subcultura militarizada similar entre los grupos de milicia
de derecha. Este militarismo también permeó las operaciones policiales de los primeros y últimos ataques de la
residencia de la Rama Davidiana en Waco, Texas –la misma
operación gubernamental que McVeigh intentaba vengar–.

Estos ejemplos del mundo real nos muestran que estudiar y exponer el militarismo como cultura popular es algo
que se hace mejor sobre el terreno. Este trabajo presenta
una descripción y análisis de mis experiencias de primera
mano con la cultura militarizada, durante una etnografía
de dos años sobre oficiales rurales de policía y soldados
militares trabajando en colaboración para formar los grupos
SWAT (Armas y Tácticas Especiales) multi-jurisdiccionales,
aludidos de ahora en más como "unidades policiales paramilitares" o "PPU" (según sus siglas en inglés). Los objetivos
de este trabajo son demostrar: (1) la relevancia directa de la
cultura militarizada para el estudio de la justicia criminal;
(2) la seducción y arraigo del militarismo en la moderna
sociedad norteamericana; (3) cómo los temas tradicionales
de la masculinidad son una parte integral de la cultura
militarizada; y (4) las ligazones entre lo micro (experiencia
personal e identidad) y lo macro (implicaciones macro-
políticas y sociales).

---

[2]   Mi agradecimiento a Amy Nance, una estudiante de la Universidad de
        Eastern Kentucky, que completó un proyecto de investigación fascinante
        que yuxtapone la cultura militarista de las pandillas urbanas con la
        cultura militarizada de la policía.
[3]   Se refiere a la detonación de una bomba por parte de Timothy McVeigh
        en un edificio en la ciudad de Oklahoma en 1995, que dejó un gran saldo
        de muertos y heridos (N. de la T.).

Como el lector descubrirá, mi lucha al desarrollar esta investigación de base tuvo poco que ver con cualquier clase de incapacidad para desarrollar una comprensión de los sujetos; el aspecto perturbador fue la facilidad con que lo conseguí. Las implicaciones macro-políticas y sociales de este evento de la investigación podrían alarmar a la mayoría de los lectores. A nivel personal, lo que más me perturbó fue cómo yo, una persona que había reflexionado tan meticulosamente sobre el militarismo, pude tan fácilmente disfrutar experimentarlo. Este estudio ilustra los poderes de expansión y seducción –aun en estos tiempos "posmodernos" en que se potabiliza y condena todo aquello que es "violento"– de una ideología profundamente incrustada de violencia y de su cómplice, la hiper-masculinidad.

Jugando al guerrero

Fui invitado a observar una "sesión de entrenamiento" ad hoc de oficiales de policía y soldados militares. Esta fue una invitación cargada de "no preguntes nada más"; mi intento de obtener más información resultó sólo en vagas referencias a un "entrenamiento de operaciones tácticas". A pesar de mi incomodidad, sabía que esa era una buena oportunidad para conocer a oficiales de policía que eran también soldados militares en la Guardia Nacional o en las reservas militares. Como parte de mi investigación en la relación emergente entre fuerzas policiales y militares en la era posterior a la Guerra Fría, me alegré de tener la oportunidad de observar, de primera mano, esta superposición.

Conocía bien a dos de los participantes (me referiré aquí a ellos como "Mike" y "Steve"). En el curso de un año habíamos desarrollado una relación casual que incluía numerosas conversaciones en profundidad y aproximadamente sesenta horas de trabajo de campo. Salvo este trabajo previo, el escenario que describo aquí fue mi primera experiencia con Mike y Steve que incluyó a sus conocidos policías y soldados. Mike y Steve eran excelentes informantes, a causa de sus personalidades afables y su conciencia acerca de las implicaciones mayores de sus actividades. También filtraban el mundo a través de un conjunto peculiar de presupuestos. Estos dos soldados altamente entrenados no tenían ningún respeto por la burocracia militar, desdeñaban al gobierno como institución (aunque, como dice la calcomanía en su paragolpes, "amaban a su país") y tenían una actitud de irreverencia hacia la autoridad y la sociedad dominante que haría sonreír a cualquier buen izquierdista. Al mismo tiempo, eran altamente respetados y gozaban de confianza entre los militares, y reverenciaban el armamento y las tácticas militares. Ambos servían en las reservas militares.

Combiné para encontrar a mis informantes en el estacionamiento de un supermercado. Me hicieron señas, con excitación, para que me acercara al baúl de su auto, movieron varios maletines negros de lona, me aseguraron que todo esto era legal y me enseñaron varias armas militares semi-automáticas y completamente automáticas. La mayoría de las armas pertenecían, de hecho, al ejército, y se las habían prestado a estos soldados por el fin de semana, para "entrenamiento". Los hombres estaban ansiosos por llegar al "lugar del entrenamiento" e insistieron, a pesar de mis protestas, en que fuera con ellos en el auto.

Mientras conducíamos, les pregunté a Mike y Steve acerca de su conexión con oficiales de policía de entrenamiento. Me explicaron que ellos trabajaban regularmente con varios departamentos distintos interesados en operaciones tácticas. Estos oficiales o bien servían actualmente en un grupo de operaciones tácticas (aludido comúnmente como SWAT) o estaban intentando crear uno de estos grupos. El grupo que íbamos a encontrar –continuaron– incluía a dos ex-soldados militares que estaban también en las reservas. Justo habían comenzado a organizar una "unidad de respuesta a emergencias" (una unidad policial paramilitar) que incluiría oficiales seleccionados de varios pequeños departamentos de policía. Estos oficiales creían firmemente que las pequeñas municipalidades y policías de condado estaban siendo dejadas atrás por no tener grupos de tácticas especiales, aun si fuera sólo para contingencias. De acuerdo con Mike, "esta mierda [la creación de las PPU] prosigue por todos lados. ¿Por qué entregar una orden de arresto a algún traficante de *crack* con una .38? Con armamento completo, la mierda justa [apuntando a un maletín pequeño que contenía una Glock nueve milímetros] y entrenamiento, puedes patearles el culo y divertirte". Fiel a su naturaleza irreverente, Steve añadió: "A la mayoría de estos chicos sólo les gusta jugar a la guerra; están ansiosos por las misiones de búsqueda y destrozo, en cambio de la boludez que normalmente hacen".

El sitio de entrenamiento era un pedazo de tierra libre que contenía una ladera erosionada verticalmente, lo que constituía un ambiente ideal para detener las balas. Había restos de sesiones previas de disparo desparramados por todos lados –vidrio, jarras de agua, blancos de papel, casquillos percutidos y bombas caseras–. Conocía bien esta clase de lugar. De joven había vivido a lo largo de todo el país, me parecía que toda comunidad tenía, en algún lado, un pedazo abandonado de tierra donde se toleraban los ruidos y la capacidad destructora de las armas, aunque sospecho que tales sitios se han vuelto menos disponibles en los últimos veinte años.

Seguí a mis compañeros hacia un medio círculo de camiones y autos, donde siete oficiales de policía se estaban riendo y charlando. Nuestra llegada silenció su conversación, y recibieron a mi escolta con sonrisas y manos extendidas. Mike me presentó como un profesor de control

policial que creía en la Segunda Enmienda.[4] Pude saber
instintivamente, por sus miradas, que necesitaba tomar
la iniciativa en mi presentación ante ellos. Aunque estos
procesos no eran concientes en el momento, recuerdo
que un oficial alto y delgado dijo alguna grosería cuando
me acerqué; casi de inmediato una mala palabra vino, de
manera casual, a mi boca. Cuando preguntaron por mi
pasado, me las arreglé para mencionar mis raíces en Alaska
y el hecho de que había sido un guía de pesca en el monte
de Alaska. Estos intentos por lo que Goffman (1959) llama
"manejo de las impresiones" fueron sólo el comienzo de
una larga actuación que solidificó mi posición en el grupo
en lo que respecta a "encajar" con su sistema normativo
(conservador, atrevido, hiper-masculino, militarista), una
actuación convincente que todavía me inquieta. Un rápido
análisis semiótico de las ropas de cada uno de estos sim-
páticos hombres dice mucho acerca de su cultura: varios
tenían cuchillos livianos de combate retractiles amarrados
a sus cinturones; tres llevaban auténticos pantalones de
fajina militar con remeras; uno llevaba una remera que
tenía una imagen de una ciudad en llamas con helicópteros
de combate volando por encima y la leyenda "Operation
Ghetto Storm"; otro llevaba una remera negra, ajustada,
con las iniciales "NTOA" (Asociación Nacional de Oficiales
Tácticos). Algunos de los oficiales jóvenes llevaban anteojos
de sol Oakley aerodinámicos sobre cabezas que lucían o
bien cabellos muy cortos con un tope más alto o cortes
rapados al estilo militar.

    Como parte de sus uniformes completamente de com-
bate, estos oficiales a veces llevaban anteojos protectores
marca Oakley diseñados para caber en sus cascos Kevlar
o sobre sus capuchas al estilo "ninja". Durante un trabajo

---

[4]   Referida al derecho de cualquier individuo a la tenencia de armas (N.
    de la T.).

de campo previo había observado la popularidad de este estilo de anteojos aerodinámicos entre los oficiales más jóvenes y con más mentalidad paramilitar. Su imagen es parte de un estilo futurista que enfatiza una cobertura total del cuerpo, las manos y el rostro con ropa y parafernalia de camuflaje negra o urbana. Junto con cortes de pelo muy cortos, estos policías se esfuerzan por lograr un *look* frío, intrépido, mecanicista. Los anteojos protectores Oakley, junto con pasamontañas, cascos, o con ambos, al igual que una selección de dispositivos de aumento sensorial para mejorar su audición y vista, son críticos para esta imagen de tecno-guerrero. Una compañía etiqueta su armadura de combate como la línea "Cyborg 21ero".

Steve sugirió que debían alinear sus vehículos con las puertas traseras o los baúles enfrentando la colina. Una vez en posición, cada uno de los hombres dispuso en tapetes o maletines de armas las varias armas y municiones que había traído. Yo estaba atemorizado, dejé de ser un observador reflexivo y entré al momento con alarma y fascinación. Cada arma fue desenfundada con cuidado; algunos de los oficiales limpiaron sus armas ya impecables con trapos impregnados en silicona. Había al menos cincuenta armas de fuego, incluyendo armas de guerra urbana completamente automáticas (Heckler y Koch MP5, MPS/40), escopetas semiautomáticas de combate modificadas y numerosas pistolas de marca Glock y Barreta. Había también una batería de parafernalia de armas de fuego, incluyendo supresores de ruido, cartuchos de escopeta de uso especial, miras láser, linternas para enganchar y el orgullo de Mike y Steve: una mira de visión nocturna recientemente expedida. Me inquieté y miré alrededor nerviosamente, especialmente a la carretera cercana, como si estuviéramos haciendo algo ilegal. Luego recordé una tranquilizadora pieza de folklore de una vieja película del oeste: "¿Quién podría quejarse? ¿Y qué si lo hacen? Demonios, ellos eran la ley". Sin reflexionar sobre las consecuencias mayores, me sentí cómodo en el momento.

Los hombres sostuvieron una breve discusión sobre cómo se desarrollaría su "entrenamiento". Para ese momento sabía que el término "entrenamiento" era probablemente la "conversación de fachada" usada para legitimar y profesionalizar las actividades de este grupo. Uno de los hombres (lo llamaré "Mel") no participó en esta discusión ni en la presentación del ritual de las armas. Se mantenía distante y desapasionado; inicialmente malinterpreté esta conducta como apatía. Finalmente, una vez que el grupo hubo alcanzado un consenso sobre cómo proceder con el "entrenamiento", Mel desenfundó, serenamente, un rifle de cerrojo Weatherby con un poder de alcance de 3x9, caminó en diagonal otras 150 yardas desde los vehículos y colocó su arma en un tapete de seis pies de largo con un pequeño bípode. Me di cuenta entonces de que Mel, que tenía bastante experiencia en "operaciones tácticas" en el ejército y en la policía, era el francotirador.

No reconocí el alto estatus de la posición del francotirador hasta que luego comencé a leer sobre unidades de fuerzas especiales de elite dentro del ejército. Las unidades policiales paramilitares son, al control policial, lo que los SEAL de la Marina [Navy Seals] o los Rangers [Army Rangers] son al ejército. Estos pequeños cuadros de guerreros definen a cada miembro por alguna habilidad especial o *expertise*. Muchas unidades policiales paramilitares ahora tienen, por ejemplo, un miembro que es experto en la clase de explosivos que permiten la entrada rápida en una residencia "fortificada". La subcultura de operaciones especiales militar y policial mantiene al francotirador en una veneración especialmente alta. La subcultura glorifica la habilidad, disciplina, resistencia y el modo de pensar necesario para ejecutar a personas a largas distancias en una variedad de situaciones. Algunos de los ítems más

populares disponibles para la policía en numerosos catálogos policiales son los videos y manuales relacionados
con el "disparar", usualmente escritos por francotiradores
ex-militares de operaciones especiales.

El grupo decidió comenzar a disparar las pistolas.
Durante los siguientes veinte a treinta minutos dispararon
a siluetas de "chicos malos" empleando una selección de
maniobras y tácticas que requerían velocidad y habilidad
para su desarrollo. El grupo estaba particularmente impre-
sionado con Steve: era capaz de desenfundar su revólver
Lock 20 de diez milímetros y rápidamente disparar cuatro
series, cada una en tres "chicos malos" espaciados alrededor de veinticinco pies. Los doce disparos fueron juzgados
"disparos mortales"; el grupo encontraba notable que él
consiguiera reservar sus últimos tres tiros, a pesar de la
velocidad con que disparaba, para el "chico malo" oculto.
Luego descubrí que Steve tenía un estatus especial entre sus
pares policiales paramilitares, más allá de sus habilidades
superiores con las armas, porque había servido en combate
en la Operación Tormenta del Desierto.[5]

Luego vinieron las Heckler y Koch MP5 (H&K). Mi primera exposición a la línea de armas MPS, de la que es parte
la MP5, vino de un aviso de H&K en una revista policial. El
aviso explotaba el estatus jerárquico en el pensamiento militarista en relación con las unidades de fuerzas especiales
de "elite". El mensaje era: "este armamento te distinguirá,
al igual que a los venerados SEAL de la Marina, como un
soldado de elite en la lucha contra las drogas... *De la Guerra*

---

[5] Steve encarnaba al guerrero máximo, pues había experimentado la
guerra de primera mano y, lo que era más importante, había matado.
Matar en combate es la marca máxima de la bravuconada militar. Lo
que es interesante, Steve nunca había discutido, al menos hasta donde
sé, el haber matado a un soldado iraquí. Todos simplemente asumieron
que lo había hecho, dado su rol de combatiente en la guerra y dado su
silencio sobre el asunto.

del Golfo a la Guerra contra las Drogas... Ganar la guerra
contra las drogas requiere de algunas armas muy especiales. Armas con las que los profesionales del cumplimiento
de la ley pueden jugarse sus vidas. La metralleta modelo
MPS Navy fue desarrollada especialmente para una de
las unidades de operaciones especiales de elite de Norte
América. Probadas en batalla en la Guerra del Golfo, este
modelo está ahora disponible para la venta a la policía a
un especial bajo costo".

Las series MPS son el orgullo y el producto principal de
las unidades policiales de operaciones tácticas y tienen un
lugar central en la subcultura policial paramilitar. Su estilo
imponente y futurístico eclipsa su utilidad como arma "de
guerra urbana". Numerosos dibujos a pincel, pinturas, escul-
turas y joyas disponibles para vender a oficiales de policía
paramilitar describen al oficial máximo de "operaciones
tácticas"; el arma elegida es casi siempre una versión del
MP5. La popularidad de estas armas se ve realzada por
una multitud de accesorios, incluyendo objetivos láser,
supresores de sonido ("silenciadores") y programas de
entrenamiento patrocinados por H&K.

El entrenamiento de los oficiales policiales paramilitares por parte de corporaciones con fines de lucro parece
ser una industria lucrativa y en crecimiento. Las revistas
policiales paramilitares contienen avisos de numerosas
organizaciones de entrenamiento. Algunas son restringidas
a personal policial y militar; otras admiten a cualquiera
deseoso de pagar la matrícula, que va de los quinientos
a los tres mil dólares. Un complejo de entrenamiento paramilitar operaba bajo los auspicios de la Universidad
de Eastern Michigan. La "división de entrenamiento" de
Heckler y Koch no sólo entrena a la policía en el uso de
su armamento y en tácticas de alta tecnología, sino que
también promociona activamente la subcultura paramilitar. Esta compañía comisionó a un artista especializado

en dibujar a grupos de operaciones especiales militares y ahora ofrece a la venta doce grabados de dibujos a lápiz altamente detallados de fuerzas policiales paramilitares en acción. He visto estos dibujos usados como arte mural en departamentos policiales, en tarjetas de negocios de oficiales policiales y en folletos de relaciones públicas.

Las MP5 claramente alteraron el tono de esta "sesión de entrenamiento". Se desvaneció la aproximación controlada y metódica del disparo de las pistolas, y me di cuenta de que la práctica con las pistolas era sólo un preludio (o, para aquellos que prefieran una connotación psico-sexual, un juego previo) a una forma menos comedida de "juego". Se colocaron enfrente nuestro blancos llenos de agua y arena, y por los próximos treinta minutos los oficiales dispararon casi sin parar, excepto por los breves momentos que se necesitaban para recomponer los blancos y para imaginar nuevas formas de probar su capacidad de destrucción. No pude evitar notar cuán "traviesos" y desmedidos eran estos hombres mientras disparaban esos proyectiles mortíferos. Compartir esta actividad, al menos en ese momento, también suavizó las barreras entre ellos y fomentó la solidaridad de grupo. Hasta se sintieron obligados a hacerme partícipe de la experiencia.

Un joven oficial de policía de una ciudad pequeña ("Mitch"), que también servía en las Reservas del Ejército, caminó hasta donde yo estaba observando, presentó su MP5 con los brazos extendidos, y dijo en un modo sutilmente desafiante: "pruébala". Traté de evitar su provocación, pero tanto Mike como Steve me urgieron a seguir adelante, con un cabeceo disimulado. Una vez que estuve en posición, Mitch insistió en que disparara en el modo completamente automático, enfatizando que yo era un "chico grande" y "debía ser capaz de manejarlo". Disparé a un blanco del tamaño del cuerpo y, tal como este oficial seguramente anticipó, cometí todos los errores de alguien que nunca había disparado antes una automática. Sostuve el gatillo demasiado tiempo, y el cañón se elevó después de varios disparos, causando que disparara completamente por fuera del blanco. Vacié un cargador entero de treinta cargas en un momento. Todos disfrutaron de este proceso de afirmar su propia competencia sobre armas tendiéndole una trampa al "cerebro" académico para que fallara.

Mi reacción, no reflexionada, me vino justamente del guión de una película paramilitar: "Nunca antes había disparado esta mierda de alta tecnología. Prefiero un buen mano a mano [una escopeta]". Expliqué que había pasado una parte significativa de mi juventud disparando y cazando con escopetas. Dado que Mitch había instigado a este juego masculino de estar por encima de los demás, puso a prueba mi afirmación cargando y dándome una escopeta de unidad táctica Remington 1187. Di una demostración personalmente satisfactoria de mis habilidades de disparo, que probaron con creces mi valía a estos aspirantes de guerreros. De modo táctico, como investigador, participar de este concurso para legitimar el estatus favoreció mis objetivos de investigación. Al mismo tiempo, sin embargo, el incidente elevó algunos interrogantes problemáticos acerca de la autenticidad de mis convicciones intelectuales y de la poderosa interacción entre la cultura paramilitar y la ideología masculina.

Luego el grupo se armó con escopetas y varias cajas de municiones que lucían extrañas. Uno de los oficiales disparó una serie a un viejo secador de ropa. La explosión fue increíblemente fuerte, a pesar de la protección auditiva; de modo simultáneo, un gran destello fue visible en la reducida luz diurna. Los hombres también experimentaron con otros proyectiles para "eventos especiales", incluyendo un "triturador", que corta el mecanismo de cerradura de las puertas. Luego de presenciar su efecto en un mueble archivador de metal, un joven oficial dijo, en broma, que podría cargar con algunos de estos proyectiles en su próximo allanamiento en busca de *crack*.

La munición de alta tecnología para escopetas entretuvo a este personal militar y policial por casi una hora. Durante este frenesí pirotécnico, aun yo dejé de conectar la tecnología con su uso sobre personas reales y sus residencias. Las explosiones fuertes y brillantes, la capacidad de destrucción y la risa me devolvieron a una juventud llena de guerras con botellas como proyectiles, usos imaginativos de armas de fuego y una creencia tácita en que cuanto más grande y más destructiva fuera la explosión, mejor. En lo que respecta a este personal policial y militar, sin embargo, esta actividad llena de diversión a menudo no era benigna. Frecuentemente mis objetivos como joven eran destruir la propiedad de otra gente y aterrorizar a los vecinos despreciados y a los oficiales de policía.

Le mencioné al grupo, más tarde, que no entendía la utilidad del armamento de alta tecnología más allá de su valor recreativo. Varios de los hombres explicaron que estas nuevas tecnologías, y las unidades tácticas en general, eran más que nada el resultado del "problema fuera de control con la droga y el *crack*". Entregar órdenes de arresto y allanamiento y llevar adelante redadas contra las drogas en barrios infestados de *crack* –explicaron– requería de una unidad de operaciones tácticas bien entrenada y bien equipada (hasta hace bastante poco, las unidades de policía paramilitares habían estado limitadas a situaciones de rehenes o de sospecha de atrincheramientos). También remarcaron que estos barrios eran "barriles de pólvora" listos para explotar. Para ellos, el personal de operaciones tácticas era la primera línea de defensa para la emergencia inevitable de los disturbios civiles.

Mel concluyó el "entrenamiento" con una exhibición de sus habilidades como francotirador. El grupo estaba sobrecogido y se mencionaron ejemplos de la asombrosa habilidad de Mel para permanecer tranquilo y disciplinado bajo presión. Nunca pregunté si Mel había de hecho matado a alguien como francotirador; la admiración del grupo en relación a su habilidad y su aparente deseo de matar era suficientemente perturbadora.

Rendición de informe luego de la experiencia

Mel, el francotirador, y el estatus que lo acompaña, coinciden con los guiones enraizados desde hace ya tiempo en el pensamiento militarista. Su comportamiento y entrenamiento, disparando tranquilamente a una jarra de agua del tamaño de una cabeza detrás de placas de vidrio, eran dolorosos recordatorios del potencial daño representado, tanto simbólica como físicamente, por estos policías civiles actuando como soldados militares. Mi experiencia etnográfica evocó, por lo tanto, una paradoja de sensaciones. Me encontré a mí mismo oscilando entre el disfrute y la alarma. Disfruté cuando me olvidé de mí mismo y me sumergí completamente en la intensidad del momento, poniendo involuntariamente entre paréntesis mis filtros ideológicos. Schutz creía "que en el reino del momento experimentado, el significado permanece suspendido para la aplicación subsiguiente" (1967). La incomodidad y a veces la alarma llegaban en aquellos momentos de conciencia mayor, donde aun los momentos de reflexión que duraban sólo una fracción de segundo permitían las imposiciones de significado. Estas tensiones, entre el momento y la reflexión conciente, entre el disfrute y la aversión, pueden ser instructivas en cuanto al rol de las influencias culturales e ideológicas en la construcción de nuestros marcos ideológicos personales (aun de nuestras identidades) y en la clarificación de las posibilidades de reconstrucción.

Varios aspectos de la experiencia de investigación, entonces, fueron placenteros o satisfactorios. La confesión

más difícil, en vista de mi orientación pro-feminista, es que
disfruté ganar la aceptación de un grupo de hombres poli-
cías/militares usando significantes hiper-masculinos ("el
de Alaska", "guía del monte", "guerrero de escopeta", "quedar
por encima de los demás"). Muchas de estas perspectivas
del mundo de los hombres eran inquietantes, pero (más
allá de mis objetivos de investigación), aun así disfruté de
su aprobación, filtrada por sus estándares hiper-masculinos,
y quedé cuestionándome mi propia identidad percibida.

También disfruté de observar y de usar el armamento,
los explosivos y la tecnología asociada. En mi juventud, mis
dos hermanos mayores y yo buscábamos continuamente
formas más eficientes de lanzar proyectiles para destrozar,
estropear o infligir dolor sobre alguien o algo. Esta búsqueda
iba desde lanzar sucios pedazos de tierra, lanzas y cámaras
de aire, a disparar hondas, cerbatanas, aire comprimidos,
perdigones, arcos y flechas y, cuando era posible, petardos.
Intentábamos aproximarnos a la "experiencia de guerra"
a través de implicarnos en guerras con aire comprimido
y cerbatanas, guerras dolorosas y a menudo aterradoras,
con heridos y todo. Esta búsqueda por armamentos más
poderosos llegó a su pico máximo cuando sacamos de
manera clandestina un rifle .22 de la casa y lo disparamos
en nuestro patio trasero suburbano con un silenciador
casero. Me encontré a mí mismo, veinticinco años después, sosteniendo la última tecnología en lanzamiento de
proyectiles, integrada con un "supresor de sonido" que de
hecho funcionaba. La búsqueda había terminado.

El poder jugaba un rol como otro aspecto disfrutable de
esta experiencia. Tenía una intensa sensación de estar operando en el límite que separa el comportamiento legítimo
del ilegítimo. Claramente, mucha de la actividad misma era
ilegal, aunque reportarla nunca hubiera resultado en que
fuera definida como "criminal". Como mencioné anteriormente, me sentía cómodo y, de cierta manera, desafiante.

He tenido estas experiencias en el pasado cuando hacía trabajo de campo con oficiales de policía, y me di cuenta de que, en cierto sentido, me regodeo en la seguridad de mi estatus temporal como beneficiario del uso de la fuerza sancionada por el Estado. Este es probablemente el mismo sentimiento intoxicante de autonomía de la ley que experimenta un oficial de policía abusivo, un juez corrupto o un ejecutivo de una corporación conectada políticamente.

Otros aspectos de esta experiencia de investigación fueron menos perturbadores. En una sociedad que nos atrae hacia estilos de vida sin profundidad y en la que una compleja red de regulaciones implícitas predetermina, cada vez más, nuestras elecciones, fue estimulante salir fuera de los seguros pasillos del mundo académico hacia una experiencia original y no regulada.[6] Fue también instructivo: descubrí, en forma descubierta, la ligazón entre lo policial y lo militar, las dos entidades estatales principales de uso de la fuerza. Las academias de policía dominantes se refirman, rutinariamente, sobre el reciente giro hacia el servicio a la comunidad, la responsabilidad y la receptividad. Esta investigación constituyó un primer paso en comprender que la dimensión coercitiva del control policial probablemente se esté expandiendo junto a la retórica y el imaginario de la actuación policial comunitaria.

Relacionar la experiencia de primera mano con implicaciones a nivel macro

En este punto contextualizo mi experiencia con sus implicaciones sociales, culturales y macro-políticas. Thomas

---

[6]   En relación a "formas de vida sin profundidad", ver Rolek y Turner, 1993. Sobre la ascendencia de la sociedad regulatoria, ver Aggerne, 1992; Marcuse, 1964 y Ritzer, 1993.

señala que la buena etnografía "toma eventos aparentemente mundanos, aun eventos repulsivos, y los reproduce de modo de exponer procesos sociales más amplios de control, domesticación [y] desequilibrio de poder" (1993). Con la substanciación adecuada, entonces, este estudio etnográfico puede ser usado como una ventana desde la cual contemplar tendencias sociales más amplias, influencias ideológicas y la naturaleza de la construcción y mantenimiento de poder del Estado.

La policía en uniformes de combate (BDU)

Con poco esfuerzo, esta etnografía dejó al descubierto seis departamentos de policía en una pequeña área geográfica que habían establecido, dentro de los cuatro años previos, unidades de policía paramilitares autónomas y completamente dotadas de personal (PPU). Mike y Steve sabían de cinco unidades adicionales que estaban en proceso de formación. Afortunadamente, en oposición a meramente desear que el lector considere mi experiencia local como indicativa de tendencias nacionales, continué esta etnografía con dos encuestas a departamentos de policía a nivel nacional que servían a comunidades de veinticinco mil personas o más. La información de estas encuestas demuestra, de modo concluyente, que las observaciones de pequeña escala hechas en esta etnografía reflejan tendencias en el resto de Estados Unidos. La tendencia más inmediata, que ha pasado en buena parte sin ser notada, es el crecimiento y el cambio en la naturaleza de las unidades de policía paramilitar de Estados Unidos desde mediados de los ochenta.[7]

La furia de la guerra contra las drogas de los ochenta y noventa produjo un enorme crecimiento en el número

---

[7]   Ver Kraska y Kappeler, 1997; Kraska y Cubellis, 1997.

de las PPU. Más importante que el incremento en unidades, sin embargo, es el cambio casi completo de su función. Mi descubrimiento etnográfico –que estas PPU de pequeñas ciudades estaban mucho más implicadas en desarrollar redadas proactivas contra las drogas que en el rol "reaccionario" de los equipos SWAT en la década de 1970 (situaciones de rehenes, terroristas y sospecha de atrincheramiento)– se reveló verdadero también a nivel nacional. Hoy un 70%-90% de las actividades de las PPU, ya sea en departamentos de policía pequeños, medianos o grandes, implican o bien allanamientos sin aviso contra las drogas en residencias privadas o el trabajo de patrulla proactivo en áreas de "alta criminalidad". De hecho, el número de los allanamientos contra las drogas llevados a cabo por las PPU han ido de unos tres mil al año en los tempranos ochenta a unos treinta mil por año en los tardíos noventa. Casi un 18% de todos los departamentos que sirven a comunidades de veinticinco mil personas o más hacen uso de sus unidades como una fuerza de patrulla proactiva (Kraska y Cubellis, 1997). Claramente, esta forma de control policial militarizado se ha movido de las afueras de las operaciones policiales a una presencia normalizada.

La policía de Fresno, California, es un buen ejemplo. En una popular revista policial, la policía de Fresno afirma que las calles se han vuelto una "zona de guerra"; han respondido desplegando su grupo SWAT, equipado con ropa y armamento militar, como una unidad de patrulla de tiempo completo para "suprimir" el problema del crimen y la droga. El departamento ha considerado el experimento como un suceso absoluto, ha desplegado una unidad permanente y ahora está alentando a otras agencias policiales a seguir su ejemplo. "El consenso general ha sido que los grupos SWAT que trabajan en un escenario proactivo de tipo patrullaje, funcionan. Los oficiales de policía que trabajan en vehículos de patrulla, vestidos en ropa de combate urbana y armados con armas automáticas están aquí –y están aquí para quedarse–".[8]

Como lo señalan los oficiales en esta etnografía, se entiende que las "epidemias" de *crack* y de pandillas de la parte baja de la ciudad justifican una militarización de las operaciones de la policía. Aun para los estándares dominantes, establecer una policía "civil" y delinear claramente actividades y personal policial y militar han sido sellos incuestionables del gobierno democrático. Una característica central de los participantes en esta investigación fue la falta de diferenciación entre policías y militares, no sólo culturalmente, sino en términos de equipo material, tecnología, entrenamiento, operaciones y especialmente personal. Un rasgo claro de la era posterior a la Guerra Fría es la creciente superposición entre lo militar y lo policial (funciones de seguridad externa e interna) y, aun más ampliamente, entre el complejo militar-industrial y la rápida expansión del "complejo justicia criminal-industria".

La influencia directa de lo militar

Este examen de las unidades de policía paramilitares es un apéndice de una investigación previa que examinaba la "policiación" de los militares, más que la militarización de la policía.[9] Lo militar, con fuerte exhortación del Congreso de Estados Unidos y el Poder Ejecutivo, ha estado intentando, desde aproximadamente 1988-90, volverse

---

[8]   Smith, Charles D.: "Taking back the streets", Revista *Police*, n.19, 1995, pp. 36, 82, 16. El grupo SWAT en Chapel Hill, Carolina del Norte, condujo un allanamiento de gran escala en busca de *crack* en un block entero de un barrio predominantemente afro-americano. La redada, nombrada "Operación Redi-Rock" resultó en la detención y el registro de más de cien personas, todas afro-americanas. A los blancos les permitieron abandonar el área. Ninguno fue nunca enjuiciado por un crimen. Ver Barnett vs. Karpinos, 460 S.E. 2d 208 (N.C. App.1995).

[9]   Ver Kraska, 1993 y Quinney, 1975.

más "socialmente útil". Esta utilidad incluye actividades de control policial internacional y local. El problema social y de salud del abuso de sustancias, por ejemplo, fue declarado por decreto presidencial como una "amenaza a la seguridad nacional". Todos los cuerpos del ejército, incluyendo las unidades de Guardias Nacionales, se han implicado en una completa gama de actividades de control policial tanto a nivel local como en el exterior.

Del mismo modo en que "Mike" y "Steve" entrenan a policías civiles y esperan convertirse ellos también en oficiales de policía, y del mismo modo en que los otros oficiales de combate en su grupo trabajan para el Estado como soldados militares y policías al mismo tiempo, los eventos recientes en la política nacional ilustran las conexiones superpuestas entre el complejo militar-industrial y el complejo justicia criminal-industria. La fiscal general Janet Reno, por ejemplo, mientras hablaba a una multitud variada de oficiales militares sobre el cumplimiento de la ley, la inteligencia y la industria de defensa, comparó el esfuerzo monumental y la voluntad demostrada durante la Guerra Fría con la guerra contra el crimen: "Déjenme entonces darles la bienvenida a la clase de guerra que nuestra policía pelea cada día. Y déjenme desafiarlos a poner en juego esas habilidades suyas que tan bien nos sirvieron en la Guerra Fría para ayudarnos en la guerra que ahora estamos peleando diariamente en las calles de nuestros pueblos y ciudades".[10]

Poco después, Reno emitió este desafío, el Departamento de Justicia y el Departamento de Defensa acordaron en una sociedad de cinco años para compartir la reunión de inteligencia y la tecnología de "uso de la fuerza".

---

[10]   National Institute of Justice, "Technology transfer from defense: concealed weapon detection", *National Institute of Justice Journal* 229, 1995, pp. 1-6.

Además del armamento y la tecnología, los militares y la
policía están siendo alentados también a compartir personal. Del mismo modo que el dinero de Aplicación de la Ley
de Asistencia de Administración fue bombeado al sistema
de justicia criminal al final de la Guerra de Vietnam, el
recorte de personal militar en la era posterior a la Guerra
Fría ha originado demandas para contratar más oficiales de
policía. Como parte de la promesa de contratar a 100.000
nuevos oficiales de policía, la administración de Clinton
hizo pasar la legislación calificada de "Troops to Cops"
["Soldados a Policías"]. Bajo un subsidio del Departamento
de Defensa y el Departamento de Justicia, las agencias de
policía son alentadas a contratar a ex-soldados militares
suministrándoles cinco mil dólares por "soldado" vuelto
"policía".

Cultura guerrera

Como ilustraba la remera de "Operation Ghetto Storm"
que llevaba uno de los oficiales en esta investigación, la naturaleza militarista del discurso sobre el crimen y el control
de la droga constituyen más que una prensa inútil y una
retórica política. Filtrar las soluciones a tales problemas
sociales complejos a través de la metáfora de la "guerra"
ayuda a estructurar nuestros valores en uso, nuestras teorías y, más importante, nuestras acciones.[11] Consideren
cómo la metáfora y el discurso asociado de guerra se han
materializado en departamentos de policía urbanos y de
pequeños pueblos que despliegan grupos policiales paramilitares para patrullar barrios de Estados Unidos y llevar
adelante allanamientos sin aviso contra las drogas.

Como fue notado anteriormente, el sistema de valor y de creencia que apuntala a estos fenómenos es el

---

[11]   Ver Lakoff y Johnson, 1980; Morgan, 1986.

militarismo. Irónicamente, la criminología como un todo no ha empleado este concepto a un grado apreciable, a pesar de las obvias asunciones militaristas que subyacen a las operaciones del sistema de justicia criminal.[12] El militarismo es definido como una ideología que enfatiza la agresividad, el uso de la fuerza y la glorificación del poder militar, el armamento y la tecnología como los medios para resolver los problemas. Subyace a la tendencia de los Estados a través de la historia, aun de aquellos que preceden a la industrialización y el capitalismo, para acercarse a los problemas percibidos, ya sean externos o internos, con la violencia militar o la amenaza de la misma.

Como lo ilustra mi experiencia etnográfica, el militarismo no permanece encapsulado dentro de los ejércitos; la militarización requiere que el militarismo sea una parte integral, cotidiana, de los sistemas de valores y creencias de la sociedad, para suministrar así apoyo moral, jóvenes como guerreros y ayuda financiera para el gasto masivo que financia al ejército de los Estados Unidos. Esta dimensión militarista de la cultura es particularmente aguda en aquellas sociedades que colocan un fuerte énfasis en la superioridad militar, tal como lo hace Estados Unidos.

Gibson desarrolla una tesis interesante sobre las consecuencias de un militarismo penetrante y adictivo en la cultura popular reciente de Estados Unidos. Refiriéndose a lo que él denomina la "Nueva Cultura de la Guerra", Gibson explica la resurrección de la cultura marcial durante los ochenta y noventa como una reacción a haber perdido la

---

[12] La excepción más grande es Richard Quinney, que empleó la metáfora militar como un referente ideológico para criticar al sistema de justicia criminal. La original conexión de Quinney de lo militar con la ideología de la justicia criminal continúa hoy en día en la criminología "de conciliación"; ver Pepinsly y Quinney, 1991. Una de las discusiones más perceptivas y directas sobre la masculinidad militarizada en un contexto criminológico se encuentra en Tifft y Markham, 1991.

Guerra de Vietnam: "Es altamente sorprendente, entonces, que los hombres norteamericanos –faltando la confianza en el gobierno y la economía, preocupados por las cambiantes relaciones entre los sexos, inseguros respecto de su identidad o su futuro– comenzaran a *soñar*, a fantasear sobre los poderes y características de otra clase de hombre que pudiera retomar y reordenar el mundo. Y el héroe de todos estos sueños era el guerrero paramilitar" (1994). A través de películas, política, prensa y trabajo de campo, Gibson documenta cómo la nueva cultura de paramilitarismo, que enfatiza a los guerreros solitarios o a los pequeños grupos elitistas de compañeros guerreros, invadió las mentes de los hombres jóvenes durante los ochenta.

Esta ideología dominante de paramilitarismo ciertamente ayuda a dotar de sentido a mis experiencias etnográficas, suministrando el contexto cultural más amplio en el que situar la práctica paramilitar de Mike, Steve y el resto del grupo. También explica el aumento contemporáneo de las unidades de policía paramilitar dentro de agencias federales y locales de cumplimiento de la ley, y la fuerte veta paramilitar encontrada en la cultura popular norteamericana durante los ochenta y los noventa –más evidentemente notada en la milicia de la derecha y los grupos de odio, las pandillas urbanas y la gran cantidad de productos recreativos basados en temas paramilitares (por ejemplo, películas, juegos de computadora y municiones de bola de pintura)–.

Como lo demuestra mi reacción al escenario del MP5, la hiper-masculinidad es un elemento integral en el armado del militarismo. "En la mayoría de las culturas que conocemos, ser viril es ser un potencial guerrero" (Enloe, 1993:52). Los entretejidos guiones del militarismo y la masculinidad suministran la base cultural para formas organizadas de violencia por parte de militares y policías, y estos guiones dados por sentado facilitan una red más difusa pero aun así penetrante de violencia real y amenazada entre los hombres individuales. En un sentido, entonces, mi experiencia de investigación fue sólo una continuación de siglos de pensamiento masculino previamente guionado y una construcción de poder –una historia de práctica militarizada vital todavía hoy, aunque en formas menos reconocibles, y una en la que reaparecí como participante–.

Conclusión: jugar a la guerra, Waco y la bomba de la ciudad de Oklahoma

Esta etnografía ilustra la naturaleza poderosa y perdurable del militarismo. Mi disfrute de –y mi fluida fundición en– estos rituales paramilitares intervino en mis propios guiones militarizados profundamente arraigados. Además, e igualmente importante, esta etnografía suministra una ventana desde donde observar procesos más amplios de militarismo y militarización que se relacionan con el aparato de justicia criminal. Las identidades de Mike y Steve son producto de un ambiente cultural de larga data, idealizado durante la era Reagan-Bush, que activamente promueve la noción de que la valía de un hombre aumenta en proporción a su capacidad de ser un guerrero. Este espíritu influyente del militarismo está, sin lugar a dudas, en juegos de video y computadora, juguetes, shows de televisión y videos caseros comercializados para niños. La atracción de estos dispositivos pedagógicos deriva de su naturaleza recreativa. Al igual que con mi experiencia etnográfica, el militarismo es disfrutado y adoptado, tanto como impuesto. A través de aprender, disfrutar e internalizar los principios del militarismo, el marco ideológico personal de muchos de nuestros jóvenes está construido por la violencia y la guerra, ya sea con otras naciones, otras pandillas, con infractores de la ley de droga, o con la policía. Hacerse mayor, para muchos, sólo cambia y amplifica la organización, la maquinaria y las consecuencias.

El militarismo ha sido históricamente, y continúa siéndolo hoy, un componente seductor, disfrutable y arraigado de la vida social. Para empeorar las cosas, el militarismo y sus consecuencias, aunque dominantes, son para la mayoría de las personas tomadas como dadas y menos manifiestas que en el pasado. Tenemos un conspicuo ejemplo disponible para nosotros, sin embargo, que demuestra la potencial capacidad de destrucción de esta ideología en la sociedad actual: el estallido de la bomba en la ciudad de Oklahoma.

Aunque no sea tan cómodo como encuadrar el incidente como resultado de un individuo patológico, Mark Hamm demostró en su libro *Apocalypse in Oklahoma: Waco and Ruby Ridge Revenged* (1997) que los temas de masculinidad y militarismo suministraron el combustible ideológico para que Timothy McVeigh llevara a cabo su horroroso acto de venganza. La remera de McVeigh el día del bombardeo citaba a Thomas Jefferson: "El árbol de la libertad debe ser refrescado cada tanto por la sangre de tiranos y patriotas". Similares temas culturales también proporcionaron el modo de pensar necesario para que los oficiales del Gobierno abordaran el allanamiento inicial y final de la residencia de la Rama Davidiana en Waco, Texas, como una operación de estilo militar. De hecho, más allá de la cultura militarista dominante encontrada en las unidades paramilitares de elite de BATF y el FBI, las mismas Fuerzas Armadas de Estados Unidos estuvieron implicadas en el planeamiento del desastre de Waco.[13]

Hamm establece que McVeigh estaba filtrando sus acciones a través del tema de la "venganza", masculino y muy norteamericano, cuando llevaba a cabo su respuesta

---

[13]   Ver R. Martz, "Marching across the thin blue line", *Atlanta Journal Constitution*, 12 de octubre de 2001, B1-B3.

militar a las acciones militarizadas del Gobierno en Waco y Ruby Ridge[14]. Esto significa que el crimen de McVeigh ocurrió en un contexto cultural que no nos resulta desconocido a ninguno de nosotros. Sin embargo, situar un acto truculento tal dentro de los rasgos centrales de la cultura norteamericana sea probablemente una píldora difícil de tragar para la mayoría de nosotros. El punto no es minimizar la culpabilidad de McVeigh sino, más bien, ilustrar que mis experiencias con Mike y Steve, las acciones del Gobierno en Waco, las acciones de McVeigh en la ciudad de Oklahoma, las guerras contra el crimen y las drogas y el crecimiento irrestricto de la industria de la justicia criminal son todas expresiones del mismo patrón cultural de larga data.

Bibliografía citada

Aggerne, Ben, 1992, *Discourse of domination: from the Frankfurt School to postmodernism.* Evanston, III.; Northwestern University Press.

Enloe, Cynthia, 1993, *Morning after: sexual politics at the end of the cold war.* Berkeley y Los Ángeles: University of California Press.

Gibson, James W., 1994, *Warrior dreams: manhood in post-Vietnam America.* New York: Hill and Wang.

Goffman, Ervin, 1959, *The presentation of self in everyday life.* London: Allen Lane.

Hamm, Mark, 1997, *Apocalypse in Oklahoma: Waco and Ruby Ridge revenged.* Boston: Northeastern University Press.

---

[14]   Se refiere al asedio de tipo militar que sufrieron, en 1992, Randy Weaver y su familia por parte del FBI, que terminó con varias muertes (N. de la T.).

Kraska, Peter B., 1993, "Militarizing the drug war: a sign of the times". En Peter Kraska (ed.), *Altered States of Mind: critical observations of the drug war.* New York: Garland.

Kraska, Peter B. y Cubellis, Louis J., 1997, "Militarizing Mayberry and beyond: making sense of American policing". En: *Justice Quarterly*, n.14, n.4.

Kraska, Peter B. y Kappeler, Victor E., 1997, "Militarizing American police: the rise and normalization of paramilitary units". En: *Social Problems*, n.44, n.1.

Lakoff, George y Johnson, Mark, 1980, *Metaphors we live by.* Chicago: University of Chicago Press.

Marcuse, Herbert, 1964, *One-dimensional man.* Boston: Beacon.

Morgan, Gareth, 1986, *Images of Organization.* Beverly Hills, Calif.: Sage.

Pepinsly, Harold E. y Quinney, Richard, 1991, *Criminology as peacemaking.* Bloomington: Indiana University Press.

Quinney, Richard, 1975, *Criminology.* Boston: Little, Brown.

Ritzer, Goerge, 1993, *The McDonaldization of society: an investigation into the changing character of contemporary social life.* Thousand Oaks, Calif.: Pine Forge.

Rolek, Chris y Turner, Brian S., 1993, *Forget Baudrillard?* New York: Routledge.

Schutz, Alfred, 1967, *The phenomenology of the social world.* Evanston, Ill.: Northwestern University Press.

Thomas, Jim, 1993, *Doing critical ethnography.* Newbury Park, Calif.: Sage.

Tifft, Larry y Markham, Lynn, 1991, "Battering women and battering Central Americans: a peacemaking synthesis". En Harold E. Pepinsky y Richard Quinney (eds.), *Criminology as peacemaking.* Bloomington: Indiana University Press.

11. HISTORIA DE CERCANÍAS, DE DISTANCIAS, DE UNA IDA Y UN REGRESO. EL PERIPLO DEL TRABAJO DE CAMPO EN UNA ESCUELA DE POLICÍA[1]

Mariana Sirimarco
(CONICET-Universidad de Buenos Aires)

I

Hace once años que hago trabajo de campo en la policía. Más precisamente, en escuelas policiales. Mi primera investigación se desarrolló en el contexto del Curso Preparatorio para Agentes de la Escuela Federal de Suboficiales y Agentes Comisario General Alberto Villar de la Policía Federal Argentina (PFA). Este Curso –que en ese momento duraba aproximadamente seis meses– es el primer paso en la carrera del personal subalterno de la PFA. De él se egresa como Agente, jerarquía básica dentro del cuadro de Suboficiales.

Recuerdo mi primera visita a esa escuela. Buscaba al jefe de la Agrupación Estudios, el Subcomisario B, quien se suponía que me iba a presentar al director de la escuela quien, a su vez, se esperaba que me permitiera el acceso a las aulas y a los alumnos. La escuela todavía funcionaba en la calle Cavia (luego se mudaría al barrio de Chacarita) y yo había logrado inmiscuirme –camuflada entre un grupo de gente– sin que el agente de la entrada me preguntara quién era y qué quería. Preguntando en el bar llegué a la oficina indicada. Me dijeron que el Subcomisario B estaba tomando exámenes. Me ofrecí a esperar en el bar. Al rato,

---

[1] Una versión preliminar de este trabajo puede encontrarse en Sirimarco, 2006.

cansada de hacerlo, decidí llegar hasta las aulas donde se tomaban los exámenes. Un agente que custodiaba algo a la entrada de un pasillo me escoltó –más que me acompañó– hasta el exacto sitio que buscaba:

> Sigo al Agente y desemboco justo frente a dos aulas: la 11 y la 12. Hay un chico con unos apuntes en la mano, así que le pregunto si no sabía cuál era el aula donde estaban tomando el examen de *Nociones Legales*. "¿Con B.?", me pregunta. "Sí". "Ahí", me dice, y me señala el aula 11, que estaba cerrada y con una luz roja encendida. Le pregunto si no sabía cuánto faltaba, y me dice que mucho, que todavía le quedaban como 15 chicos. "¿Vos también tenés que rendir *Nociones Legales*?". "No –me contesta–, yo tengo que rendir *Armas*". Comento que lo iba a esperar, y me alejo un poco hacia el lado derecho del pasillo. Me siento en el piso, enfrente de las dos aulas.
>
> Al rato sale del aula donde estaba el Subcomisario un policía, vestido con pullover azul. Me ve, me mira fijo y se acerca. Me pregunta, muy bruscamente:
>
> -¿Usted qué hace ahí?
>
> -Estoy esperando al Subcomisario B.
>
> -¿Y usted quién es?
>
> -Mariana Sirimarco.
>
> El tono era autoritario y soberbio.
>
> -¿Y por qué lo busca?
>
> -Tengo que hablar con él.
>
> -¿Y usted cómo lo conoce?
>
> -Yo ya hablé con él una vez y quedó en darme un recado.
>
> -¿Y qué es de él?
>
> -Nada.
>
> Me sigue mirando, de malos modos, mientras sopesa si seguir o no con el interrogatorio. "Párese –me dice– que le aviso", y abre la puerta del aula. El chico que repasaba para rendir *Armas* se acerca y me ofrece la mano para ayudarme a pararme. Me paro, consciente de la molestia que le había causado al hombre del pullover azul que no me parara ante su presencia. Desde mi nueva posición escucho que éste le

dice al Subcomisario que lo estaba esperando. Vuelve a salir y baja unas escaleras.

Yo todavía sigo ahí parada cuando el hombre del pullover azul vuelve. Me mira, esta vez más amablemente, y me pregunta si todavía no me habían atendido. "No –le digo–, pero no tengo problema en esperar, no quiero interrumpirlo". Me vuelve a preguntar, esta vez con cierta simpatía, qué hacía yo ahí, o por qué lo quería ver al Subcomisario. Le respondo. No me hace ninguna pregunta más y vuelve a entrar al aula. [Registro de campo]

Pasado el tiempo, y avanzado el trabajo de campo, confirmaría algo que ya entonces sabía: que haberme quedado sentada mientras un policía me hablaba era, en ese contexto, mucho más que un índice de mala educación: era una flagrante falta de respeto. Lo que en un primer momento fue algo inadvertido –yo estaba sentada en el piso, el policía se acercó antes de que tuviera tiempo de reaccionar– se convirtió luego en una suerte de "resistencia" a su tono intimidatorio. Quedarme sentada mientras me hablaba, y encima en el piso, era una forma de decirle a ese policía que yo no iba a comportarme como los agentes, que no podía esperar de mí ese trato de respeto casi servil que le profesaban y que, en síntesis, yo no me guiaba por sus normas. Ahora sé que era una forma –tal vez ingenua, seguro irrespetuosa– de marcar una distancia.

Pasados varios años, hice trabajo de campo en la Escuela Superior de Policía Comisario Mayor Emilio García García de la Policía de la Provincia de Buenos Aires (PPBA). Esta escuela era, hasta su subsunción por el Centro de Altos Estudios en Especialidades Policiales, en el año 2005, la institución encargada de dictar aquellos cursos de capacitación que debe cumplir el cuadro de oficiales como condición previa y obligatoria para el ascenso a ciertos grados de la jerarquía. Mi trabajo de campo se centró, particularmente, en el seguimiento del curso de capacitación para el ascenso a la jerarquía de Oficial Inspector, cuyos alumnos, Oficiales Subinspectores, contaban con un promedio de siete años dentro de la fuerza.

Una tarde, algunos de estos oficiales subinspectores participaron en una experiencia educativa: preparar y dar una clase concerniente a su desempeño profesional ante los cadetes de la Escuela de Policía Juan Vucetich (PPBA).[2] El director de la Escuela Superior me había invitado a compartir el día:

> Tarde de jueves en la Escuela Vucetich. Recorría las instalaciones de la Escuela Vucetich con una suerte de comitiva guiada por el director de la Escuela Superior: visité las Compañías y la capilla, admiré el *agathis alba*[3] y el natatorio, presencié un entrenamiento de voley en un gimnasio enorme. En medio del recorrido, el director me ofreció conocer el polígono de tiro. Ante mi respuesta negativa a su pregunta de si alguna vez había disparado, me subió la apuesta preguntándome si me animaba a tirar. La propuesta me pareció de lo más sensata y divertida: ¿qué se sentiría eso de apretar un gatillo?
>
> La determinación se esfumó en cuanto me puse los protectores auditivos y el instructor del polígono se puso a explicarme clara y didácticamente cómo se sostiene el arma, cómo se carga, cómo se afirma el cuerpo al disparar. Ahí me di cuenta de que la cosa no era chiste. De pronto me asaltó

---

[2]   La Escuela de Policía Juan Vucetich era, al momento del trabajo de campo, la única fuente de reclutamiento del personal masculino y femenino del cuadro de oficiales de la Policía de la Provincia de Buenos Aires. De ella se egresaba como Oficial Ayudante. Los Cadetes, denominación de los alumnos de esta Escuela, recibían instrucción durante dos años, bajo un régimen de internado, donde sólo podían retornar a sus hogares durante los fines de semana.

[3]   La Escuela Vucetich se encuentra funcionando, desde el año 1959, en las instalaciones de la ex-estancia San Juan en el Parque Pereyra Iraola. En este predio, de unas 300 hectáreas, se encuentra el *agathis alba*, un árbol de más de cien años que se cree es el único ejemplar en América Latina.

la realidad: ¿qué hacía yo empuñando un arma de verdad, cargada con balas de verdad?

Elucubraba estas cuestiones y no paraba de sobresaltarme a cada disparo efectuado. Mientras yo tomaba coraje, el director vaciaba un cargador en el pecho del blanco. Me animé. Mi cuerpo sólo atinó a grabar tres sensaciones. La primera, que no podía sostener el arma en la mano derecha: o era muy pesada para mí, o me temblaban demasiado las manos. La segunda, que el único objeto delante de mis ojos era el movimiento del seguro yendo lentamente hacia atrás, mientras apretaba el gatillo en cámara lenta. La tercera, la vaina servida cayendo a mi costado, por encima de mi hombro derecho.

Mi impacto dio en el borde mismo del hombro del hombrecito del blanco. Para más reconfortantes datos, del lado de afuera de su cuerpo. Otra vida estaría viviendo ahora si mi primer disparo de arma de fuego se hubiese clavado cercano al corazón, en pleno cuello, o en medio de la cabeza. Pensé: el oficio antropológico tiene sus ribetes de peligrosidad: uno nunca sabe cuándo la observación participante puede transformarse en un atentado a la propia integridad psicológica...

[Registro de campo]

A lo largo de estos once años, me han repetido siempre una pregunta: cómo podía hacer trabajo de campo en la policía. El interrogante no se dirigía a cuestionar la validez de una investigación *sobre* la policía, sino a interesarse –a medio camino entre el rechazo y el asombro– acerca de la posibilidad de un trabajo de campo *dentro* de instituciones policiales, compartiendo tiempo y espacio con policías. Ginsburg afirma que es "fácil para un etnólogo presentar su análisis desde el punto de vista nativo cuando su sujeto de estudio se esconde en las altas tierras de Nueva Guinea, y cuando no tiene ningún impacto sobre la vida de los lectores o la audiencia" (2007:253). Cuando esto no es así, cuando la investigación desde el adentro alude a un grupo de nuestra propia sociedad y objeto de controversia, afloran las preguntas sobre el *cómo*.[4]

Durante mucho tiempo este interrogante me pareció tedioso. Me veía en la necesidad de aclarar que si bien el trabajo de campo puede implicar una cercanía metodológica, ésta no puede reducirse, necesariamente, a una cercanía ideológica o política. Que el acuerdo y la afinidad con el grupo que se estudia no son requisitos imprescindibles de la labor etnográfica. En algún momento de estos once años, el interrogante se volvió una verdadera pregunta. Quiero decir: una cuya respuesta me abrió un mundo que, si bien siempre había estado ahí, nunca me había detenido a observar.

¿Cómo podés hacer trabajo de campo en la policía? Hoy entiendo que la pregunta no sólo es válida, sino que es, de algún modo, necesaria. El trabajo de campo involucra un contacto más o menos prolongado con la gente, una cierta dosis de participación en sus prácticas. Involucra también, como en todo contacto humano, sensaciones, reacciones y sentimientos. Reformulada, la pregunta desnuda su oculta complejidad: ¿qué implicancias tiene, para el antropólogo, valerse de una aproximación basada en la cercanía metodológica para realizar una investigación en una institución cuyas prácticas, al menos algunas, (le) resultan controvertidas? Dicho en otras palabras: ¿qué reacciones suscita, y cómo se maneja, el hecho de acercarse a un actor institucional tan ajeno?

Voy a intentar, después de once años, desnudar algo de mi experiencia personal para contestar esta pregunta.

---

[4]   Hace un tiempo, un amigo me preguntó –de antemano confiado en una respuesta afirmativa– si mi papá era policía. No puedo sino pensar que esta pregunta funciona como "respuesta posible" al previo interrogante acerca del *cómo*. Entiendo que el hacer trabajo de campo en la policía puede resultar tan conflictivo y misterioso para los demás que tener un padre policía se vuelve una explicación plausible.

No sólo para responder a esta cuestión particular, sino para reflexionar, a partir de esa respuesta, en torno a la figura del antropólogo en el campo y en torno al desafío y a las riquezas que conlleva la construcción de conocimiento a partir del método etnográfico.

II

Es cosa aceptada que el antropólogo debe, por oficio, intentar conjurar la distancia. O al menos minimizar ese intervalo que lo separa de la comprensión de los otros. No para percibir como tal, sino para atisbar un entendimiento de esa otra visión del mundo. ¿Qué sucede, sin embargo, cuando ese ejercicio de aproximación –que es también emocional– se torna un escollo? ¿Cuando los otros son tan otros que la posibilidad del encuentro puede ser vivida como una "amenaza"?

En el libro *Ese infierno*, cinco mujeres relatan su cautiverio en el centro clandestino de detención de la Escuela de Mecánica de la Armada (ESMA), durante la última dictadura militar. Refieren, entre muchos otros horrores, uno que, a simple vista, no parece tal: el contacto, la cotidianeidad y el vínculo que se establecía entre detenidos y captores. Esta situación de contigüidad se volvía una situación de confusión y era vivida por ellas como una experiencia abrumadora. Lo terrible era –según sus propias palabras– la reja que no tenían. "Hay que haber atravesado por esa situación de proximidad –explica una de ellas–, por ese contacto con el secuestrador, para entenderlo" (Actis *et ál.*, 2001:107-108). La ausencia de esa reja –de esa separación que en virtud de eso protege– ponía en riesgo la posibilidad de instaurar limitaciones, de establecer quién era quién. Su necesidad era, para ellas, la necesidad de la distancia.

La alusión a este caso no pretende ser equiparadora –las diferencias son abismales– sino sugerente. Pretende indicar que similar sensación me produjo, muchas veces, el trabajo de campo. En contextos en que el otro es tan ajeno y tan difícil la empatía, la distancia puede convertirse, más que en un objetivo a sobrepasar, en una defensa. Sin esa distancia que separa lo distinto –que instaura, mejor dicho, la existencia misma de esa diferencia–, el relacionarse adquiere visos de peligrosidad emotiva. La distancia está ahí para declarar que lo uno y lo otro son disímiles, para tranquilizar a uno y otro en su desemejanza. Para amortiguar, en suma, las implicancias del encuentro.

No es de extrañar que el primer acercamiento con la institución policial haya sido, en tal sentido, una distancia. Mi postura ante el policía de pulóver azul pretende ser sólo un mínimo ejemplo en este sentido. Enfrentarme con marcos de referencia y patrones de acción que no conjugaban con los míos no fue problemático, ya que la disparidad de criterios ayudó a crear una "separación" que mediaba entre ellos y yo, y que impedía cualquier punto de contacto.

La distancia, ya se sabe, es tranquilizadora. Mantiene apartado lo que se cree ajeno. También, es claro, lo mantiene caricaturizado. Todo se ve, desde la distancia, prototípico. También la caricatura es una suerte de distanciamiento; de imponerle, a la realidad, un trazo que la sectoriza y que, por ende, la opaca.

La empatía –esa consecuencia casi inevitable de la labor antropológica– fue, casi sin saberlo, más un peligro que una búsqueda. El contacto con la alteridad supone mayores o menores dificultades, pero cuando el otro es un actor (institucional) tan contrario a uno y la alteridad comienza a derrumbarse, la cercanía se vuelve atemorizante. El motivo de su desazón reposa, tal vez, en la seguridad que pone en entredicho. Tal vez porque, al igual que el jardinero persa del siguiente escrito de Jean Cocteau, el paso que uno da, seguro de su distancia, no hace sino revelarla más bien incierta:

> Un joven jardinero persa dice a su príncipe:
> -¡Sálvame! Encontré a la Muerte esta mañana. Me hizo un gesto de amenaza. Esta noche, por milagro, quisiera estar en Ispahan.
> El bondadoso príncipe le presta sus caballos. Por la tarde, el príncipe encuentra a la Muerte y le pregunta:
> -Esta mañana ¿por qué hiciste a nuestro jardinero un gesto de amenaza?
> -No fue un gesto de amenaza –le responde– sino un gesto de sorpresa. Pues lo veía lejos de Ispahan esta mañana y debo tomarlo esta noche en Ispahan.[5]

Para el jardinero persa, la distancia es un modo de intermediar peligros. Mediante ella instaura un espacio de separación, una pausa que anula al tiempo y a la Muerte. El jardinero la construye para protegerse, (cree que) aleja el problema al alejarse. La Muerte le demuestra, en cambio, lo precario –tal vez hasta lo ficticio– de esa distancia, capaz de ser vencida fácilmente. Si él construye una distancia donde no la había, su movimiento implica la evasión de un contacto: de un quiebre que se coloca para impedir un encuentro. La historia revela entonces que el jardinero que cree alejarse en realidad se acerca, que va al encuentro de lo que evita, y que ese encuentro y ese contacto son –como el destino, como la Muerte– inevitables.

Más allá de la Muerte, de hados o destinos, la historia del jardinero persa resulta sugestiva.[6] Implica una com-

---

[5]   En: Borges, Jorge Luis; Bioy Casares, Adolfo; Ocampo, Silvina (comps.), *Antología de la literatura fantástica*, Buenos Aires, Editorial Sudamericana, 1995, pp. 149-150.

[6]   No se me escapa que los ejemplos traídos a colación –el de la ESMA, el de la Muerte– son ejemplos extremos. Tal vez no hagan sino aludir, una vez más salvando las distancias, a mi conceptualización inicial de la institución policial como un otro muy otro (donde la cercanía revestía, es claro, ribetes de peligrosidad).

prensión de la distancia como un recurso protector y, al mismo tiempo, como un recurso, si se quiere simbólico, evanescente. No otra cosa sentí mientras, enfrentada a la silueta del polígono de tiro veía la vaina caer a mi costado. De repente, con la vaina que caía, me pregunté qué hacía yo ahí. Me pregunté cómo había sido capaz de considerar, siquiera por un segundo, la posibilidad de disparar. Me pregunté esto al mismo tiempo que me asombraba, infinitamente, de ser todavía yo la que tenía el arma en la mano. Me encontré llevada por el campo, y me descubrí muy lejos de mí misma. Tal vez no haya mejor forma de decirlo: el paso que había dado me había llevado cerca, pero demasiado lejos. Sentí, con cierto pánico, que la distancia que tanto me protegía ya no estaba.

Quizás sea necesaria una aclaración. Mi trabajo de campo me llevó a compartir, con aspirantes, cadetes y policías, aulas y recreos en diversas escuelas. Compartí también viajes en auto, asados, almuerzos, cenas, tés y cafés. Mi trabajo de campo implicó siempre un acercamiento; tal vez a las personas y a sus vidas, y no tanto –al menos no directa ni participativamente– a la especificidad de su función. Quiero decir, con esto, que al contrario de lo que les ha sucedido a otros investigadores de la policía, mi periplo dentro de la institución no incluyó la participación activa en actividades tales como operativos, entrenamientos o prácticas de tiro.[7] De pronto me vi envuelta en otra faceta de la participación y, por ello, en un proceso distinto de

---

[7]   Por supuesto, al estar mi trabajo de campo centrado en escuelas policiales, muchas de estas actividades quedaban por fuera de la función de Cadetes y Aspirantes. De haber existido la voluntad (institucional tanto como personal) de un grado más alto de involucramiento en las prácticas cotidianas, la participación hubiera incluido, cuanto mucho, diversas modalidades de entrenamiento. Esto es: la participación hubiera implicado conductas menos "espectaculares" que las reseñadas en cierta literatura especializada, pero al mismo tiempo, menos "peligrosas".

relación con el otro. Había compartido tiempo y charlas con la gente. Pero nunca me había asomado, en primera persona, a las prácticas de su oficio. La conclusión es obvia pero igualmente significativa: nunca me había acercado de esa forma.

Tal vez por ello las sensaciones que esta práctica desencadenó desnudaron en mí un entendimiento: el de una cercanía que se construía. El peso del arma, el seguro corriendo, esa ausencia de sensación hasta ver la vaina caer a mi costado. Si este episodio se transformó en cardinal es porque me reveló, de manera impactante, no sólo una distancia que se derrumbaba: me reveló, a partir de ese derrumbamiento, la existencia misma de esa distancia afanosamente construida.

Supe, en ese momento, que es posible sentir empatía por personas cuyos actos y creencias podemos rechazar, y que esa empatía sentida es difícil de asimilar. Supe que cualquier declaración teórica respecto de la empatía no nos prepara, ni remotamente, para las experiencias que nos asaltan cuando ésta comienza a *vivirse*. Contra todo pronóstico, lo difícil del trabajo de campo en la policía no fue relacionarse con un otro tan ajeno, sino darse cuenta de que ese otro tan ajeno podía, en algún punto, dejar de serlo.

III

Decía Malinowski que la comprensión de las prácticas de los otros a veces se alcanza mejor cuando éstas se realizan. Cuando el etnógrafo deja de lado sus enseres –cámara, cuaderno, lápiz– e interviene en lo que está ocurriendo (2001). Cuando, en vez de observar, comparte. Involucrarse de tal modo conlleva conocimiento; lo realizado se transforma en una instancia aleccionadora: el hacer añade algo que antes de la acción no estaba. Mediante ese hacer, algo se comprende, algo se revela.

Lo mismo es válido para la comprensión de uno mismo. O mejor dicho: de uno mismo en el *campo*. Hay ocasiones en que una simple práctica –o una práctica que uno creyó simple– se transforma en otra cosa. Uno entra al polígono de tiro pensando que sólo va a disparar un arma y sale con mucho más que un simple conocimiento técnico. Lo que media entre uno y otro punto no es, tal vez, un razonamiento que se enhebra, sino una comprensión que sobreviene. Habiendo atravesado la experiencia, lo que se encuentra es algo que no se fue a buscar.

La experiencia del polígono de tiro fue, en ese sentido, reveladora. Me gustaría abordar aquí brevemente la importancia que creo que se anuda en tal experiencia y en tal revelación. No para ensayar un regodeo auto-referencial acerca del antropólogo y sus vicisitudes, sino para intentar mostrar cómo uno y otras se vuelven herramientas indispensables en la producción de conocimiento. El objetivo no es poner al antropólogo en el centro de la escena, sino reflexionar acerca de lo que pasa cuando no se lo excluye de ella.

Desanudar tal experiencia implica comprender, por sobre todo, que el choque del encuentro con el otro se produce en uno mismo (Ginsburg, 2007). Afirmar esto implica recordar que el *campo* es una situación relacional. Más o menos pasible de ser delimitado territorialmente, no es un lugar empírico sino una modalidad de contacto. En todo caso, si existe un *territorio* hacia el que el antropólogo "vaya" en la situación etnográfica, éste no es más que un espacio dependiente de las interrelaciones entre sujetos (Eilbaum y Sirimarco, 2006). El campo no es la escuela de policía. Es, en todo caso, esa trama más o menos inasible conformada por las relaciones de sociabilidad que armamos quienes nos encontramos en esa escuela.

Y es justamente en esas relaciones –como postula Holy (1984)– donde descansa la posibilidad de la exploración y la que puede ser desarrollada en la principal herramienta de la investigación. La información, ya se sabe, sólo surge en vinculación con el otro. Da Matta diría lo mismo con otras palabras: "para descubrir es necesario relacionarse" (2007: 234).

Y en este relacionamiento, yo agregaría, también es necesario descubrirse. Por pudor o convencimiento, el lugar del antropólogo en las etnografías no deja de ser, muchas veces, un tanto opaco. Puede no aparecer a lo largo del texto, o puede quizás adivinarse a partir del reflejo que deja en los otros. En algunos casos, la pretensión de auto-reflexividad se limita a dejar constancia de ciertos datos biográficos. Pues mucho hemos insistido, en nuestra disciplina, acerca de la importancia de explicitar las propias coordenadas como modo de comprender esa construcción que es el *campo*. Saber quién es el investigador, de dónde viene, cuáles son sus redes de sociabilidad, arroja luz sobre el modo en que antropólogo y nativo se conforman mutuamente.

Sin embargo, esta afirmación pocas veces abandona la unidireccionalidad. La urgencia declarativa del lugar del antropólogo deja muchas veces en sombras la otra posibilidad del recorrido: cómo el nativo también nos modifica.[8] También el otro –quién es, qué hace, cómo nos interpela– nos revela quiénes somos. La relación con ese otro nos plantea nuevos interrogantes, nos expone a nuevas experiencias, nos arroja a nuevos límites. En la interacción con el otro, ambos nos descubrimos: la posibilidad de encontrarse implica la posibilidad de re-definirse.

---

[8]   Agradezco especialmente a Ana Spivak L´Hoste el compartir conmigo esta reflexión.

Para que ello sea posible, huelga decirlo, es necesario involucrarse. Y aquí es donde se cuela, en la situación etnográfica, un elemento que los antropólogos somos renuentes a aceptar: la propia carga afectiva. Es para todos claro que la intrusión de la subjetividad y la emocionalidad ligada a ella son, dentro de la rutina intelectual de la investigación antropológica, un dato sistemático de la situación. Sin embargo, los sentimientos –sobre todo cuando son los propios– suelen transformarse rápidamente en huéspedes no convidados (Da Matta, 2007).

Quizás porque los sentimientos han sido confinados mayormente al ámbito de lo privado, lo íntimo y hasta lo irracional, éstos han tendido a ser segregados de los procesos de comprensión crítica. Entendidos como un aspecto de la psiquis individual, sin conexión con la acción, se cree que "ser emotivo es fracasar en procesar información naturalmente y, de ahí, en socavar las posibilidades para la acción razonable e inteligente" (Lutz, 1986:291).

Cabe postular que las emociones y sentimientos, por el contrario, son actos cognitivos capaces de impartir conocimiento (Levy, 1983; Leavitt, 1996). No pocas veces la comunicación elude el lenguaje: el sentir se configura entonces en otro modelo en que el saber se ancla. Acostumbrados tal vez a ocultar o soslayar, en ciertos contextos, la propia emocionalidad, olvidamos que las sensaciones y los sentimientos están ahí para comunicarnos con nosotros mismos, para decirnos –inmediatamente– que algo nos pasa.

Los sentimientos –sostiene Thrift (2004)– son un elemento crucial en la aprehensión del mundo: conforman una rica matriz a través de la cual, y con la cual, es posible pensarlo. Lo que quiero decir es que no hubiera sabido con tanta fuerza lo que supe si esa tarde no hubiera sostenido esa arma y si no hubiera sentido, al dispararla, esa incomodidad, esa suerte de "alienación" (¿soy realmente yo la que está disparando?) y ese rechazo, no de la situación en sí, sino de mí misma en esa situación. En otras palabras: si no hubiera estado *ahí*, involucrada en una práctica concreta e interpelada por el registro de sensaciones que esa práctica me despertaba.

Lo que nos vuelve al consejo de Malinowski y a la importancia que reviste, en el trabajo de campo, el hecho de implicar el propio cuerpo. Por supuesto, no se trata de postular la mímesis del otro como único medio válido de adquirir conocimiento –hacer lo que el otro hace para saber–, sino tan sólo de sugerir que, a menudo, lo que se hace con el cuerpo enseña más que lo que se comunica con las palabras. Como Jackson (1983) ha contribuido a destacar, el cuerpo maneja un entendimiento que, antes que aprehendido, es experimentado; un entendimiento asentado en prácticas antes que apuntalado en ideas, donde el pensar y el comunicar a través del cuerpo precede y, en gran medida, siempre permanece más allá del habla.

Señala este autor que el participar corporalmente en las tareas prácticas cotidianas del grupo con el que convivía fue una técnica que le ayudó a captar el *sentido* de una actividad, al usar su cuerpo como lo hacían los otros. No me interesa aquí focalizar la atención en esta arista que lleva a valerse del propio cuerpo como vehículo de comprensión de lo otro: hacer lo que otros hacen para entender lo que esos otros sienten o piensan o interpretan al hacerlo. Me interesa, más bien, resaltar la importancia no de ponerse en el lugar del otro, sino de permanecer en el lugar propio: de tomar parte sin convertir *a priori* la participación en un medio para reunir información sobre otros. Esto es, de implicar el cuerpo, también, para entendernos.

IV

Ser todo es ser una parte; el verdadero viaje es el retorno

Ursula K. Le Guin

Mucho se ha dicho de la labor antropológica entendida como un viaje. Así, el trabajo de campo sugiere para Turner (1985) una *peregrinación*: un viaje "a través de los campos" (*per agros*),[9] un andar por tierras extrañas. Y

---

[9]   "Scholars take the word [experiencia] right back to the hypothetical Indo European base *per*, 'to attempt, venture', whence the Greek *peira*, peira, 'experience', whence we also derive 'empirical', and the old English, *faer*, 'danger', from which we derive our modern word 'fear'. More directly, 'experience' derives, via Middle English and old French, from the Latin 'experiential', denoting 'trial, proof, experiment', and is itself generated from *experiens*, the present participle of *experiri*, 'to try, test', from *ex*-'out' + base *per* as in *peritus*, 'experienced', which is, of course, related to *periculum*, 'danger' or 'peril'. Etymologists like Skeat relate the Greek *peirao*, peiraw, 'I try' to *perao*, peraw, 'I pass through'. If culture is really to be regarded as the crystallized secretion of one living human experience (...), then we may perhaps see the term 'experience' in its connotational penumbra at least, as preconsciously, if not unconsciously, linked with *rites de passage*, with danger, with 'fariry' or travel and 'ferrying', its Anglo-Saxon form, and with 'fear' and 'experiment', which is, of course, 'test, trial, the action of trying anything, or putting it to proof' (Oxf. Engl. Dict.). Thus, experience is a journey, a test (of self, of suppositions about others), a ritual passage, an exposure to peril, and an exposure to fear. Does this not sum up to something akin to fieldwork, even to pilgrimage which is, again etymologically, a journey 'through fields' (*per agros*), a peregrination? [Los especialistas hacen derivar la palabra [experiencia] de la hipotética base indoeuropea *per*, 'intentar, aventurarse', de donde viene el término griego *peira*, peira, 'experiencia', de donde también derivamos 'empírico', y la forma inglesa antigua, *faer*, 'peligro', de la cual derivamos nuestra moderna palabra 'fear' . Más directamente, 'experiencia' deriva, vía el inglés y el francés antiguo de la Edad Media, del latín 'experiential', que denota 'test, prueba, experimento', y se genera de *experiens*, el participio presente de *experiri*, 'probar, testear', de *ex*- 'fuera' + base *per* como en *peritus*, 'experimentado', que está, por supuesto, relacionado con *periculum*, 'peligro' o 'peril'. Etimólogos como Skeat relacionan el término griego *peirao*, peiraw, 'yo intento' con *perao*, peraw, 'yo atravieso'. Si la cultura ha de ser realmente entendida como la

en tanto el viaje no resulta un mero desplazamiento en el espacio, el periplo (*periplus*, navegación alrededor de una costa) del antropólogo se transforma a su vez –como éste aventura– en una prueba, en una exposición al peligro y al miedo. El trabajo de campo es una marcha que tanto lleva hacia el encuentro de lo otro como hacia el encuentro de uno mismo.

El viajero –se ha dicho también– es un intermediario que pone en comunicación lugares que se encuentran separados por la distancia y los hábitos culturales. Frente a la discontinuidad de los lugares, el viajero se comporta como alguien que aproxima unidades heterogéneas, su itinerario interliga puntos inconexos (Ortiz, 1996). Oficio semejante es el del antropólogo, preocupado por aproximar lo lejano –física y emocionalmente– y en volverlo inteligible.

El presente trabajo puede leerse como un intento de explicitar ese periplo que supone la incursión por terrenos de otros tan contrarios. De los obstáculos que se presentan y los cambios o mudajes que se atraviesan. Y de cómo uno se siente –no tan metafóricamente– un peregrino expuesto a pruebas, peligros y miedos, oscilando entre la aceptación y el rechazo de la instancia del encuentro.

Es cosa aceptada –decía– que el antropólogo debe, por oficio, intentar conjurar la distancia. Pero disminuir ese intervalo no implica forzosamente acortar el espacio

---

secreción cristalizada de una experiencia humana (...), entonces tal vez debamos comprender el término 'experiencia' al menos en su penumbra connotativa, como preconsciente, si no inconscientemente, vinculado con *rites de passage*, con peligro, con 'fariry' o viajes y 'ferrying', su forma anglosajona, y con 'miedo' y 'experimento', que es, por supuesto, 'un testeo, la acción de intentar algo o de ponerlo a prueba' (Diccionario de Inglés Oxford). Entonces, la experiencia es un viaje, un testeo (de uno, de suposiciones sobre los otros), un ritual de pasaje, una exposición al peligro y una exposición al miedo. ¿No recuerda esto en algo al trabajo de campo, que es, otra vez etimológicamente, un viaje 'a través de los campos' (*per agros*), una peregrinación?]" (Turner, 1985:226).

que lo separa de la unión con los otros. La publicación de los diarios de campo de Malinowski vino a demostrar que antropología y esa suerte de sagrada comunión con el otro no necesariamente son términos equivalentes, y que esta última no es requisito indispensable para comprenderlo (Geertz, 1994).

En mi caso, la elección de un otro tan poco *empático* obstruyó la obviedad de semejante ligazón, y puso en tensión la construcción de la relación con el otro en términos de una simpatía "naturalmente" aceptada. Interactuar con un otro tan ajeno puso en evidencia, al mismo tiempo, que la empatía, más que un *a priori* metodológico vivido como obligatorio desde el inicio del trabajo de campo, es un resultado contingente de la relación que ese trabajo ayuda a construir, aun a pesar de uno mismo.

Lo aquí presentado pone en evidencia que si la comprensión del otro tal vez pueda prescindir de la afinidad, no puede lograrse desde la distancia. Si algo intento plantear aquí es, entonces, la importancia de intentar una mirada que vaya más allá de los prototipos: de investigar qué hay del otro lado de la imagen que se construye del otro. De vencer el espacio, en suma, que nos separa de ese otro y de su entendimiento.

Saldar ese espacio, como quedó de manifiesto, muchas veces resulta difícil. Mi experiencia en el polígono de tiro de la Escuela Vucetich deja al descubierto, de manera clara, lo que intento traducir en palabras. Deja ver lo mucho que guarda de conflictivo, en ciertos casos, el acercamiento. Pero si bien es cierto que la cercanía implicó para mí el hecho de una puesta a prueba, significó, al mismo tiempo, una comprensión más acabada de los otros y, por qué no, de mí misma. Todorov (1988) diría, a este respecto, que el *clímax* de la labor antropológica no es el distanciamiento en relación a otros, sino el desprendimiento en relación a uno mismo.

Aceptar esta situación que la práctica de tiro me presentaba implicó entender que lo vivido era parte del proceso inevitable de la relación con el otro. Y que en ese viaje de acercamiento que es el oficio antropológico, el trabajo de campo implica tanto abrir el mundo de los otros ante uno como abrirse uno a ese otro mundo.

Pues el trabajo de campo, como todo viaje, no sólo nos transporta a otro punto del camino. También nos traslada hacia otro punto de nosotros mismos. Porque si conocer al otro implica salirse de uno, lo mismo vale para conocerse. Ya Lévi-Strauss (1970) decía que el viaje nos desnaturaliza.[10]

Como en todo viaje, uno aprende de sus pasos. Aprendí, en el trayecto del trabajo de campo, que el viaje puede ser un mero recorrido que no lleve a ningún lado. Uno puede partir y avanzar, y nunca llegar al otro. Es aproximar con los propios pasos las distancias lo que transforma el recorrido en un encuentro. Sin un viajero –sin un antropólogo– que los una en un sentido, sintetizando en sí lo propio y lo ajeno, los puntos del camino permanecen inconexos.

Lo sucedido en el polígono de tiro me devolvió, de alguna forma, al principio de mi trabajo de campo. Me confrontó a mis cuidadosos esfuerzos de distancia. Me hizo preguntarme qué es lo que sucede cuando el otro se *construye* desde el primer momento como un otro, independientemente de que lo sea. Me reveló la necesidad de "revisarme" y la importancia de aceptar que la relación con el otro te transforma y que a partir de esa transformación puede la construcción del otro volver a examinarse.[11]

---

[10] Da Matta añadiría que el ejercicio de la antropología nos disloca (2007).

[11] Pueden verse, en relación a este punto, las reflexivas etnografías de Barbara Myerhoff (1980) y Leslie Young (1998). El trabajo de campo en un centro para ancianos judíos hizo revisar, a la primera autora, sus propias concepciones acerca de la vejez y la religión, acercándola aun más a sus raíces judías. Una prolongada estadía en Tonga hizo revisar, a la segunda, sus concepciones sobre la maternidad y sobre el ejercicio

El viaje no tendría sentido si no nos transformara, si no se viajara partiendo de uno mismo. Y si no se volviera –sobre los primeros pasos, sobre las primeras sensaciones– para descubrir cuán cerca de los otros, y cuán lejos de nosotros, nos ha llevado el recorrido. En algún sentido, todo viaje es un regreso, y la verdadera llegada, que permite completar la mirada y completar el viaje, se esconde en el punto de partida.

Bibliografía consultada

Actis, Munú; Aldini, Cristina; Gardella, Liliana; Lewin, Miriam y Tokar, Elisa, 2001, *Ese infierno. Conversaciones de cinco mujeres sobrevivientes de la ESMA*. Buenos Aires: Editorial Sudamericana.

Eilbaum, Lucía y Sirimarco, Mariana, 2006, "Una discusión sobre los procesos de investigación etnográfica en el campo policial y judicial". En: Wilde y Schamber (comps.), *Culturas, comunidades y procesos urbanos contemporáneos*. Buenos Aires: Editorial SB.

Da Matta, Roberto, 2007, "El oficio del etnólogo o cómo tener 'Anthropological Blues'". En: Mauricio Boivin, Ana Rosato y Victoria Arribas (eds.), *Constructores de otredad: una introducción a la antropología social y cultural*. Buenos Aires: Antropofagia.

Geertz, Clifford, 1994, *Conocimiento local. Ensayos sobre la interpretación de las culturas*. Buenos Aires: Editorial Paidós.

Ginsburg, Faye, 2007, "Cuando los nativos son nuestros vecinos". En: Mauricio Boivin, Ana Rosato y Victoria

---

del relativismo cultural, especialmente ante una hija de diez y ocho meses que comienza a criarse según los patrones culturales del grupo estudiado.

Arribas (eds.), *Constructores de otredad: una introducción a la antropología social y cultural*. Buenos Aires:
Antropofagia.

Holy, Ladislav, 1984, "Teoría, metodología y proceso de
investigación". En: R. Ellen (ed.) *Ethnographic research:
a guide to general conduct*. Londres: Academic Press.

Jackson, Michael, 1983, "Knowledge of the Body". En: *Man*,
vol.18, n.2.

Leavitt, John, 1996, "Meaning and feeling in the Anthropology
of emotions". En: *American Ethnologist*, vol.23, n.3.

Lévi-Strauss, Claude, 1970, *Tristes Trópicos*. Buenos Aires:
Eudeba.

Levy, Robert, 1983, "Introduction: self and emotion". En:
Ethos, vol.11, n.3.

Lutz, Catherine, 1986, "Emotion, thought and estrange-
ment: emotion as cultural category". En: *Cultural
Anthropology*, vol.1, n.3.

Malinowski, Bronislaw, 2001, *Los argonautas del Pacífico
Occidental*. Barcelona: Editorial Península.

Myerhoff, Barbara, 1980, *Number our days. A triumph of
continuity and culture among Jewish old people in an
urban ghetto*. New York: Touchstone.

Ortiz, Renato, 1996, "El viaje, lo popular y el otro". En: *Otro
territorio. Ensayos sobre el mundo contemporáneo*.
Buenos Aires: Universidad Nacional de Quilmes.

Sirimarco, Mariana, 2006, *Corporalidades. Producción (y
replicación) del* cuerpo legítimo *en el proceso de construcción del* sujeto policial. Tesis Doctoral. Facultad de
Filosofía y Letras, Universidad de Buenos Aires.

Thrift, Nigel, 2004, "Intensities of feeling: towards a spatial
politics of affect". En: *Geografiska Annaler*, vol.86, n.1.

Todorov, Tzvetan, 1988, "Knowledge in social anthropology: distancing and universality". En: *Anthropology
Today*, vol.4, n.2.

Turner, Victor, 1985, "Experience and Performance. Towards a new Processual Anthropology". En: *On the edge of the bush. Anthropology as experience*. Tucson: The University of Arizona Press.

Young, Leslie Heather, 1998, "The anthropologist, the mother, and the cross-cultured child. Lesson in the relativity or cultural relativism". En: Juliana Flinn, L. Marshall y J. Armstrong (comps.), *Fieldwork and families. Constructing new models for ethnographic research*. Honolulu: University of Hawai 'I Press.

AUTORES

Osvaldo Barreneche es Doctor en Historia por la Universidad de Arizona (Estados Unidos), Profesor Titular de "Historia Americana II" en la Facultad de Humanidades y Ciencias de la Educación de la Universidad Nacional de La Plata (Argentina) e Investigador Adjunto del CONICET. Su proyecto de investigación actual se refiere a la historia de la justicia criminal, de la policía y de las instituciones de seguridad en la provincia de Buenos Aires en el siglo XX. Ha publicado los libros *Dentro de la ley, TODO. La justicia criminal de Buenos Aires en la etapa formativa del sistema penal moderno de la Argentina* (Ediciones Al Margen y Universidad Nacional de La Plata, 2001) y *Crime and the Administration of Justice in Buenos Aires, 1785-1853* (University of Nebraska Press, 2006).

Lila Caimari es Profesora de Historia por la Universidad Nacional de La Plata (Argentina), Doctora en Ciencias Políticas por la Universidad de París (Francia), Profesora Asociada en la Universidad de San Andrés (Argentina) e Investigadora Independiente del CONICET. Ha publicado, entre otros, los siguientes libros: *Perón y la Iglesia Católica. Religión, Estado y Sociedad en la Argentina (1943-1955)* (Ariel-Espasa Calpe, 1995), *Apenas un delincuente. Crimen, castigo y cultura en la Argentina, 1880-1955* (Siglo XXI-Argentina, 2004), *La ley de los profanos. Delito, justicia y cultura en Buenos Aires (1880-1940)* (compiladora, Fondo de

Cultura Económica-UdeSA, 2007) y *La ciudad y el crimen. Delito y vida cotidiana en Buenos Aires* (Sudamericana, 2009).

Deborah Daich es Doctora en Antropología por la Universidad de Buenos Aires (Argentina), docente de la carrera de Ciencias Antropológicas de la Facultad de Filosofía y Letras de la Universidad de Buenos Aires y Becaria Posdoctoral del CONICET. Ha trabajado temáticas relacionadas con la administración judicial de conflictos entre familiares. Actualmente investiga problemáticas asociadas a la violencia de género. Ha publicado artículos en revistas especializadas y libros.

Olívia Maria Gomes da Cunha es Doctora en Antropología Social por el Museo Nacional de la Universidad Federal de Río de Janeiro (Brasil), Profesora del Programa de Pos-graduación en Antropología Social del Museo Nacional de la Universidad Federal de Río de Janeiro e Investigadora del Consejo Nacional de Desarrollo Científico y Tecnológico (CNPq). Ha publicado los libros *Intenção e Gesto -pessoa, cor e a produção cotidiana da (in)diferença no Rio de Janeiro, 1927-1942* (Arquivo Nacional, 2002), *Quase-Cidadão: antropologias e histórias da pós-emancipação no Brasil* (co-organizado con Flávio dos Santos Gomes, Editora da Fundação Getúlio Vargas, 2007) y *Outras Ilhas -espaços, tempos e transformações em Cuba* (Aeroplano/FAPERJ, 2010).

Paul Hathazy es Abogado por la Universidad Nacional de Córdoba (Argentina), Magíster en Sociología por la Universidad de California (Estados Unidos), Magíster en Sociología Jurídica por el Instituto Internacional de Sociología Jurídica (Oñati, España) y Doctorando en el Departamento de Sociología en la Universidad de California. Ha trabajado sobre la cuestión de la formación y cultura policial, y sus campos de interés son la sociología del control penal, del derecho y del Estado. Su investigación actual compara las transformaciones del campo penal en Argentina y Chile desde la década del 70. Ha publicado artículos en revistas especializadas y libros.

Steve Herbert es Doctor en Geografía (Política Urbana) por la Universidad de California (Estados Unidos) y Profesor de "Geografía, Derecho, Sociedades y Justicia" en la Universidad de Washington (Estados Unidos). Ha hecho un extenso trabajo de campo con la policía y publicado los siguientes libros: *Policing Space: Territoriality and the Los Angeles Police Department* (University of Minnesota Press, 1997), *Citizens, Cops, and Power: Recognizing the Limits of Community* (University of Chicago Press, 2006) y *Banished: The New Social Control in Urban America* (con Katherine Beckett, Oxford University Press, 2010). Su obra más reciente se centra en las nuevas prácticas del control social urbano y en las nuevas zonas de exclusión que incrementan el poder de la policía.

Peter B. Kraska es Profesor de Justicia Penal y Director del Programa de Justicia Penal en la Universidad de Eastern Kentucky (Estados Unidos). Sus intereses académicos abarcan la militarización policial y, recientemente, los métodos de investigación mixtos, la teoría de la justicia penal y varias tendencias asociadas a la modernidad tardía (la criminalización de negligencias y accidentes, entre otras). Es autor de los libros *Militarizing The American Criminal Justice System: The Changing Role of the Police and Military* (Northeastern University Press, 2001), *Drugs, Crime, and Justice* (Waveland Press, 2002), *Criminal Justice and Criminology Research Methods* (Prentice Hall, 2008) y *Theorizing Criminal Justice: Eight Essential Orientations* (Waveland Press, 2010).

Monique Marks es Doctora en Sociología por la Universidad de Natal (Durban, Sudáfrica), Profesora Asociada en el Programa de Desarrollo Comunitario en la Universidad de KwaZulu-Natal (Sudáfrica) e Investigadora Asociada del Centro de Criminología de la Universidad de Cape Town (Sudáfrica). Tiene numerosas publicaciones en el área de movimientos sociales juveniles, métodos de investigación etnográfica, relaciones laborales de la policía, cambios organizacionales en la policía y gobernanza de la seguridad. Ha publicado los libros *Young Warriors: Youth Identity, Politics and Violence in South Africa* (University of Witwatersrand Press, 2001), *Transforming the Robocops: Changing Police in South Africa* (Natal University Press, 2005) y *Police Occupational Culture: New Debates and Directions* (con Anne-Marie Singh y Megan O'Neill, Elsevier, 2007).

Marcelo Fabián Sain es Licenciado en Ciencias Políticas por la Universidad del Salvador (Argentina), Doctor en Ciencias Sociales por la Universidad Estadual de Campinas (Brasil) y Profesor Titular Ordinario del Área de Sociología de la Universidad Nacional de Quilmes (Argentina). Ha publicado, entre otros, los siguientes libros: *Seguridad, democracia y reforma del sistema policial en la Argentina* (Fondo de Cultura Económica, 2002), *Política, policía y delito. La red bonaerense* (Capital Intelectual, 2004), *El leviatán azul: policía y política en la Argentina* (Siglo XXI-Argentina, 2008) y *La reforma policial en América Latina. Una mirada desde el progresismo* (Prometeo Libros, 2010).

Mariana Sirimarco es Doctora en Antropología por la Universidad de Buenos Aires (Argentina), docente de la carrera de Ciencias Antropológicas de la Facultad de Filosofía y Letras de la Universidad de Buenos Aires e Investigadora Asistente del CONICET. Ha realizado investigaciones etnográficas sobre la agencia policial, especializándose en sus procesos de formación. Ha publicado el libro *De civil a policía. Una etnografía del proceso de incorporación a la institución policial* (Teseo, 2009).